古代歷史文化研究輯刊

三一編

王明蓀 主編

第 6 冊

明代南直隸進士群體研究（第一冊）

管宏杰 著

國家圖書館出版品預行編目資料

明代南直隸進士群體研究（第一冊）／管宏杰 著 -- 初版 --
新北市：花木蘭文化事業有限公司，2024〔民 113〕
目 4+178 面；19×26 公分
（古代歷史文化研究輯刊 三一編；第 6 冊）
ISBN 978-626-344-658-8（精裝）
1.CST：科舉 2.CST：文官制度 3.CST：明代
618   112022524

ISBN-978-626-344-658-8

9 786263 446588

古代歷史文化研究輯刊
三一編　第六冊　　　　　ISBN：978-626-344-658-8

明代南直隸進士群體研究（第一冊）

作　　者　管宏杰
主　　編　王明蓀
總 編 輯　杜潔祥
副總編輯　楊嘉樂
編輯主任　許郁翎
編　　輯　潘玟靜、蔡正宣　美術編輯　陳逸婷
出　　版　花木蘭文化事業有限公司
發 行 人　高小娟
聯絡地址　235 新北市中和區中安街七二號十三樓
　　　　　電話：02-2923-1455／傳真：02-2923-1452
網　　址　http://www.huamulan.tw 信箱 service@huamulans.com
印　　刷　普羅文化出版廣告事業
初　　版　2024 年 3 月
定　　價　三一編 37 冊（精裝）新台幣 110,000 元　　版權所有・請勿翻印

明代南直隸進士群體研究（第一冊）

管宏杰　著

作者簡介

管宏杰，男，1992 年生，河南長葛市人，歷史學博士。現為周口師範學院馬克思主義學院講師，專注於明代政治史和科舉史研究，參與 2017 年福建省社科基金重大項目「明代福建進士群體研究」（FJ2017Z009）等社科項目；獲批 2022 年度河南省哲學社會科學規劃項目。在《讀書》、《歷史檔案》等核心學術刊物發表相關論文 10 多篇，代表作有《關於明代文臣得諡》、《明代南直隸鼎甲進士的地域分布與社會流動》、《明代〈進士登科錄〉考誤》、《明代〈登科錄〉上三代直系親屬履歷考誤》、《明代實任閣臣總數新考》、《〈明實錄〉載名臣傳記考誤》等。

提　　要

　　明代南直隸進士群體的數量，以「現籍地」為核心依據，共確認為 3832 名，占明代進士總數的 15.59%，名列明朝各直、省第一。受南直隸不同時期和地域的政治、經濟、人口、教育、科舉氛圍、習經風氣以及應試舉子數量等因素變遷的綜合影響，該群體的規模在時間分布上呈現出「前期低，中、後期高」的特點，在地域、戶類和本經分布上則呈現出廣泛而又不平衡的特點。其所屬社會階層和中式身份來源多樣，反映出明代科舉具有廣泛的開放性和包容性特徵。

　　明代南直隸進士群體平均中式年齡為 34.89 歲，高出明代進士平均中式年齡 0.6 歲；43.89% 的南直隸進士出身於上三代俱無任何功名、官號和捐銜的平民家庭，高於明代進士出身於平民家庭者 0.75 個百分點，說明科舉制度在南直隸地區引起更高的社會流動。這主要是由明中後期南直隸進士出自僅擁有科舉功名和榮譽性職銜而非實職官家庭的數量明顯增多造成的。

　　明代南直隸進士群體的歷史貢獻主要體現在政治和文化方面。97.21% 的南直隸進士入仕，分任京官和地方官。任職京官者，或入閣輔政、參預機務，或不計禍福、抨擊時弊；任職地方官者，或革除宿弊、造福黎民，或平定禍亂、奠安邊疆。他們不僅是南直隸地區文化發展的推動者，而且致力於促進任官地區教育文化的發展。

本書為周口師範學院
博士科研啟動費資助項目

目

次

緒　論

一、研究緣由

　　明朝實行兩京制度，南直隸（南京）無論在政治抑或經濟、文化上，皆在全國處於重要甚至領先地位。南直隸在政治上處於重要地位的標誌是其擁有的明代閣臣數位列全國第一；在文化上處於領先地位的重要標誌是其擁有的進士群體規模也位列全國第一。然迄今為止，學術界尚未有全面、系統、深入研究明代南直隸進士群體的專著。

　　南直隸所轄區域廣闊，行政區劃範圍包括應天、蘇州、鳳陽、揚州、淮安、松江、常州、鎮江、廬州、安慶、太平、池州、寧國、徽州及徐州、和州、滁州、廣德州等十四府四直隸州，深入考察其進士群體的時空分布特點與成因、本經與戶類分布特點與成因、社會階層流動等諸多方面，可進一步深化南直隸區域社會史的認識；考察南直隸進士群體的仕宦狀況，可深化對明代政治史的認識；研究明代南直隸進士群體，必然需要涉及明代《進士登科錄》《會試錄》《鄉試錄》《進士履歷便覽》《進士同年錄》等原始及其他科舉文獻，進而有利於對上述科舉文獻進行進一步的整理與利用。綜上，探討明代南直隸進士群體不僅有助於深化對明代南直隸區域社會史和科舉文獻學的認識，而且有助於深化對明代政治史乃至明史的認識。

二、研究現狀與不足

（一）研究現狀

　　海內外學術界關於該領域的研究最早可追溯到上世紀 60 年代，上世紀 90

年代以來始得到重視和發展，但研究內容主要集中在南直隸進士總數及其地域分布與原因這兩個方面，以下就其研究現狀進行相關學術史回顧。

1. 明代南直隸進士總數研究

研究明代南直隸進士群體，其進士總數是必須首先解決的問題。上世紀六十年代初，美籍華人學者何炳棣的《明清社會史論》最早對此做了探討，依據《國朝歷科題名碑錄初集》統計明代南直隸進士總數為「3757」名〔註1〕。上世紀90年代以來，中國大陸學者沈登苗依據今人編著的《明清進士題名碑錄索引》統計明代南直隸進士總數為「3757」名〔註2〕；錢茂偉統計明代南直隸進士總數為「3879」名〔註3〕，但並未說明史料依據；多洛肯依據李周望《國朝歷科題名碑錄初集》附《明代歷科進士題名錄》、俞憲《皇明進士登科考》、張朝瑞《皇明貢舉考》以及各省的通志，統計明代南直隸進士總數為「4090」名〔註4〕；吳宣德《明代進士的地理分布》依據《明清進士題名碑錄》，統計明代南直隸進士總數為3892名〔註5〕，但在另一本專著《中國教育制度通史·明代卷》一書中，依據今人編著的《明清進士題名碑錄索引》，統計南直隸進士總數為3879名〔註6〕；周勇統計明代南直隸進士總數為3825名〔註7〕，但並未說明史料依據。

〔註1〕何炳棣著、徐泓譯注：《明清社會史論》表22：「明清進士名額」，臺北：聯經出版社2013年，第283頁。原書英文版最早由美國哥倫比亞大學出版社1962年出版。需要說明的是，原著表中所列「省份」分別為「河北、山東、河南、山西、陝甘、江蘇、浙江、安徽、江西、福建、湖北、湖南、四川、廣西、雲南、貴州、遼寧」，為與明代行政區劃的實際狀況相一致，本文合併其江蘇、安徽為「南直隸」。

〔註2〕沈登苗：《明清全國進士與人才的時空分布及其相互關係》，《中國文化研究》1999年冬之卷。需要說明的是，該文表中所列「省份」分別為「浙江、江西、江蘇、福建、山東、河南、河北、四川、山西、安徽、湖北、陝西、廣東、湖南、廣西、雲南、甘肅、貴州、遼東」，為與明代行政區劃的實際狀況相一致，本文合併其江蘇、安徽為「南直隸」。

〔註3〕錢茂偉：《國家、科舉與社會——以明代為中心的考察》，北京：北京圖書館出版社，2004年，第192頁。

〔註4〕多洛肯：《明代浙江進士研究》，上海：上海古籍出版社，2004年，第155～156頁；《明代福建進士研究》，上海：上海辭書出版社，2004年，第62～63頁。

〔註5〕吳宣德：《明代進士的地理分布》，香港：香港中文大學出版社，2009年，第58頁。

〔註6〕吳宣德：《中國教育制度通史·明代卷》，濟南：山東教育出版社，1999年，第496頁。

〔註7〕周勇：《明代科舉會元的整體考察》，《歷史檔案》2012年第4期。

2. 明代南直隸進士地域分布及其原因研究

最早研究明代南直隸進士地域分布及其原因的研究，可追溯到範金民《明代江南進士甲天下及其原因》一文，據《明清進士題名碑錄索引》，統計應天、蘇州、松江、常州、鎮江五府進士人數分別為 357 人，1025 人，424人，636 人，187 人，179 人；作者認為影響明代江南進士地理分布的因素有以下幾個方面：一是雄厚的經濟實力；二是江南地區好學勤學、重教重考的科舉氛圍；三是江南環境優美，條件優越；四是江南為文獻淵藪之地，藏書、刻書發達，應考舉子必備的科舉時文在江南市場上最為暢銷，且江南學校教育發達，黌宮宏偉，書院林立，為江南士子科考的成功提供了有效途徑；五是江南人多不遺餘力獎掖拔擢鄉邦後進，從而使江南士子有著他地士子不具備的鄉邦優勢〔註 8〕。江璞《江南進士地域分布趨勢的社會與經濟考察——以吳江為典型》，研究明代蘇州府所屬的吳縣、長洲、崑山、常熟、吳江、太倉州、嘉定、崇明 8 州縣的進士人數依次為 195 人，188 人，189 人，171 人，101 人，104 人，73 人，4 人，作者指出：自宋至清代，蘇州府吳江縣進士地域分布呈現出集中的趨勢，而且是一種集中地點也在變動的動態集中，呈現這一動態空間分布特徵的原因是：起初可能是其中某些家族的遷移和聚居，但最終則是由這一地域範圍內逐漸形成的政治與經濟的區域格局所決定的〔註 9〕。李琳琦《明清徽州進士數量、分布特點及其原因分析》，統計明代徽州府文進士總數為 452 人，地域分布為：歙縣 188 人，休寧 68 人，婺源 110人，祁門 52 人，績溪 21 人，黟縣 13 人，呈現出不平衡狀態。作者認為這「是由商業發展的不平衡所導致的」，這種商業發展的不平衡性表現為：歙縣的商賈之風，早在明朝成、弘之際即以形成，至明末，業賈之民遍於天下，大多從事易獲取高額利潤的鹽、典二業，故富商大賈極多；相比之下，祁門、績溪、黟縣的商賈之風不僅形成晚，而且大多是從事茶業、木業、瓷器業、飲食業的中小商人，經濟實力有限〔註 10〕。吳宣德《明代進士的地理分布》（以下簡稱「吳書」）統計明代南直隸 3892 名進士的地域分布，分別為蘇州

〔註 8〕 範金民：《明代江南進士甲天下及其原因》，《明史研究》第五輯，合肥：黃山書社，1997 年，第 163～170 頁。

〔註 9〕 江璞：《江南進士地域分布趨勢的社會與經濟考察——以吳江為典型》，《江海學刊》2001 年第 4 期。

〔註10〕 李琳琦：《明清徽州進士數量、分布特點及其原因分析》，《安徽師範大學學報》2001 年第 2 期。

府 894 人，常州府 604 人，松江府 414 人，徽州府 339 人，應天府 257 人，揚州府 241 人，鎮江府 163 人，安慶府 155 人，寧國府 140 人，鳳陽府 130 人，盧州府 118 人，淮安府 100 人，太平府 86 人，池州府 67 人，滁州 34 人，廣德州 32 人，和州 16 人，徐州 15 人，另有「其他」87 人未計入上述地域分布。〔註11〕「吳書」是迄今研究明代進士地域分布的唯一專著，明確把進士的「著籍地」〔註12〕作為確認其屬地的依據，不僅統計了明代南直隸所屬 14 府 4 直隸州的進士地域分布，而且對分佈在南直隸 14 府 4 直隸州所屬各散州、縣、衛的進士數也作了分別統計，因而較以往研究更為細化，精度也有所提高，代表了迄今該領域的研究水平，以致成為近年來許多研究者研究相關問題首選的引用依據；但該書也存在明顯不足，如對明代「進士」定義的認識及其總數的統計仍欠準確，對若干進士現籍地的考證有欠精審等。陳凌《明清松江府進士人群的初步研究》，統計明代松江府進士總數為 465 人，其中華亭縣進士總數為 265 人，上海縣 165 人，青浦縣 25 人，金山衛 10 人；作者認為明代松江府科甲興盛的原因是多方面的，除宋元時期的人文積累之外，主要還有地方經濟繁庶之利和地方官的興學育才之功〔註13〕。鄭彩娟、傅蓉蓉《明清蘇州府進士數量及分布特徵探析》，統計明代蘇州府進士總數為 1055 人，地域分布為：吳縣 190 人，長洲縣 200 人，常熟縣 175 人，崑山縣 192 人，吳江縣 122 人，太倉州 97 人，嘉定縣 75 人，崇明縣 4 人；作者認為，明代蘇州府進士人數的地域分布呈集中趨勢，主要集中在吳縣、長洲、常熟三地，是由政治和經濟因素所致：吳縣和長洲縣為蘇州府附郭縣，常熟縣經濟發達，尤以棉紡織業最為典型〔註14〕。張曉紀、姚偉鈞《明清時期安慶府進士的地域分布及其成因》，統計明代安慶府進士總數為 177 名，其中 74.58% 集中於桐城、懷寧兩縣，呈現出極不平衡的現象，作者認為這主要是由府內各縣開發程度與交通設施發展、文教設施建設與文化教育積

〔註11〕吳宣德：《明代進士的地理分布》，第 56～58 頁。

〔註12〕此處「著籍地」，即指進士的「現籍（分為軍、民、灶、匠、醫、儒等不同種類）所在地」，也簡稱「現籍地」；在明代史籍中還往往載為「附籍」地、「占籍」地、「注籍」地或「入籍」地等。為更準確說明其「現時」性和表述統一，本文一律稱之為「現籍地」。

〔註13〕陳凌：《明清松江府進士人群的初步研究》，《史林》2010 年第 2 期。

〔註14〕鄭彩娟、傅蓉蓉《明清蘇州府進士數量及分布特徵探析》，《文史月刊》2012 年第 8 期。

累、基礎教育與社會教化傳統等方面因素共同作用的結果〔註15〕。嚴其林《鎮江進士研究》，統計明代鎮江府進士總數為 164 人，其地域分布為：金壇縣76 人，丹徒縣 51 人，丹陽縣 35 人，鎮江衛 2 人；金壇縣人口數要少於丹徒縣和丹陽縣，但進士數卻在鎮江府所屬縣中排名第一，作者認為這主要是金壇縣的文化教育和舉業要優於丹徒和丹陽二縣〔註16〕。

3. 明代南直隸進士其他相關內容的研究

郭培貴《明代一甲進士群體戶類與地域分布考述》，對包括南直隸在內的明代一甲進士的戶類與地域分布首次作了深入、系統的探討，得出該群體戶類和地域分布廣泛，對統治高層實現不同特點人才優勢互補和鞏固統一具有重要意義等諸多有價值的結論〔註17〕。在《明代進士家族相關問題考論》中，郭培貴統計明代南直隸擁有進士家族 352 個，共有進士數 857 名，名列全國進士家族數第二，成為明代進士家族地理分布最為集中的區域之一，究其緣由，這與南直隸擁有眾多的人口數和學校與書院數息息相關〔註18〕。陳時龍《明代的科舉與經學》，是目前研究明代舉子應試本經的專著，陳氏在書中提出了「地域專經」的概念，並專闢一章「無錫《尚書》」研究明代南直隸無錫縣舉子應考時偏愛選擇《尚書》作為為本經，認為明代無錫縣至少 60%以上的科舉成功者是以《尚書》為本經的，並討論了無錫《尚書》經的科舉優勢如何形成、傳遞和維繫，指出在「傳統、經師代起、家學淵源、堅守或風從」等綜合因素的作用下，明代南直隸無錫縣形成了地域專經——《尚書》，給人以深刻的啟發。

（二）研究不足

由上可知，海內外學術界對明代南直隸進士群體總數及其地域分布和其他相關研究的成果，取得了重要成績，其中不少成果給人以深刻啟發。但是從總體上而言，關於明代南直隸進士群體的研究還很薄弱，主要表現在以下幾個方面：

〔註15〕張曉紀、姚偉鈞《明清時期安慶府進士的地域分布及其成因》，《理論月刊》2015 年第 5 期。
〔註16〕嚴其林：《鎮江進士研究》，上海：復旦大學出版社，2014 年，第 512 頁。
〔註17〕郭培貴：《明代一甲進士群體戶類與地域分布考述》，《東嶽論叢》2012 年第 6 期。
〔註18〕郭培貴：《明代進士家族相關問題考論》，《求是學刊》2015 年第 6 期。

第一，明代南直隸擁有進士數在全國處於領先地位，但迄今為止，國內外學術界尚未見全面、系統、深入研究明代南直隸進士群體的專門成果。如關於明代南直隸進士的總數及其地域分布、戶類和本經分布及其特點與原因、中式身份、中式年齡及其影響、家庭出身與社會流動、仕宦狀況和歷史貢獻等重要議題，尚無全面、系統、深入的專門研究成果。

第二，關於明代南直隸擁有進士數及其地域分布的研究，可謂眾說紛紜，莫衷一是。究其原因，主要有以下幾點：首先是缺乏合理統一的統計標準，如不少研究成果把崇禎十三年未經殿試而僅被破格「賜特用」的 263 名舉人和貢生視作進士，從而導致其對南直隸進士總數的誤計；其次，有的研究成果用「現籍地」作為確認進士屬地的依據，有的則依據「原籍地」，缺乏確認進士屬地的統一標準。

第三，缺乏對相關史料進行必要的考證。如《進士登科錄》中記載進士的現籍地、中式年齡以及上三代直系親屬履歷存在史實訛誤之處，如果不加考辨，拿來就用，所得出的結論自然與歷史真相不符。

第四，長期受到相關史料缺乏的局限。如研究者對主要收藏於寧波天一閣的明代科舉錄文獻就長期難得甚至不得利用，而該類文獻對該論題的研究又至關重要。

第五，南直隸進士群體的相關史料尚未被充分發掘和利用。如《景印文淵閣四庫全書》《續修四庫全書》《四庫全書存目叢書》《四庫未收書輯刊》《四庫禁燬書叢刊》《四庫禁燬書叢刊補編》《明別集叢刊》等大型叢書，以及明清各地方志、筆記、年譜中的南直隸進士的相關史料，尚處於有待挖掘和利用階段。

三、基本思路和方法

首先，確認明代南直隸進士總數的統計前提和標準。確認統計前提，需要準確把握明代南直隸進士應該分布的區域；確認統計標準，需要本著實事求是的原則，在建立經考證確認可信的史料基礎之上，準確把握明代進士的「定義」，嚴謹、科學、合理地設定明確的統計標準。

其次，運用定量分析的方法，考察明代南直隸進士的空間分布特點及其原因、戶類與本經分布的特點及其原因、中式身份及其變化特點與原因、中式年齡及其影響、家庭出身及其社會流動、進士家族地域分布及其原因與影響。

第三，通過深入發掘明代各種文集和地方志中的南直隸進士群體的相關史料，對《進士登科錄》中記載南直隸進士的現籍地、中式年齡及其上三代直系親屬履歷進士必要考證，力求所得結論建立在確鑿史實之上。

第四，把該論題放在明代政治和科舉發展的宏觀視野與明代社會的廣闊背景之下，在已有研究基礎上，多角度、分時段、全方位釐清明代南直隸進士群體各方面的構成狀態、特點與成因。

第五，運用考據，宏觀研究與微觀研究相結合，對比，分類統計與定量分析，以及社會學、統計學等多學科的理論與方法，力求對南直隸進士群體的研究能夠進一步接近歷史真相，並揭示其與當時社會相關方面的內在聯繫。

四、主要創新之處

首先，以明代南直隸「十四府」「四直隸州」行政轄區為確認前提，以「現籍地」為核心依據，通過逐一考證，確認明代南直隸進士總數為 3832 人，其對明代南直隸進士總數及其地域分布的統計精度比以往研究應有明顯提高。

其次，受政局和社會經濟、應試舉子數量、官學教育等綜合因素的影響，明代南直隸進士群體在時間分布上呈現出「前期低，中、後期高」的特點。其地域分布廣泛，同時又明顯存在不平衡性，是各地在人口、經濟、交通、教育、政治、科舉氛圍等方面所存差異綜合作用的結果。本經分布具有不平衡性和廣泛性，這是由各地經師授經、家族內部傳經、士子自主擇經、各地習經風氣和當地提學官影響等綜合因素導致的結果。由於官辦學校和教育固有優勢及其在發展中的內在張力，國子監生和府、州、縣儒學生員成為該群體中式身份的主要來源。

第三，通過對《進士登科錄》所載 1536 名進士中式年齡逐一進行考證，確認其少報中式年齡總數為 2338 歲，明代進士平均少報中式年齡為 1.52 歲；明代南直隸進士實際平均中式年齡應為 34.89 歲，高出明代進士平均中式年齡 0.6 歲。南直隸進士中式年齡越年輕，其仕宦時間越長，發揮的政治影響力也就越久，對其仕途發展也越有利。

第四，通過對明代南直隸進士家庭出身逐一進行考證，確認 43.89% 的南直隸進士出身於上三代俱無任何功名、官號和捐銜的平民家庭，高於明代進士出身於平民家庭者 0.75 個百分點。隨著時間的推移，出身於平民家庭的南直隸進士數量呈下降趨勢，這主要是由明中後期南直隸進士出自僅擁有科舉功名和榮譽性職銜而非實職官家庭的數量明顯增多造成的。

　　第五，明代南直隸共有 321 個進士家族，其地域分布廣泛，表現在南直隸 14 府 4 直隸州中 14 府 2 直隸州皆有進士家族分布；但分布很不平衡，總體上東多西少；這是由各府、州、縣的科舉實力與家族傳承本經等因素綜和作用而造成的。明代南直隸進士家族發揮政治和社會影響的時間大致在三十年至一百七十年之間。

　　第六，明代南直隸進士群體入仕者共 3725 人，占明代南直隸進士總數的 97.21%；仕至京官者共 1366 人，仕至地方官者共 2359 人，雖品級、職權不一，但在各自的行政崗位上不同程度地做出了促進明代社會持續向前發展的歷史貢獻。任職京官者，或入閣輔政、參預機務，或不計禍福、抨擊時弊；任職地方官者，或革除宿弊、造福黎民，或平定禍亂、奠安邊疆。他們不僅是南直隸地區文化發展的推動者，而且致力於促進任官地區教育文化的發展；還積極從事著書立說，傳播思想文化，為後世留下豐贍的著作。

第一章　明代南直隸進士群體總數與分甲

　　明代南直隸進士總數是研究該群體最為重要的基本問題之一，以明代「88 科 89 榜 24586 名」進士為統計前提，遵循現籍地的通常確認標準，確認明代南直隸進士共 3832 人，占明代進士總數的 15.59%，在各省直及遼東擁有進士數排序中位列第一，處於領先地位。明代南直隸一甲進士共 65 人，二甲進士共 1249 人，三甲進士共 2518 人，各自分別占明代一甲進士的 24.34%，二甲進士的 19.31%，三甲進士的 14.11%。

第一節　明代南直隸進士總數

一、確認標準

　　確認明代南直隸進士總數，應在全面佔有和嚴謹考證相關史料的基礎上，對確認前提和標準取得共識。

　　確認前提：明代南直隸進士應該分屬蘇州、常州、松江、徽州、應天、揚州、鎮江、安慶、鳳陽、寧國、盧州、淮安、太平、池州「十四府」和滁州、廣德州、徐州、和州「四直隸州」共 18 個政區，因明代南直隸進士全部來自「十四府」和「四直隸州」，明代舉行鄉試的單位也是「兩直十三布政司」，而不是都司或行都司，故確認南直隸籍進士，也只能分別歸屬於「十四府」

和「四直隸州」〔註1〕。

　　確認南直隸進士，首先應遵循「現籍地」的通常標準，也即以進士報考鄉試時的「現戶籍所在地」作為確認進士屬地的依據。其因主要有四〔註2〕：一是該標準完全符合明朝規定舉子一般應在其「現籍地」報考科舉的制度，適用於明朝實行科舉的各個地區〔註3〕。二是該標準滿足了探究明代南直隸進士地域分布所要達到的主要目的——弄清各地科舉實力強弱狀況的需要，因進士是通過全國性的競爭產生的，各地進士的多少直接標誌著其科舉實力的強弱，在進士「現籍地」與「中舉地」相一致時，其「現籍地」自然也就是其「科舉競爭力的形成或主要形成之地」；故遵循這一標準，能夠客觀反映各地科舉實力的強弱狀況。三是該標準具有客觀唯一性，因每位進士的「現籍地」只有一個，而「原籍地」可能有兩個甚至數個，故以「現籍地」作為確認進士屬地的依據，能有效避免以往研究中常見的重複統計；四是科舉文獻尤其是科舉錄文獻在記載明代進士屬地時，通常都要記載其「現籍地」，從而為今人對其進行全面、系統的統計提供了可行性。而學術界在確認明代進士屬地時，多數學者採用的也是「現籍地」標準。〔註4〕

　　其次，確認南直隸進士，應遵循明代科舉共舉行 88 科 89 榜殿試的標準。只有參加殿試的會試中式舉人，經皇帝欽賜進士及第、進士出身及同進士出身，才能視作擁有進士頭銜。李周望《國朝歷科題名碑錄初集》附《明代歷科進士題名錄》把崇禎十三年破格特用的 53 名南直隸籍舉人和歲貢生稱為「崇禎十五年壬午科進士」〔註5〕，則與歷史事實不符。其實，明廷並未對崇禎十

〔註1〕在南直隸轄區內的衛、所籍進士，統一按其衛、所所在駐地確認其屬地。如河南潁川衛，雖隸屬河南都司，但其駐地卻在直隸鳳陽府潁州轄區內，故將潁川衛籍進士統一視作南直隸進士。

〔註2〕詳見郭培貴：《明代進士地域分布研究的瓶頸、統計標準與再統計》一文，未刊稿。

〔註3〕在不舉行鄉試的遼東，其士子按制要先通過遼東巡按御史主持的科考，才能獲得到山東或北直隸參加鄉試的資格。詳見郭培貴：《中國科舉制度通史·明代卷》，上海：上海人民出版社 2015 年版，第 50 頁。

〔註4〕如沈登苗：《明代雙籍進士的分布、流向與明代移民史》(《歷史地理》第 20 輯，上海：上海人民出版社 2004 年版，第 314 頁)，吳宣德：《明代進士的地理分布》(第 17～19 頁、第 138 頁)，郭培貴：《中國科舉制度通史·明代卷》(第 71～91 頁)等論著。

〔註5〕〔清〕李周望：《國朝歷科題名碑錄初集》附《明代歷科進士題名錄》(以下簡稱「《碑錄》」)，臺灣：華文書局，1969 年，第 1331～1344 頁。

三年賜特用的 53 名南直隸籍舉人和歲貢生專門進行殿試，其出身仍舊為會試中式舉人和歲貢生而已，故而根本不存在「崇禎十三年賜特用出身科」〔註6〕，明代科舉殿試榜數應為 89 榜而非 90 榜。

二、明代南直隸歷科進士數考述

茲謹據上述確認前提和標準，對明代南直隸進士專門進行逐科、逐人的考證，以求得出盡可能接近歷史事實的結論。

1. 洪武四年辛亥科，南直隸籍進士共 2 人，皆屬現籍地與中舉地一致者〔註7〕。需要說明的是，該《洪武四年進士登科錄》載：「魏益，貫徐州碭山縣民籍」〔註8〕，因洪武四年辛亥科於當年二月十九日廷試，故此時徐州尚隸屬於河南行省，直至洪武四年二月，徐州改屬中都臨濠府，洪武十四年十一月又直隸京師〔註9〕，至明末再未發生變動。《洪武四年進士登科錄》載：「秦亨，貫□□府亳州民籍」〔註10〕，其中，「府亳州民籍」，當為「歸德州亳縣」之誤。據《寰宇通志》《明一統志》《中都志》《明孝宗實錄》《正德明會典》《萬曆明會典》《讀史方輿紀要》《明史·地理志》等文獻記載〔註11〕，亳州於洪武元年降為縣，隸屬河南開封府歸德州，六年改屬京師臨濠府潁州；弘治九年十月復升為州，隸屬南直鳳陽府。郭紅、靳潤成《中國行政區劃通史·明代卷》亦採此說〔註12〕。

〔註 6〕郭培貴：《明代學校科舉與任官制度研究》，北京：大百科全書出版社，2014 年，第 381～384 頁。
〔註 7〕《洪武四年進士登科錄》，寧波：寧波出版社，2006 年，第 4、34 頁。
〔註 8〕《洪武四年進士登科錄》，第 15 頁。
〔註 9〕郭紅、靳潤成：《中國行政區劃通史·明代卷》，上海：復旦大學出版社，2007 年，第 46 頁。
〔註 10〕《洪武四年進士登科錄》，第 33 頁。
〔註 11〕《寰宇通志》卷九《鳳陽府》，《玄覽堂叢書續集》第 38 冊，臺北：國立中央圖書館，1985 年，第 380 頁；《明一統志》卷七《中都》，《景印文淵閣四庫全書》第 472 冊，臺北：臺灣商務印書館，1986 年，第 184 頁；《中都志》卷一《建置沿革》，《天一閣藏明代方志選刊續編》第 33 冊，上海：上海書店 1963 年影印天一閣藏本，第 41～43 頁；《明孝宗實錄》卷一一八「弘治九年十月癸卯」，臺北：「臺灣中研院史語所」1962 年校印本，第 2138 頁；正德《明會典》卷一七《戶部二·州縣》，《景印文淵閣四庫全書》第 617 冊，第 182 頁；萬曆《明會典》卷一五《戶部二·州縣一》，北京：中華書局，1989 年，第 92 頁；〔清〕顧祖禹：《讀史方輿紀要》卷二一《南直三》，北京：中華書局，2005 年，第 1064 頁；〔清〕張廷玉：《明史》卷四十《地理一》，北京：中華書局 1974 年點校本，第 915 頁。
〔註 12〕郭紅、靳潤成：《中國行政區劃通史·明代卷》，第 40 頁。

由上可證,《登科錄》此處「亳州」當為「歸德州亳縣」之誤。綜上,徐州、亳縣於明初行政區劃變動後直至明末隸屬於南京（南直隸）,其行政隸屬關係再未發生變動,故將魏益、秦亨視為南直隸進士,則該科南直隸籍進士當為 2人。

2. 洪武十八年乙丑科,南直隸籍進士共 41 人,史料依據為《皇明進士登科考》〔註 13〕。在存世的明史文獻中,《登科考》是唯一全部記載了該科 472名進士姓名及其現籍地的科舉文獻,且據該科《會試錄》寫成,故學界公認其對該科進士信息的記載總體上是最為可信的。因此,在未見足以否定或動搖該書所載南直隸籍進士的史料之前,目前也只能依據該書,確認該科南直隸籍進士共 41 人。

3. 洪武二十一年戊辰科,南直隸進士籍共 7 人,皆於應天中式。《登科考》《皇明貢舉考》《明清進士題名碑錄》皆載該科南直隸籍進士為 6 人〔註 14〕,闕載二甲進士齊德（後改名齊泰,仕至兵部尚書,應天府溧水縣籍）。《南雍志》《類姓登科考》《弇山堂別集》《革朝志》《罪惟錄列傳》皆載齊泰為洪武二十一年應天府溧水縣籍進士〔註 15〕;萬曆《應天府志》、康熙《江南通志》、乾隆《江南通志》收錄的洪武二十一年進士名單中皆載有齊泰〔註 16〕。綜上,確認該科南直隸進士共 7 人。

〔註 13〕〔明〕俞憲:《皇明進士登科考》（以下簡稱「《登科考》」）,寧波:寧波出版社 2006 年影印本,第 8～20 頁。另據明清南直隸各地方志,該科南直隸進士皆屬現籍地與中舉地一致者。

〔註 14〕《登科考》,第 21～23 頁;〔明〕張朝瑞:《皇明貢舉考》（以下簡稱「《貢舉考》」）,《續修四庫全書》史部第 828 冊,上海:上海古籍出版社,2002 年,第 187～188 頁;《碑錄》,第 47～52 頁。

〔註 15〕〔明〕黃佐:《南雍志》卷一五《儲養考·進士題名》,《續修四庫全書》史部第 749 冊,第 389 頁;〔清〕盛子鄴:《類姓登科考》,《四庫全書存目叢書》子部第 226 冊,濟南:齊魯書社,1996 年,第 392 頁;〔明〕王世貞:《弇山堂別集》卷五十《兵部尚書表》,北京:中華書局,1958 年,第 928 頁;〔明〕許相卿:《革朝志》卷三《死難列傳·齊泰》載:「齊泰,畿內溧水人。洪武丁卯發解應天,明年第進士。初名德,受知太祖,更賜今名」。（《四庫全書存目叢書》史部第 47 冊,第 178 頁）;〔清〕查繼佐《罪惟錄列傳》卷二五《庸誤諸臣列傳·齊泰》,《明代傳記叢刊·綜錄類⑥》第 86 冊,臺北:明文書局,1991 年,第 2485 頁。

〔註 16〕萬曆《應天府志》卷二八《人物志三·齊泰》,明萬曆刻增修本;康熙《江南通志》卷三一《選舉·進士》,《中國地方志集成·省志輯·江南》,南京:鳳凰出版社,2011 年,第 630 頁;乾隆《江南通志》卷一二一《選舉志·進士》,《景印文淵閣四庫全書》第 510 冊,第 575 頁。

4. 洪武二十四年辛未科，南直隸進士僅 1 人，即該科狀元許觀，中洪武二十三年應天鄉試〔註17〕，直隸池州府貴池縣籍〔註18〕。

5. 洪武二十七年甲戌科，南直隸籍進士共 8 人〔註19〕，皆於應天中式。此外，該科進士童英、王耆、戴德彝、劉瑜俱非南直隸籍卻在應天中式〔註20〕，本文仍按通例以其屬實的現籍地作為確認其屬地的依據。

6. 洪武三十年丁丑科春榜，南直隸籍進士僅 1 人，即該科二甲第 4 名進士盛敬，應天中式，直隸太平府當塗縣籍〔註21〕。此外，該榜進士莊謙才非南直隸籍卻在應天中式〔註22〕，本文仍按通例以其屬實的現籍地作為確認其屬地的依據。

7. 洪武三十年丁丑科夏榜，無南直隸籍進士〔註23〕。需要指出的是，該科是明代南直隸籍會試中式舉人無人登第的第一科也是唯一一科，並非自然狀態下公平競爭的結果，而是人為所致。據《明史》卷七○《選舉志二》載：「洪武丁丑，考官劉三吾、白信蹈所取宋琮等五十二人，皆南士……帝怒所取之偏……親自閱卷，取任伯安等六十一人。六月復廷試，以韓克忠為第一，皆北士也」〔註24〕。可知，該科南直隸無進士，是由皇權的無上權威造成的。

8. 建文二年庚辰科，南直隸籍進士共 26 人，除黃鉞外，其餘 25 人皆於應天中式〔註25〕。《建文二年殿試登科錄》載：「黃鉞，貫直隸蘇州府常熟縣儒籍」，以「湖廣宜章縣典史」中湖廣鄉試〔註26〕。按，《皇明會試錄》《登科考》《皇明常熟文獻志》《貢舉考》《類姓登科考》《碑錄》皆載鉞為直隸蘇州府常

〔註17〕〔明〕焦竑：《玉堂叢語》卷四《忠節》，北京：中華書局，1981 年，第 138 頁。

〔註18〕《登科考》，第 24～25 頁；《貢舉考》，第 190 頁；《碑錄》，第 53～54 頁。

〔註19〕《登科考》，第 25～28 頁；《貢舉考》，第 191～193 頁；《碑錄》，第 55～60 頁。

〔註20〕《閩省賢書》卷二，日本內閣文庫藏本，第 18 頁；《江西通志》卷五二《選舉四》，《景印文淵閣四庫全書》第 514 冊，第 691 頁；《浙江通志》卷一三四《選舉十二·明舉人》，《景印文淵閣四庫全書》第 522 冊，第 498 頁。

〔註21〕《登科考》，第 29 頁；《貢舉考》，第 194 頁；《碑錄》，第 61 頁。

〔註22〕《閩省賢書》卷二，第 20 頁。

〔註23〕《登科考》，第 30～32 頁；《貢舉考》，第 195～196 頁；《碑錄》，第 64～67 頁。

〔註24〕〔清〕張廷玉：《明史》卷七○《選舉志二》，第 1697 頁。

〔註25〕《建文二年殿試登科錄》，《明代登科錄彙編》第 1 冊，臺北：學生書局 1969 年影印本，第 11～68 頁。

〔註26〕《建文二年殿試登科錄》，第 29 頁。

熟縣（籍）人〔註27〕；康熙《江南通志》、康熙《常熟縣志》也都同載〔註28〕；而萬曆《湖廣總志》、乾隆《宜章縣志》收錄的建文二年進士名單皆無載黃鉞〔註29〕。由上可證，《登科錄》載其現籍地屬實，故本文仍按通例以其屬實的現籍地確認其為南直隸籍進士。

9. 永樂二年甲申科，南直隸籍進士共 71 人〔註30〕，皆於應天中式。此外，該科進士許璿非南直隸籍卻在應天中式〔註31〕，本文仍按通例以其屬實的現籍地作為確認其屬地的依據。

10. 永樂四年丙戌科，南直隸籍進士共 21 人〔註32〕，皆於應天中式。此外，該科進士沈欽非南直隸籍卻在應天中式〔註33〕，本文仍按通例以其屬實的現籍地作為確認其屬地的依據。

11. 永樂九年辛卯科，南直隸籍進士共 8 人，皆於應天中式〔註34〕。此外，該科進士周文褒、謝升、任敏、葉暘、張習俱非南直隸籍卻在應天中式〔註35〕，本文仍按通例以其屬實的現籍地作為確認其屬地的依據。《永樂九年進士登科錄》載：「李曰良，貫江西南昌府豐城縣民籍……父真，國子監助教」，曰良以「儒士」中應天鄉試〔註36〕。按，李曰良當屬在現籍地之外的親屬任職地非法報考並中舉者，其現籍地未變，故本文仍按通例以其屬實的現籍地作為確認其屬地的依據。《永樂九年進士登科錄》還載：「臧性，貫浙江寧波府鄞縣官籍」，以「寧波府學生」中應天鄉試〔註37〕。按，《寰宇通志》卷三十《寧波

〔註27〕《登科考》，第 17 頁；《貢舉考》，第 24 頁；《類姓登科考》，第 421 頁；《碑錄》，第 35 頁。

〔註28〕康熙《江南通志》卷三一《選舉‧進士》，《中國地方志集成‧省志輯‧江南①》，第 631 頁；康熙《常熟縣志》卷一一《選舉》，康熙刊本。

〔註29〕萬曆《湖廣總志》卷八《選舉》，《四庫全書存目叢書》史部第 194 冊，第 208 頁；乾隆《宜章縣志》卷十《選舉》，乾隆刊本。

〔註30〕《貢舉考》，第 201～207 頁。

〔註31〕《福建通志》卷三七《選舉五‧明舉人》，《景印文淵閣四庫全書》第 529 冊，第 173 頁。

〔註32〕《登科考》，第 14～20 頁；《貢舉考》，第 209～212 頁；《碑錄》，第 61～63 頁。

〔註33〕《浙江通志》卷一三四《選舉十二‧明舉人》，《景印文淵閣四庫全書》第 522 冊，第 506 頁。

〔註34〕詳見《永樂九年進士登科錄》，上海圖書館藏本。

〔註35〕《永樂九年進士登科錄》，上海圖書館藏本。

〔註36〕《永樂九年進士登科錄》，上海圖書館藏本。

〔註37〕《永樂九年進士登科錄》，上海圖書館藏本。

府·科甲》明確記載臧性為浙江寧波府鄞縣（籍）人〔註38〕；同書卷四一至卷四六收錄的南直隸進士名單皆對其無載；《登科考》《貢舉考》《類姓登科考》《碑錄》皆載臧性為浙江鄞縣（籍）人〔註39〕；嘉靖《浙江通志》、嘉靖《寧波府志》、康熙《鄞縣志》、雍正《寧波府志》、雍正《浙江通志》也都同載〔註40〕；而萬曆《應天府志》、康熙《江南通志》、乾隆《江南通志》收錄的永樂九年進士名單皆無載臧性〔註41〕。由上可證，其「貫」在《登科錄》中的寫法是正確的，故本文仍按通例以其屬實的現籍地作為確認其屬地的依據。

12. 永樂十年壬辰科，南直隸籍進士共 18 人，皆於應天中式〔註42〕。此外，該科進士王詢非南直隸籍卻於應天中式〔註43〕，故本文仍按通例以其屬實的現籍地作為確認其屬地的依據。

13. 永樂十三年乙未科，南直隸籍進士共 48 人〔註44〕，皆於應天中式。此外，該科進士孫鼎、鄭雍言、鮑暈俱非南直隸籍卻在應天中式〔註45〕，故本文仍按通例以其屬實的現籍地作為確認其屬地的依據。

14. 永樂十六年戊戌科，南直隸籍進士共 39 人〔註46〕，皆於應天中式。此外，該科進士吳琛、夏大有、舒本謙、倪鼎俱非南直隸籍卻在應天中式〔註47〕，故本文仍按通例以其屬實的現籍地作為確認其屬地的依據。

〔註38〕　《寰宇通志》卷三十《寧波府·科甲》，《玄覽堂叢書續集12》，第 228 頁。

〔註39〕　《登科考》卷三，第 31 頁；《貢舉考》卷三，第 222 頁；《類姓登科考》，第 580 頁。

〔註40〕　嘉靖《浙江通志》卷五十《選舉》，《天一閣藏明代方志選刊續編》第 26 冊，第 360 頁；嘉靖《寧波府志》卷一四《選舉》，嘉靖刊本；康熙《鄞縣志》卷一八《選舉》，康熙刊本；雍正《寧波府志》卷九《科目》，雍正刊本；雍正《浙江通志》卷一四二《選舉》，《景印文淵閣四庫全書》第 522 冊，第 167 頁。

〔註41〕　萬曆《應天府志》卷十《科貢表》，萬曆刊本；康熙《江南通志》卷五二《選舉》，《中國地方志集成·省志輯·江南①》第 151 頁；乾隆《江南通志》卷一四一《選舉》，《景印文淵閣四庫全書》第 510 冊，第 321 頁。

〔註42〕　《永樂十年進士登科錄》，《明代登科錄彙編》第 1 冊，臺北：臺灣學生書局1969 年影印本，第 209～263 頁。

〔註43〕　《永樂十年進士登科錄》，第 247 頁。

〔註44〕　《登科考》，第 29～37 頁；《貢舉考》，第 220～225 頁。

〔註45〕　雍正《浙江通志》卷一三四《選舉十二·明舉人》，《景印文淵閣四庫全書》第 522 冊，第 513 頁。

〔註46〕　《登科考》，第 38～44 頁；《貢舉考》，第 226～229 頁；《碑錄》，第 143～155 頁。

〔註47〕　雍正《浙江通志》卷一三四《選舉十二·明舉人》，《景印文淵閣四庫全書》第 522 冊，第 516～517 頁；雍正《江西通志》卷五二《選舉四》，《景印文淵閣四庫全書》第 514 冊，第 704 頁。

15. 永樂十九年辛丑科，南直隸籍進士共 23 人〔註48〕，皆於應天中式。此外，該科進士王驥、駱謙、童孟韜俱非南直隸籍卻在應天中式〔註49〕，故本文仍按通例以其屬實的現籍地作為確認其屬地的依據。

16. 永樂二十二年甲辰科，南直隸籍進士共 26 人〔註50〕，皆於應天中式。

17. 宣德二年丁未科，南直隸籍進士共 9 人〔註51〕，皆於應天中式。此外，該科進士曾序非南直隸籍卻在應天中式〔註52〕，故本文仍按通例以其屬實的現籍地作為確認其屬地的依據。

18. 宣德五年庚戌科，南直隸籍進士共 12 人，皆於應天中式〔註53〕。需指出的是，《宣德五年進士登科錄》載：「楊寧，貫浙江杭州府錢塘縣民籍」，以「直隸徽州府學生」中應天府鄉試〔註54〕。按，其中「浙江杭州府錢塘縣」當為楊寧原籍地，而非現籍地。刊布比其稍早的同科《會試錄》載楊寧為「直隸徽州府學生」〔註55〕，而未提及其籍地；永樂十九年進士薛瑄撰《送楊恒健先生歸徽州序》明確記載：「景泰二年冬，禮部尚書楊彥謐（楊寧——引者注）承詔調南京大司寇，余亦奉命承乏大理，與彥謐偕來之官。彥謐道語其家故錢塘，先考尚書公……兩任邵武、徽州教授，丁先祖優，服闋，遂家於徽州……某與弟宜俱幼，鞠於叔父，教以經史諸書，遂皆有成立。某登進士第……弟宜亦由科第為御史」〔註56〕。引文「弟宜」，即楊宜，中宣德七年應天鄉試，《南國賢書》載其為直隸徽州府籍人〔註57〕，又登正統十三年進士，

〔註48〕《登科考》，第 45～51 頁；《貢舉考》，第 231～233 頁；《碑錄》，第 157～167 頁。

〔註49〕雍正《江西通志》卷五二《選舉四》，《景印文淵閣四庫全書》第 514 冊，第 702 頁；雍正《浙江通志》卷一三四《選舉十二·明舉人》，《景印文淵閣四庫全書》第 522 冊，第 516～517 頁。

〔註50〕《貢舉考》，第 235～237 頁；《碑錄》，第 177～182 頁。

〔註51〕《登科考》，第 209～214 頁；《貢舉考》，第 238～240 頁；《碑錄》，第 177～182 頁。

〔註52〕雍正《江西通志》卷五二《選舉四》，《景印文淵閣四庫全書》第 514 冊，第 715 頁。

〔註53〕《宣德五年進士登科錄》，寧波：寧波出版社 2006 年影印本，第 7～32 頁。

〔註54〕《宣德五年進士登科錄》，第 8 頁。

〔註55〕《宣德五年會試錄》，寧波：寧波出版社 2007 年影印本，第 11 頁。

〔註56〕〔明〕：薛瑄《敬軒文集》卷一六《送楊恒健先生歸徽州序》，《景印文淵閣四庫全書》第 1243 冊，臺灣商務印書館影印本，1986 年，第 292～293 頁。

〔註57〕〔明〕張朝瑞：《南國賢書》前編卷一，《金陵全書·乙編·史料類》，南京：南京出版社，2013 年，第 35 頁。

自報現籍地為「直隸徽州府歙縣」〔註58〕。此外,《弇山堂別集》《國朝列卿紀》《禮部志稿》俱載楊寧為「直隸歙縣籍,浙江錢塘縣人」〔註59〕;弘治《徽州府志》、嘉靖《徽州府志》、嘉靖《南畿志》、康熙《徽州府志》、康熙《江南通志》、乾隆《江南通志》、乾隆《歙縣志》收錄的宣德五年進士名單皆有楊寧〔註60〕;乾隆《江南通志》還載「尚書楊寧墓,在歙縣東牌頭鎮」〔註61〕。由上可知,楊寧現籍地因其父「家於徽州」,而由「浙江杭州府錢塘縣」變更為「直隸徽州府歙縣」,其為「直隸徽州府學生」的原因也蓋由此;故其應屬南直隸進士。另需指出的是,《寰宇通志·徽州府·科甲》載楊寧為直隸徽州府歙縣人〔註62〕,同書《杭州府·科甲》又載其為浙江杭州府錢塘縣人〔註63〕,由上論證可知,前者為其現籍地,後者為其原籍地;成化《杭州府志》、嘉靖《浙江通志》、萬曆《杭州府志》《登科考》《貢舉考》《類姓登科考》《碑錄》並載寧為浙江杭州府錢塘縣人〔註64〕,則皆為沿襲《登科錄》載其原籍地,而非現籍地。

〔註58〕 《正統十三年進士登科錄》,第13頁。

〔註59〕 〔明〕王世貞:《弇山堂別集》卷四九《禮部尚書》,北京:中華書局,1985年,第912頁;〔明〕雷禮:《國朝列卿紀》卷五七《南京刑部尚書年表》,《續修四庫全書》史部第523冊,第166頁;〔明〕俞汝楫:《禮部志稿》卷四二《歷官表·尚書》,《景印文淵閣四庫全書》第597冊,第758頁。

〔註60〕 弘治《徽州府志》卷六《選舉》,《天一閣藏明代方志選刊》第29冊,上海古籍出版社1961年影印本,第25頁;嘉靖《徽州府志》卷一二《選舉志》,《北京圖書館古籍珍本叢刊》史部第29冊,北京:書目文獻出版社,1998年,第289頁;嘉靖《南畿志》卷五四《徽州府·進士科》,臺北:臺灣學生書局,1987年,第2173頁;康熙《徽州府志》九《選舉志》,《中國方志叢書·華中地方》第二三七號,第1268頁;康熙《江南通志》卷三一《選舉》,《中國地方志集成·省志輯·江南①》,第635頁;乾隆《江南通志》卷一二一《選舉》,《景印文淵閣四庫全書》第510冊,第581頁;乾隆《歙縣志》卷九《選舉志》,乾隆三十六年刊本。

〔註61〕 乾隆《江南通志》卷四一《輿地志》,《景印文淵閣四庫全書》第508冊,第325頁。

〔註62〕 《寰宇通志》卷一二《徽州府·科甲》,《玄覽堂叢書續集10》,臺北:國立中央圖書館,1985年,第539頁。

〔註63〕 《寰宇通志》卷二三《杭州府·科甲》,《玄覽堂叢書續集11》,第450頁。

〔註64〕 成化《杭州府志》卷三十九《科貢》,成化刊本;嘉靖《浙江通志》卷五十《選舉》,嘉靖刊本;萬曆《杭州府志》卷五六《選舉》,萬曆刊本;《登科考》卷四,第216頁;《貢舉考》卷三,第242頁;《類姓登科考》,第458頁,《碑錄》,第183頁。

19. 宣德八年癸丑科，南直隸籍進士共 9 人，皆於應天中式〔註65〕。

20. 正統元年丙辰科，南直隸籍進士共 15 人，皆於應天中式〔註66〕。

21. 正統四年己未科，南直隸籍進士共 16 人，皆於應天中式〔註67〕。需指出的是，《正統四年進士登科錄》載：「張諫，貫應天府句容縣軍籍」〔註68〕，以「貴州赤水衛軍生」中雲南鄉試。按，「應天府句容縣」當為張諫原籍地，而非現籍地。《正統四年會試錄》載張諫為「貴州永寧宣撫司學軍生」，而未提及其為「應天府句容縣」的任何信息〔註69〕。劉球於正統七年所撰《孺人孫氏墓誌銘》又載：「行人司行人張諫孟弼哭其母孺人訃，急欲歸赴葬，且以父兄之命來請銘……孺人諱某，字某，姓孫氏，世家句容，與同邑張氏素以閥閱相高。有張傑士曰谷賓，與孺人之父國善相得甚。谷賓子伯安與孺人在妊時，二家已相約曰：『幸生男女，當為婚姻。』生來十歲，谷賓以訴其弟之冤，不勝，死之，而家亦沒。伯安以沒丁，隨母與兄戍崇山。稍長，奉母、兄命還鄉，請婚孫氏……遂具嫁裝（妝），遣孺人從伯安即軍中……未幾，伯安代戍徙赤水……孺人克躬儉勤，佐伯安經營其家，十數年稱富室軍中。伯安雖在邊，猶守父母訓，聚宗族數百，指為一爨」〔註70〕；正統十年進士商輅撰《太僕張公神道碑》亦載：「公諱諫……姓張氏……世為句容人……父伯安……洪武中與兄伯達謫戍崇山，尋遷赤水」〔註71〕；《明憲宗實錄》卷九一「成化七年五月戊子」也載：「太僕寺卿張諫……應天府句容縣人……先世謫戍貴州之赤水」〔註72〕。由此可知，張諫先世原為應天府句容縣籍，父伯安「戍徙赤水」，則現籍地已由「應天府句容縣」變更為「貴州赤水衛」，諫隨其父，自然籍屬該衛。此外，弘治《貴州圖經新志》、嘉靖《貴州通志》、乾隆《貴州通志》、《重

〔註65〕《宣德八年進士登科錄》，《中國科舉錄彙編》第 2 冊，北京：全國圖書館文獻縮微複製中心影印本，2010 年，第 106～156 頁。

〔註66〕《正統元年進士登科錄》，上海圖書館藏本。

〔註67〕《正統四年進士登科錄》，第 7～32 頁。

〔註68〕《正統四年進士登科錄》，第 25 頁。

〔註69〕《正統四年會試錄》，第 3 頁。

〔註70〕〔明〕劉球：《兩溪文集》卷二三《孺人孫氏墓誌銘》，《景印文淵閣四庫全書》第 1243 冊，第 700 頁。

〔註71〕弘治《句容縣志》卷一一《文章類‧墓道銘表》載商輅撰《太僕張公神道碑》，《天一閣藏明代方志選刊》第 13 冊，第 13 頁。

〔註72〕《明憲宗實錄》卷九一「成化七年五月戊子」，臺北：中研院史語所 1962 年校印本，第 1764 頁。

刊江寧府志》也都載張諫為貴州赤水衛籍人〔註73〕。由上可證《登科錄》所載「應天府句容縣」只是張諫的原籍地而已，其現籍地應為「貴州赤水衛」，故其當屬貴州進士。還需指出的是，《寰宇通志・應天府・科甲》載張諫為應天府句容縣人〔註74〕，而同書無貴州赤水衛指揮使司及其進士的相關記載；《登科考》《貢舉考》《類姓登科考》《碑錄》並載諫為應天府句容縣人〔註75〕，則皆為沿襲《登科錄》載其原籍地，而非現籍地。此外，該科進士羅瑛、鄒幹俱非南直隸籍卻在應天中式〔註76〕，故本文仍按通例以其屬實的現籍地作為確認其屬地的依據。

22. 正統七年壬戌科，南直隸籍進士共 13 人，除馬項外，其餘 12 人皆於應天中式〔註77〕。需指出的是，《正統七年進士登科錄》載秦顒為「直隸常州府武進縣軍籍」〔註78〕，以「貴州宣慰使司軍生」中雲南鄉試。按，其中「直隸常州府武進縣」當為秦顒原籍地，而非現籍地。《正統七年會試錄》載秦顒為「貴州宣慰使司學軍生」〔註79〕；景泰五年進士易貴撰《亞中大夫左參政秦顒墓表》更明確記載：「公諱顒……本秦姓，先自古汴之光山，裔祖思齊仕宋忠亮大夫，南渡機務常州，世為武進人。大父諱孟禮，洪武初坐累戍貴……公宣德乙卯以《詩經》中雲南鄉試……登正統壬戌，賜同進士第」〔註80〕。另，弘治《貴州圖經新志》、嘉靖《貴州通志》、乾隆《貴州通志》也都載秦顒為貴州宣慰使司籍人〔註81〕。由上可知，秦顒現籍地早在洪武時就因其祖父「坐累

〔註73〕弘治《貴州圖經新志》卷一七《赤水衛指揮使司》，《中國地方志集成・貴州府縣志輯①》，第 179 頁；嘉靖《貴州通志》卷六《科目》，《天一閣藏明代方志選刊續編》第 69 冊，第 901 頁；乾隆《貴州通志》卷二六《人物志序・選舉》，《景印文淵閣四庫全書》第 572 冊，第 4 頁；《重刊江寧府志》卷二九《科貢表一》，《中國方志叢書・華中地方》第一二八號，第 1103 頁。

〔註74〕《寰宇通志》卷八《應天府・科甲》，第 374 頁。

〔註75〕《登科考》，第 241 頁；《貢舉考》，第 252 頁；《類姓登科考》，第 505 頁；《碑錄》，第 205 頁。

〔註76〕《正統四年進士登科錄》，第 14、17 頁。

〔註77〕《正統七年進士登科錄》，第 7～45 頁。

〔註78〕《正統七年進士登科錄》，第 21 頁。

〔註79〕《正統七年會試錄》，第 22 頁。

〔註80〕嘉靖《貴州通志》卷一二《亞中大夫左參政秦顒墓表》，《中國地方志集成・貴州府縣志輯①》，第 499 頁。

〔註81〕《弘治貴州圖經新志》卷三《貴州宣慰使司・科貢》，《中國地方志集成・貴州府縣志輯①》，第 44 頁；嘉靖《貴州通志》卷六《科貢》，第 353 頁；乾隆《貴州通志》卷二六《人物志・選舉》，《景印文淵閣四庫全書》第 572 冊，第 4 頁。

戌貢」，而由「直隸常州府武進縣」變更為「貴州宣慰使司」，其為「貴州宣慰使司學軍生」的原因也蓋由此；故其應屬貴州進士。還需指出的是，《寰宇通志·常州府·科甲》載秦顯為直隸常州府武進縣人〔註82〕，而同書《貴州宣尉司·科甲》又載其為貴州宣慰司人〔註83〕，由上論證可知，前者是其原籍地，後者是其現籍地；《登科考》《貢舉考》《類姓登科考》《碑錄》、萬曆《常州府志》、康熙《常州府志》、康熙《江南通志》、乾隆《江南通志》、乾隆《武進縣志》並載顯為直隸武進縣人〔註84〕，則皆為沿襲《登科錄》載其原籍地所致。

《正統七年進士登科錄》載倪讓為「直隸滁州全椒縣軍籍」〔註85〕，以「慶陽府學軍生」中陝西鄉試。按，其中「直隸滁州全椒縣」當為倪讓原籍地，而非現籍地。《正統七年會試錄》明確記載倪讓為「陝西慶陽衛軍籍」〔註86〕；嘉靖《慶陽府志》、乾隆《新修慶陽府志》、乾隆《甘肅通志》也都載倪讓為正統七年慶陽衛進士〔註87〕；而康熙《滁州志》、光緒《滁州志》收錄的正統七年進士名單則皆無倪讓〔註88〕。由上可知，倪讓現籍地已由「直隸滁州全椒縣」變更為「陝西慶陽衛」，其為「慶陽府學軍生」的原因也蓋由此；故其應屬陝西進士。此外，《寰宇通志·滁州·科甲》載倪讓為直隸滁州全椒縣人〔註89〕，同書《慶陽府·科甲》又載其為陝西慶陽衛人〔註90〕，由上論證可知，前者是其原籍地，後者才是其現籍地；《登科考》《貢舉考》《類姓登科考》《碑錄》並

〔註82〕《寰宇通志》卷一四《常州府·科甲》，《玄覽堂叢書續集11》，第132頁。

〔註83〕《寰宇通志》卷一一四《貴州宣尉司·科甲》，《玄覽堂叢書續集18》，第270頁。

〔註84〕《登科考》卷三，第246頁；《貢舉考》卷三，第255頁；《類姓登科考》，第414頁；《碑錄》，第210頁；萬曆《常州府志》卷一一《選舉》，萬曆刊本；康熙《常州府志》卷一七《選舉》，康熙刊本；康熙《江南通志》卷三一《選舉》，《中國地方志集成·省志輯·江南①》，第636頁；乾隆《江南通志》卷一二一《選舉》，《景印文淵閣四庫全書》第510冊，第582頁；乾隆《武進縣志》卷七《選舉》，乾隆刊本。

〔註85〕《正統七年進士登科錄》，第42頁。

〔註86〕《正統七年會試錄》，第25頁。

〔註87〕嘉靖《慶陽府志》卷一四《人物志》，嘉靖三十六年增修本；乾隆《新修慶陽府志》卷二三《科第》，《中國地方志集成·甘肅府縣志輯》第22冊，第376頁；乾隆《甘肅通志》卷三五《人物》，《景印文淵閣四庫全書》第558冊，第350頁。

〔註88〕康熙《滁州志》卷一六《選舉》，康熙十二年刊本；光緒《滁州志》卷六《科貢表》，光緒二十三年刻本。

〔註89〕《寰宇通志》卷二二《滁州·科甲》，《玄覽堂叢書續集11》，第361頁。

〔註90〕《寰宇通志》卷九六《慶陽府·科甲》，《玄覽堂叢書續集17》，第181頁。

載其為直隸滁州全椒縣人〔註91〕，則皆為沿襲《登科錄》載其原籍地所致；《正
統七年進士登科錄》載薛遠為「直隸廬州府無為州巢縣軍籍」〔註92〕，以「廣
東儋州學增廣生」中廣東鄉試。按，其中「直隸廬州府無為州巢縣」當為薛遠
原籍地，而非現籍地〔註93〕。刊布比其稍早的同科《會試錄》載薛遠為「廣州
儋州學增廣生」，而未提及其籍地〔註94〕；《寰宇通志·廬州府·科甲》未載薛
遠〔註95〕，同書《瓊州府·科甲》則載其為廣東瓊山府瓊山縣人〔註96〕；景泰
五年進士徐溥撰《故南京兵部尚書致仕進階榮祿大夫薛公神道碑銘》更明確記
載：「薛，故家廬之無為州。國初，有大司空相從太祖高皇帝起淮甸……頗以
怨言聞，上怒，置之獄，死，子靖安亦以事舉家瓊州安置，永樂甲午十月生公
於瓊州，公諱遠……宣德乙卯中廣東鄉試，壬戌登進士」〔註97〕。另，正德《瓊
臺志》、萬曆《粵大記》、萬曆《瓊州府志》、萬曆《儋州志》皆載薛遠為廣東
海南衛儋州守禦千戶所籍人〔註98〕；乾隆《無為州志》也載薛遠「其先無為州
人。父靖安，洪武中……坐累謫瓊州，始為瓊人」〔註99〕。由上可知，薛遠現
籍地早在洪武時就因其父「以事舉家瓊州安置」，而由「直隸廬州府無為州巢
縣」變更為「廣東海南衛儋州守禦千戶所」，其為「廣東儋州學增廣生」的原
因也蓋由此；故其應屬廣東進士。此外，《登科考》《貢舉考》《類姓登科考》
《碑錄》、康熙《江南通志》、乾隆《江南通志》、嘉慶《廬州府志》、道光《巢
縣志》並載遠為直隸廬州府巢縣人〔註100〕，則皆為沿襲《登科錄》載其原籍

〔註91〕《登科考》，第251頁；《貢舉考》，第256頁；《類姓登科考》，第393頁；《碑
　　　　錄》，第214頁。

〔註92〕《正統七年進士登科錄》，第43頁。

〔註93〕取自郭培貴、管宏傑：《明代〈登科錄〉進士現籍地考誤》，未刊稿。

〔註94〕《正統七年會試錄》，第23頁。

〔註95〕《寰宇通志》卷一七《廬州府·科甲》，《玄覽堂叢書續集11》，第196頁。

〔註96〕《寰宇通志》卷一百六《瓊州府·科甲》，《玄覽堂叢書續集17》，第544頁。

〔註97〕〔明〕徐溥：《謙齋文錄》卷四《故南京兵部尚書致仕進階榮祿大夫薛公神道
　　　　碑銘》，《景印文淵閣四庫全書》第1248冊，第644頁。

〔註98〕正德《瓊臺志》卷三八《人物三·進士》，《天一閣藏明代方志選刊》第60冊，
　　　　上海古籍書店影印明天一閣藏本；萬曆《粵大記》卷一七《獻徵類》，《日本藏
　　　　中國罕見地方志叢刊》第8冊，第305頁；萬曆《瓊州府志》卷九下《鄉賢》，
　　　　《日本藏中國罕見地方志叢刊》第22冊，第427頁；萬曆《儋州志》卷二《地
　　　　集·選舉志》，海口：海南出版社，2004年，第130頁。

〔註99〕乾隆《無為州志》卷二十《雜記》，乾隆刊本。

〔註100〕《登科考》卷三，第251頁；《貢舉考》卷三，第256頁；《類姓登科考》，第
　　　　694頁；《碑錄》，第214頁；康熙《江南通志》卷三一《選舉》，《中國地方

地所致；《正統七年進士登科錄》載程信為「直隸徽州府休寧縣軍籍」〔註 101〕，以「北直河間縣學軍生」中順天府鄉試。按，其中「直隸徽州府休寧縣」當為程信原籍地，而非現籍地。《正統七年會試錄》載程信為「直隸河間縣學軍生」，而未提及其為「直隸徽州府休寧縣」的任何信息〔註 102〕；其長子敏政撰《資德大夫正治上卿南京兵部尚書兼大理寺卿贈太子少保諡襄毅程公事狀》更明確記載：「公諱信，字彥實，世為徽州休寧人……祖社壽，洪武末被譖誤，謫河間。公以永樂丁酉閏五月十六日生於河間里第……少長，遣遊鄉校，英悟過人，入為邑庠生，授《周易》，時監察御史寧國程富提畿北學政，得公文，驚曰：『北方乃有此子！』移檄列郡，以勵諸生；正統辛酉舉順天府鄉試，壬戌中禮部會試，比廷試，賜進士出身」；並載：「甲申（天順八年）正月，母夫人張氏卒京師，公扶柩還河間。」〔註 103〕因程信自稱其「先人葬處，實在（河間府城東）碉（河）南金沙嶺之原」〔註 104〕；敏政在為《瀛東別業賦》寫的《序》文中也記云：「予家有別業，在瀛城東之青陵鄉，皆先世所遺者，出東門十里餘，縈紆而北，過桃園，望之有堂翼然高出，即其處，別業有三十有二楹，榜曰『晴洲』，晴洲者，家君別號，距屋後不百武為金沙嶺，先塋在焉，嘗有芝產之異，塋周繚以垣……垣之東為虹堰如伏龍，蜿蜒數十百丈，沉沉而南，有土峯四，巋然參耸，杖策一登，則平原曠野，豐草長林，杳然無際，荒煙野燒間多遼、金以來遺跡，殘碑斷碣拂拭可讀……」〔註 105〕其中「瀛城」即指河間府城，因「河間郡城四面皆瀛水環之」〔註 106〕故稱。而且，敏政在

志集成·省志輯·江南①》，第 636 頁；乾隆《江南通志》卷一二一《選舉》，《景印文淵閣四庫全書》第 510 冊，第 582 頁；嘉慶《廬州府志》卷一三《選舉》，《中國地方志集成·安徽府縣志輯①》，第 205 頁；道光《巢縣志》卷一一《選舉表》，《中國地方志集成·安徽府縣志輯》第 6 冊，第 309 頁。

〔註 101〕《正統七年進士登科錄》，第 43 頁。

〔註 102〕《正統七年會試錄》，第 22 頁。

〔註 103〕〔明〕程敏政：《篁墩文集》卷四一《資德大夫正治上卿南京兵部尚書兼大理寺卿贈太子少保諡襄毅程公事狀》，《景印文淵閣四庫全書》第 1253 冊，第 21～22 頁。「祖社壽」，《正統七年進士登科錄》《成化二年進士登科錄》皆作「祖杜壽」。

〔註 104〕〔明〕程敏政：《新安文獻志》卷一六《記》，《景印文淵閣四庫全書》第 1375 冊，第 244 頁。

〔註 105〕〔明〕程敏政：《篁墩文集》卷六十《瀛東別業賦》，《景印文淵閣四庫全書》第 1253 冊，第 360 頁。

〔註 106〕〔明〕程敏政：《新安文獻志》卷一六《記》，《景印文淵閣四庫全書》第 1375 冊，第 244 頁。

其《奏乞省親》疏中還明確向憲宗奏述：「臣原籍直隸徽州府休寧縣人，直隸瀋陽中屯衛官籍。」〔註107〕敏政在《新安文獻志・先賢事略上・國朝》中也載：「程襄毅公信，字彥實，提舉榮秀六世孫，遷河間，正統七年進士，歷南京參贊機務兵部尚書兼大理寺卿，還居休寧。」〔註108〕另外，正統十三年進士劉珝撰《大明故資德大夫正治上卿南京致仕兵部尚書兼大理寺卿贈太子少保諡襄毅程公墓誌銘》也載：「公諱信，字彥實，世居徽之休寧……祖諱杜壽，國朝洪武中謫居河間，……公以《易經》中正統辛酉順天府鄉試，明年第進士。」〔註109〕劉文和《兵部尚書程襄毅公墓誌銘》載信「祖諱社壽，國朝洪武中謫居河間……公以《易經》中正統辛酉順天府鄉試，明年第進士」〔註110〕；倪岳《青溪漫稿》載「襄毅起於北方」〔註111〕；丘濬《重編瓊臺稿》亦載信「少居河北老江南」〔註112〕；《千頃堂書目》載「程信……字彥實，河間籍，休寧人」〔註113〕。由上可知，程信原籍地早在洪武時就因其祖父「謫居河間」，已由「直隸徽州府休寧縣」變更為「直隸瀋陽中屯衛」，其為「直隸河間府河間縣學軍生」的原因也蓋由此；故其應屬北直隸進士。此外，《寰宇通志・徽州府・科甲》載程信為直隸徽州府休寧縣人（同書《河間府・科甲》未載程信）〔註114〕，弘治《徽州府志》、嘉靖《徽州府志》、康熙《江南通志》、乾隆《江南通志》、《登科考》《貢舉考》《類姓登科考》《碑錄》並載信為直隸休寧縣人〔註115〕，則皆

〔註107〕〔明〕程敏政：《篁墩文集》卷一〇《奏議・奏乞省親》，《景印文淵閣四庫全書》第 1252 冊，第 169 頁。

〔註108〕〔明〕程敏政：《新安文獻志・先賢事略上・國朝》，《景印文淵閣四庫全書》第 1375 冊，第 30 頁。

〔註109〕〔明〕程敏政編：《明文衡》卷九〇《大明故資德大夫正治上卿南京致仕兵部尚書兼大理寺卿贈太子少保諡襄毅程公墓誌銘》，《景印文淵閣四庫全書》第 1374 冊，第 697 頁。

〔註110〕〔明〕徐紘：《明名臣琬琰續錄》卷一一《兵部尚書程襄毅公墓誌銘》，《景印文淵閣四庫全書》第 453 冊，第 398 頁。

〔註111〕〔明〕倪岳：《青溪漫稿》卷二四《程襄毅公誄》，《景印文淵閣四庫全書》第 1251 冊，第 349 頁。

〔註112〕〔明〕丘濬：《重編瓊臺稿》卷四《題程彥實尚書晴洲卷十首》，《景印文淵閣四庫全書》第 1248 冊，第 69 頁。

〔註113〕〔明〕黃虞稷：《千頃堂書目》卷一九《別集類・正統壬戌科七年》，上海：上海古籍出版社，2001 年，第 499 頁。

〔註114〕《寰宇通志》卷一二《徽州府・科甲》，《玄覽堂叢書續集 10》，第 539 頁；同書卷二《河間府・科甲》，《玄覽堂叢書續集 10》，第 168～169 頁。

〔註115〕弘治《徽州府志》卷六《科第》，《天一閣藏明代方志選刊》第 29 冊，第 26 頁；嘉靖《徽州府志》卷一三《選舉志》，《北京圖書館古籍珍本叢刊》第 29

為沿襲《登科錄》載其原籍地，而非現籍地。另，該科進士鄭溫在任職的非現籍地應天報考並中舉〔註116〕，南直隸籍進士馬頊不知因何在順天報考並中舉〔註117〕；本文仍按通例以其屬實的現籍地作為確認其屬地的依據。

23. 正統十年乙丑科，南直隸籍進士共29人，皆於應天中式〔註118〕。需指出的是，《正統十年進士登科錄》載徐昌为「直隸蘇州府崑山縣匠籍」，以「順天府大興縣儒士」中順天鄉試〔註119〕。按，「直隸蘇州府崑山縣」為徐昌原籍地，而非現籍地。刊布比其稍早的同科《會試錄》載徐昌為「順天府大興縣儒士」〔註120〕；萬曆《順天府志》、康熙《畿輔通志》、康熙《宛平縣志》、康熙《大興縣志》收錄的正統十年進士名單也都載有徐昌〔註121〕。儘管《寰宇通志·蘇州府·科甲》明確記載徐昌為直隸蘇州府崑山縣人〔註122〕，同書《順天府·科甲》無載徐昌〔註123〕；《登科考》《貢舉考》《類姓登科考》《碑錄》等科舉文獻皆載徐昌為直隸蘇州府崑山縣（籍）人〔註124〕；嘉靖《崑山縣志》、萬曆《重修崑山縣志》、同治《蘇州府志》也都同載〔註125〕，但皆應為因襲《登科錄》的記載。按明代制度，「順天府大興縣匠籍」與「直隸蘇州府崑山縣匠籍」相比，只有前者才有可能使徐昌成为「順天府大興縣儒士」，而後者則無

冊，第189頁；康熙《江南通志》卷三一《選舉》，《中國地方志集成·省志輯·江南①》，第636頁；乾隆《江南通志》卷一二一《選舉》，《景印文淵閣四庫全書》第510冊，第582頁；《登科考》卷三，第251頁；《貢舉考》卷三，第256頁；《類姓登科考》，第535頁；《碑錄》，第214頁。

〔註116〕《正統七年進士登科錄》，第24頁。

〔註117〕《正統七年進士登科錄》，第29頁。

〔註118〕《正統十年進士登科錄》，第7～45頁。

〔註119〕《正統十年進士登科錄》，第18頁。

〔註120〕《正統十年會試錄》，第16頁。

〔註121〕萬曆《順天府志》卷五《人物志·選舉》，《四庫全書存目叢書》史部第208冊，第194頁；康熙《畿輔通志》卷一七《選舉》，康熙二十二年刊本；康熙《宛平縣志》卷五《人物上·進士》，《中國地方志集成·北京府縣志輯⑤》，第75頁；康熙《大興縣志》卷五《人物·科目考》，《中國地方志集成·北京府縣志輯⑦》，第271頁。

〔註122〕《寰宇通志》卷一三《蘇州府·科甲》，《玄覽堂叢書續集11》，第48頁。

〔註123〕《寰宇通志》卷一《順天府·科甲》，《玄覽堂叢書續集10》，第112～113頁。

〔註124〕《登科考》卷五，第255頁；《貢舉考》卷四，第260頁；《類姓登科考》，第581頁；《碑錄》，第623頁。

〔註125〕嘉靖《崑山縣志》卷六《進士》，嘉靖刊本；萬曆《重修崑山縣志》卷四《科第表》，《中國方志叢書·華中地方·第四三三號》，第265頁；同治《蘇州府志》卷六十《選舉》，《中國地方志集成·江蘇府縣志輯⑧》，第608頁。

可能，可證後者只應是徐昌的原籍地，其現籍地當為「順天府大興縣」。故此以「順天府大興縣」作為確認徐昌屬地的依據。

24. 正統十三年戊辰科，該科南直隸籍進士共 35 人，除蔣敷、王璽、王汝霖外，其餘 32 人皆於應天中式〔註126〕。據《正統十三年進士登科錄》載，蔣敷為「應天府江寧縣醫籍」，以「太醫院醫生」中順天鄉試〔註127〕；王璽為「直隸和州民籍」，中順天鄉試，其父鎬任戶部員外郎，屬在現籍地之外的親屬任職地非法報考並中舉者〔註128〕；王汝霖為「直隸蘇州府崑山縣官籍」，以「府學生」中順天鄉試第五名，闕載其上三代直系親屬姓名及履歷〔註129〕。按，《正統十三年會試錄》載：「王汝霖，順天府學增廣生」〔註130〕，《寰宇通志》卷一三《蘇州府·科甲》載王汝霖為直隸蘇州府崑山縣（籍）人〔註131〕，而同書卷一《順天府·科甲》則對其無載〔註132〕；嘉靖《崑山縣志》、嘉靖《山東通志》、同治《蘇州府志》皆載王汝霖為南直蘇州府崑山縣（籍）人〔註133〕；《登科考》《貢舉考》《類姓登科考》《碑錄》也都同載〔註134〕；而萬曆《順天府志》、康熙《畿輔通志》、雍正《畿輔通志》收錄的正統十三年進士名單皆無載王汝霖〔註135〕。由上可證，《登科錄》載其現籍地屬實。永樂十三年進士陳循所撰《故工部右侍郎贈尚書王公合葬碑銘》又載：「正統十四年秋七月，車駕親征虜寇，崑山王公以工部右侍郎從列，八月望日，預陷沒於土木……景泰

〔註126〕《正統十三年進士登科錄》，第 7～45 頁。該科《進士登科錄》載南直隸進士共 31 人，闕載二甲第 44 名進士陸阜（直隸蘇州府吳縣民籍）、二甲第 46 名進士程昊（直隸徽州府婺源縣民籍）、二甲第 47 名進士陳蘭（直隸常州府江陰縣軍籍）、三甲第 39 名進士韓敏（直隸淮安府山陽縣民籍）的全部信息，其現籍地信息，據《登科考》《貢舉考》《碑錄》補全。

〔註127〕《正統十三年進士登科錄》，第 21 頁。

〔註128〕《正統十三年進士登科錄》，第 37 頁。

〔註129〕《正統十三年進士登科錄》，第 12 頁。

〔註130〕《正統十三年會試錄》，第 21 頁。

〔註131〕《寰宇通志》卷一三《蘇州府·科甲》，《玄覽堂叢書續集 11》，第 48 頁。

〔註132〕《寰宇通志》卷一《順天府·科甲》，《玄覽堂叢書續集 10》，第 112～113 頁。

〔註133〕嘉靖《崑山縣志》卷八《人物》，嘉靖刊本；嘉靖《山東通志》卷四三《職官》，嘉靖刊本；同治《蘇州府志》卷五二《選舉》，同治刊本。

〔註134〕《登科考》卷五，第 255 頁；《貢舉考》卷四，第 260 頁；《類姓登科考》，第 581 頁；《碑錄》，第 623 頁。

〔註135〕萬曆《順天府志》卷五《人物志·選舉》，《四庫全書存目叢書》史部第 208 冊，第 194 頁；康熙《畿輔通志》卷一七《選舉》，康熙二十二年刊本；雍正《畿輔通志》卷六一《選舉·進士》，《景印文淵閣四庫全書》第 505 冊，第 449 頁。

二年其配陸氏亦卒……其子汝賢、汝霖告哀於朝……汝賢以公歿於土木,特蔭授大理評事,汝霖先舉進士,授吏科給事中……公諱永和,姓王氏……世為姑蘇之崑山人」〔註136〕;《姑蘇志》又載:「王永和,崑山人,永樂甲午中應天鄉試……授嚴州學訓導,改饒州……秩滿,入為兵科給事中……進都給事中,尋升工部侍郎……正統己巳,死於土木之難……子汝霖,正統戊辰進士」〔註137〕;可知,王汝霖為王永和之子。嘉靖《崑山縣志》卷七《選舉志》還載王汝霖中正統九年甲子科鄉試,其父永和,時任工部右侍郎〔註138〕,故王汝霖以「順天府學增廣生」中順天鄉試,當屬在親屬任職地的非現籍地非法報考並中舉者。上述三位進士,本文仍按通例以其屬實的現籍地作為確認其屬地的依據。

　　25. 景泰二年辛未科,南直隸籍進士共 36 人,皆於應天中式〔註139〕。《景泰二年進士登科錄》載張海為「直隸淮安府安東縣民籍」〔註140〕,以「錦衣衛軍餘」中順天鄉試。按,其中「直隸淮安府安東縣」當為張海原籍地,而非現籍地。刊布比《登科錄》稍早的同科《會試錄》載張海為「錦衣衛軍餘」〔註141〕,《貢舉考》《類姓登科考》皆同載〔註142〕;萬曆《順天府志》、康熙《畿輔通志》收錄的景泰二年北直隸進士名單載有張海〔註143〕。儘管《寰宇通志·淮安府·科甲》載張海為直隸淮安府安東縣人〔註144〕,而同書《順天府·科甲》未載張海〔註145〕;《登科考》《碑錄》皆載張海為直隸淮安府安東縣(籍)人〔註146〕;萬曆《淮安府志》、康熙《江南通志》、雍正《安東縣志》、乾隆《江南通志》也都同載〔註147〕;雍正《畿輔通志》收錄的正

〔註136〕 〔明〕陳循:《芳洲文集》卷九《故工部右侍郎贈尚書王公合葬碑銘》,《四庫全書存目叢書》集部第 31 冊,第 257 頁。

〔註137〕 〔明〕王鏊:《姑蘇志》卷五二《人物》,《景印文淵閣四庫全書》第 493 冊,第 981～982 頁。

〔註138〕 《明英宗實錄》卷一〇二「正統八年三月庚午」,第 2061 頁。按:王永和至遲於正統八年至正統十四年期間,任工部右侍郎。

〔註139〕 《景泰二年進士登科錄》,第 7～57 頁。

〔註140〕 《景泰二年進士登科錄》,第 24 頁。

〔註141〕 《景泰二年會試錄》,第 26 頁。

〔註142〕 《貢舉考》卷四,第 268 頁;《類姓登科考》,第 505 頁。

〔註143〕 萬曆《順天府志》卷五《人物志·選舉》,《四庫全書存目叢書》史部第 208 冊,第 195 頁;康熙《畿輔通志》卷一七《選舉》,康熙刊本。

〔註144〕 《寰宇通志》卷二十《淮安府·科甲》,《玄覽堂叢書續集 11》,第 306 頁。

〔註145〕 《寰宇通志》卷一《順天府·科甲》,《玄覽堂叢書續集 10》,第 112～113 頁。

〔註146〕 《登科考》卷六,第 278 頁;《碑錄》,第 234 頁。

〔註147〕 萬曆《淮安府志》卷二《人物表》,萬曆刻本;康熙《江南通志》卷三一《選

統十三年北直隸進士名單無張海；但皆應為因襲《登科錄》的記載。按明代
制度，「錦衣衛軍籍」與「直隸淮安府安東縣民籍」相比，只有前者才有可能
使張海成為「錦衣衛軍餘」，而後者則無可能，可證後者只應是張海的原籍
地，其現籍地當為「錦衣衛」，故此以「錦衣衛」作為確認張海屬地的依據。
《景泰二年進士登科錄》載童軒為「江西饒州府鄱陽縣民籍」〔註148〕，以「應
天府學增廣生」中應天鄉試。按，其中「江西饒州府鄱陽縣」當為童軒原籍
地，而非現籍地。《景泰二年會試錄》載童軒為「應天府學增廣生」，而未提
及其為「江西饒州府鄱陽縣」的任何信息〔註149〕；天順八年進士李東陽撰
《明故資政大大南京禮部尚書致仕贈太子少保童公神道碑銘》更明確記載：
「公姓童氏，諱軒，本鄱陽巨族也……（父）玉壺在永樂初征為欽天監天文
生，始居秦淮之西為南京人，而公生焉。公少為應天府學生，舉正統丁卯鄉
貢，登景泰辛未進士」〔註150〕。此外，嘉靖《江西通志》收錄的景泰二年進
士名單無童軒〔註151〕；《南國賢書》載童軒為南京欽天監（籍）人〔註152〕；
《國朝列卿紀》載：「童軒，應天江寧籍，江西饒州府鄱陽縣人」〔註153〕；
《弇山堂別集》載：「童軒，江西鄱陽人，南京欽天監籍」〔註154〕；萬曆《應
天府志》、康熙《江寧縣志》、康熙《上元縣志》、乾隆《江寧新志》、嘉慶《重
刊江寧府志》、道光《上江兩縣志》也都同載〔註155〕，乾隆《江南通志》還

舉》，《中國地方志集成・省志輯・江南①》，第637頁；雍正《安東縣志》卷
四《選舉》，雍正刊本；乾隆《江南通志》卷一二一《選舉》，《景印文淵閣四
庫全書》第510冊，第584頁。

〔註148〕　《景泰二年進士登科錄》，寧波出版社2006年影印天一閣藏本，第25頁。

〔註149〕　《景泰二年會試錄》，第18頁。

〔註150〕　〔明〕李東陽：《懷麓堂集》卷七八《明故資政大夫南京禮部尚書致仕贈太子
少保童公神道碑銘》，《景印文淵閣四庫全書》第1250冊，第817頁。

〔註151〕　嘉靖《江西通志》卷八《選舉》，《四庫全書存目叢書》史部183冊，第365頁。

〔註152〕　《南國賢書》，第47頁。

〔註153〕　〔明〕雷禮：《國朝列卿紀》卷一一三《敕使四川行實》，《續修四庫全書》第
523冊，第753頁。

〔註154〕　〔明〕王世貞：《弇山堂別集》卷四九《南京禮部尚書表》，中華書局點校本，
1958年，第921頁。

〔註155〕　萬曆《應天府志》卷十《科貢上》，萬曆刊本；康熙《江寧縣志》卷九《選舉》，
康熙刊本；康熙《上元縣志》卷六《選舉》，康熙刊本；乾隆《江寧新志》卷
四《選舉》，乾隆刊本；嘉慶《重刊江寧府志》卷二九《科貢表一》，《中國方
志叢書・華中地方・第一二八號》，成文出版社影印光緒刊本，1974年，第
1112頁；《道光上江兩縣志》卷一四《科貢》，《中國方志叢書・華中地方・第
四一號》，成文出版社影印同治十三年刊本，1970年，第275頁。

載「尚書童軒墓在江寧縣鳳臺岡」〔註156〕。由上可知，童軒現籍地早在永樂時就因其父「居秦淮之西為南京人」，而由「江西饒州府鄱陽縣」變更為「南京欽天監」，其為「應天府學增廣生」的原因也蓋由此；故其應屬南直隸進士。另需指出的是，《寰宇通志·應天府·科甲》、同書《饒州府·科甲》皆未載童軒〔註157〕，兩地闕載，失去證據價值；《碑錄》也闕載其籍地信息〔註158〕；《登科考》《貢舉考》《類姓登科考》、康熙《江西通志》、康熙《鄱陽縣志》、雍正《江西通志》並載軒為江西鄱陽縣人〔註159〕，則皆為沿襲《登科錄》載其原籍地，而非現籍地；《景泰二年進士登科錄》載周清為「直隸常州府無錫縣軍籍」〔註160〕，以「應天府學軍生」中應天鄉試。按，其中「直隸常州府無錫縣」當為周清原籍地，而非現籍地。《景泰二年會試錄》載周清為「應天府學軍生」〔註161〕；景泰二年進士柯潛撰《監察御史周君墓表》更明確記載：「監察御史常之無錫周君以天順甲申十二月二十一日卒於四川之敘州官舍……君諱清……曾大父諱賢，大父諱興，皆仕元為萬戶。至國朝，父諱福，不得世其職，例以介冑之籍，編成南京江陰衛，生君於戍所。幼輒自取書冊，從倫輩之長者習句讀，父異之，遂令學為場屋之文，不勞師訓而能。年十六充應天府學生，正統丁卯得雋鄉闈，景泰辛未中進士」〔註162〕。此外，萬曆《應天府志》《南國賢書》皆載周清為南京江陰衛（籍）人〔註163〕。由此可知，周清現籍地因其父「例以介冑之籍，編成南京江陰衛」，而由「直隸常州府無錫縣」變更為「南京江陰衛」，其為「應天府學軍生」的原因也蓋由此。由上可證《登科錄》把周清的現籍地載為「直隸常州府無錫縣軍籍」是不符合事實的。其在《登科錄》中「貫」的正確寫法當為「南京江陰衛軍籍，直

〔註156〕 《江南通志》卷三七《輿地志》，《景印文淵閣四庫全書》第508冊，第226頁。

〔註157〕 《寰宇通志》卷八《應天府·科甲》，《玄覽堂叢書續集10》，第374頁；同書卷四一《饒州府·科甲》，《玄覽堂叢書續集13》，第135頁。

〔註158〕 《碑錄》，第235頁。

〔註159〕 《登科考》卷八，第279頁；《貢舉考》卷四，第269頁；《類姓登科考》，第345頁；康熙《江西通志》卷一八《選舉》，《中國地方志集成·省志輯·江西①》，第427頁；康熙《鄱陽縣志》卷九《選舉》，康熙刊本；雍正《江西通志》卷五三《選舉》，《景印文淵閣四庫全書》第514冊，第726頁。

〔註160〕 《景泰二年進士登科錄》，第55頁。

〔註161〕 《景泰二年會試錄》，第215頁。

〔註162〕 〔明〕柯潛：《竹巖集》卷一四《監察御史周君墓表》，《續修四庫全書》第1329冊，第339頁。

〔註163〕 萬曆《應天府志》卷十《科貢上》，萬曆刊本；《南國賢書》，第754頁。

隸常州府無錫縣人」。另需指出的是，弘治《重修無錫縣志》、萬曆《常州府志》、康熙《常州府志》並載清為直隸常州府無錫縣人〔註164〕，則皆為沿襲《登科錄》載其原籍地，而非現籍地。

26. 景泰五年甲戌科，南直隸籍進士共 59 人，除寧珍、王績、蔣敵外，其餘 56 人皆於應天中式〔註165〕。據《景泰五年進士登科錄》載，寧珍、王績、蔣敵皆屬南直隸籍「太醫院醫生」在順天報考並中舉者〔註166〕，故本文仍按通例以其屬實的現籍地作為確認其屬地的依據。《景泰五年進士登科錄》載高宗本為「貫直隸保定府雄縣軍籍」〔註167〕，以「鎮海太倉衛學軍生」中應天府鄉試。按，其中「直隸保定府雄縣」當為高宗本原籍地，而非現籍地。因刊布比其稍早的同科《會試錄》載高宗本為「鎮海太倉衛學軍生」，而未提及其為「直隸保定府雄縣」的任何信息〔註168〕；《寰宇通志‧蘇州府‧科甲》載高宗本為南直蘇州府人〔註169〕，同書《保定府‧科甲》未載高宗本〔註170〕；弘治《太倉州志》、嘉靖《太倉州志》皆載高宗本為南直太倉州籍人〔註171〕；《貢舉考》《類姓登科考》也都同載〔註172〕；嘉靖《陝西通志》載高宗本為「太倉衛籍，雄縣人」〔註173〕；萬曆《揚州府志》更明確記載：「高宗本，其先保定雄縣人。洪武初自鳳陽占籍太倉衛，至宗本始以儒起家，登景泰甲戌進士」〔註174〕。由上可知，高宗本現籍地早在洪武時就因其先祖「占籍太

〔註164〕弘治《重修無錫縣志》卷一二《選舉》，弘治刊本；萬曆《常州府志》卷一一《選舉表》，萬曆刊本；康熙《常州府志》卷一七《選舉》，《中國地方志集成‧江蘇府縣志輯》第 36 冊，第 356 頁。

〔註165〕《景泰五年進士登科錄》，第 8～64 頁。該科《進士登科錄》闕載三甲第 162 名進士程永（直隸徽州府婺源縣民籍）、三甲第 165 名進士葉淇（直隸淮安衛軍籍）的全部信息，其現籍地的信息，據《登科考》《貢舉考》《碑錄》補全。

〔註166〕《景泰五年進士登科錄》，第 44 頁、54 頁、61 頁。

〔註167〕《景泰五年進士登科錄》，第 11 頁。

〔註168〕《景泰五年會試錄》，第 33 頁。

〔註169〕《寰宇通志》卷一三《蘇州府‧科甲》，《玄覽堂叢書續集 11》，第 49 頁。

〔註170〕《寰宇通志》卷二《保定府‧科甲》，《玄覽堂叢書續集 10》，第 144 頁。

〔註171〕弘治《太倉州志》卷五《科貢》，弘治刻本；嘉靖《太倉州志》卷六《選舉》，《天一閣藏明代方志選刊續編》第 20 冊，第 443 頁。

〔註172〕《貢舉考》卷四，第 272 頁；《類姓登科考》，第 441 頁。

〔註173〕嘉靖《陝西通志》卷一九《文獻七‧名宦傳》，《中國西北稀見方志續集》第 1 冊，北京：全國圖書館文獻微縮複製中心，1997 年，第 321 頁。

〔註174〕萬曆《揚州府志》卷一八《人物志》，《北京圖書館古籍珍本叢刊》第 25 冊，第 323 頁。

倉衛」，而由「直隸保定府雄縣」變更為「直隸太倉衛」，其為「鎮海太倉衛學軍生」的原因也蓋由此；故其應屬南直隸進士。還需指出的是，《登科考》《碑錄》、萬曆《保定府志》、康熙《畿輔通志》、雍正《畿輔通志》並載宗本為直隸保定府雄縣人〔註175〕，則皆為沿襲《登科錄》載其原籍地，而非現籍地。

《景泰五年進士登科錄》載胡寬為「浙江紹興府餘姚縣軍籍」〔註176〕，以「應天府學軍生」中應天鄉試。按，「浙江紹興府餘姚縣」為胡寬原籍地，而非現籍地。《景泰五年會試錄》載胡寬為「應天府學軍生」〔註177〕；《貢舉考》《南國賢書》《類姓登科考》則並載胡寬為南京天策衛（籍）人〔註178〕；萬曆《應天府志》亦載「胡寬，天策衛籍」〔註179〕，康熙《江寧縣志》、康熙《上元縣志》、乾隆《江寧新志》、嘉慶《新修江寧府志》、道光《上元縣志》也都同載〔註180〕。儘管《寰宇通志》之《紹興府·科甲》載胡寬為浙江餘姚縣人〔註181〕，而在《應天府·科甲》中未載胡寬〔註182〕；嘉靖《浙江通志》、萬曆《紹興府志》、萬曆《新修餘姚縣志》、康熙《紹興府志》、雍正《浙江通志》皆載胡寬為浙江餘姚縣籍人〔註183〕；《登科考》《碑錄》也都同載〔註184〕；但皆應為因襲《登科錄》的記載。按明代制度，「南京天策衛籍」與「浙江紹興府餘姚縣

〔註175〕 《登科考》卷六，第 288 頁；《碑錄》，第 244 頁；萬曆《保定府志》卷十《選舉》，《日本藏中國罕見地方志叢刊》第 16 冊，第 284 頁；康熙《畿輔通志》卷一七《選舉》，康熙刊本；雍正《畿輔通志》卷六一《選舉》，《景印文淵閣四庫全書》第 505 冊，第 450 頁。

〔註176〕 《景泰五年進士登科錄》，第 46 頁。

〔註177〕 《景泰五年會試錄》，第 27 頁。

〔註178〕 《貢舉考》，第 274 頁；《南國賢書》，第 115 頁；《類姓登科考》，第 379 頁。

〔註179〕 萬曆《應天府志》卷十《科貢表上》，萬曆刊本。

〔註180〕 康熙《江寧縣志》卷九《人物上·科貢表》，清康熙二十二年刻本；康熙《上元縣志》卷六《科貢表》，康熙六十年刻本；乾隆《江寧新志》卷四《選舉表》，清乾隆十三年刻本；嘉慶《重修江寧府志》卷二九《科貢表》，《中國地方志集成·江蘇府縣志輯①》，第 278 頁；道光《上元縣志》卷十《進士》，《中國地方志集成·江蘇府縣志輯③》，第 178 頁。

〔註181〕 《寰宇通志》卷二九《紹興府·科甲》，《玄覽堂叢書續集 11》，第 174 頁。

〔註182〕 《寰宇通志》卷八《應天府·科甲》，《玄覽堂叢書續集 10》，第 374 頁。

〔註183〕 嘉靖《浙江通志》卷五十《選舉》，《天一閣藏明代方志選刊續編》第 26 冊，第 350 頁；萬曆《紹興府志》卷三三《選舉》，萬曆刊本；萬曆《新修餘姚縣志》卷一四《選舉》，萬曆刊本；康熙《紹興府志》卷三六《選舉》，康熙刊本；雍正《浙江通志》卷一三一《選舉》，《景印文淵閣四庫全書》第 522 冊，第 440 頁。

〔註184〕 《登科考》卷八，第 295 頁；《碑錄》，第 251 頁。

軍籍」相比，只有前者才有可能使胡寬成為「應天府學軍生」，而後者則無可能，可證後者只應是胡寬的原籍地，其現籍地當為「南京天策衛」。故此以「南京天策衛」作為確認胡寬屬地的依據。

27. 天順元年丁丑科，南直隸籍進士共 40 人，除劉必賢、顧以山外，其餘 38 人皆於應天中式〔註 185〕。按，劉必賢當屬南直隸籍的北京國子監生在順天合法報考並中式者〔註 186〕，現籍地未變，故本文仍按通例以其屬實的現籍地作為確認其屬地的依據。顧以山為「直隸蘇州府常熟縣民籍」，以「吏員」中順天鄉試〔註 187〕，屬依制在任職的非現籍地報考並中舉者，故本文仍按通例以其現籍地作為確認其屬地的依據。《天順元年進士登科錄》載陸鏞為「直隸蘇州府崑山縣軍籍」〔註 188〕，中順天鄉試。按，其中「直隸蘇州府崑山縣」當為陸鏞原籍地，而非現籍地。《天順元年會試錄》載陸鏞為「營州後屯衛籍」〔註 189〕；弘治十八年進士張邦奇撰《河南參政陸公墓誌銘》更明確記載：「公諱鏞……其先蘇之長洲人。大父英避患徙居崑山，既而以事北上，因家通州之三河……公生而穎敏……弱冠領鄉薦……天順丁丑登進士第」〔註 190〕，據《明一統志》可知，營州後屯衛駐順天府通州三河縣〔註 191〕。此外，康熙《三河縣志》、雍正《畿輔通志》、乾隆《三河縣志》皆載陸鏞為直隸三河人〔註 192〕。由上可知，陸鏞現籍地早在其祖父「以事北上，家通州之三河」，而由「直隸蘇州府崑山縣」變更為「營州後屯衛」，故其應屬北直隸進士。另需指出的是，《登科考》《貢舉考》《類姓登科考》《碑錄》、嘉靖《崑山縣志》、萬曆《重修崑山縣志》、康熙《江南通志》並載鏞為直隸蘇州府崑山縣人〔註 193〕，則皆

〔註 185〕　《天順元年進士登科錄》，《明代進士登科錄彙編》第 2 冊，臺北：臺灣學生書局 1969 年影印本，第 465～614 頁。

〔註 186〕　萬曆《滁陽志》卷一二《列傳》，萬曆刊本。

〔註 187〕　弘治《太倉州志》卷六《名宦》，弘治刊本。

〔註 188〕　《天順元年進士登科錄》，《明代登科錄彙編》第 2 冊，第 507 頁。

〔註 189〕　《天順元年會試錄》，第 34 頁。

〔註 190〕　〔明〕張邦奇：《張文定公靡悔軒集》卷七《河南右參政陸公墓誌銘》，《續修四庫全書》集部第 1337 冊，第 56 頁。

〔註 191〕　《明一統志》卷一《順天府·公署》，《景印文淵閣四庫全書》第 472 冊，第 18 頁。

〔註 192〕　康熙《三河縣志》卷下《選舉志》，康熙刊本；雍正《畿輔通志》卷六四《選舉》，《景印文淵閣四庫全書》第 505 冊，第 521 頁；乾隆《三河縣志》卷九《選舉志》，乾隆刊本。

〔註 193〕　《登科考》卷八，第 312 頁；《貢舉考》卷四，第 280 頁；《類姓登科考》，第

為沿襲《登科錄》載其原籍地，而非現籍地。《天順元年進士登科錄》載尹進為「直隸揚州府江都縣軍籍」〔註194〕，中順天鄉試。按，其中「直隸揚州府江都縣」當為尹進原籍地，而非現籍地。《天順元年會試錄》載尹進為「府軍前衛籍」〔註195〕；天順八年進士李東陽撰《明故奉政大夫修正庶尹河南按察司僉事尹公墓誌銘》更明確記載：「公尹姓，諱進……揚州江都人。考諱某，從戎府軍，居京師……景泰庚午，公以父役應試……舉順天鄉薦，登天順丁丑甲科」〔註196〕。由上可知，尹進現籍地因其父「從戎府軍」，而由「直隸揚州府江都縣」變更為「府軍前衛」，其「以父役應試」的原因也蓋由此，故其應屬北直隸進士。另需指出的是，《登科考》《貢舉考》《類姓登科考》《碑錄》、嘉靖《惟揚志》、萬曆《揚州府志》、康熙《江南通志》並載進為直隸江都縣人〔註197〕，則皆為沿襲《登科錄》載其原籍地，而非現籍地；萬曆《順天府志》、康熙《畿輔通志》、雍正《畿輔通志》收錄的天順元年北直隸進士名單雖皆無尹進〔註198〕，但尚不足以否認尹進現籍地確為「府軍前衛」的事實。《天順元年進士登科錄》載鍾震為「貫直隸松江府華亭縣軍籍」〔註199〕，中雲南鄉試。按，「直隸松江府華亭縣」當為鍾震原籍地，而非現籍地。《天順元年會試錄》載鍾震為「貴州貴州衛籍」〔註200〕；弘治《貴州圖經新志》、嘉靖《貴州通志》、乾隆《貴州通志》收錄的天順元年貴州進

686頁；《碑錄》，第265頁；嘉靖《崑山縣志》卷六《進士》，嘉靖刊本；萬曆《重修崑山縣志》卷四《科第表》，《中國方志叢書·華中地方》第四三三號，第268頁；康熙《江南通志》卷三一《選舉》，《中國地方志集成·省志輯·江南①》，第638頁。

〔註194〕《天順元年進士登科錄》，《明代登科錄彙編》第2冊，第535頁。

〔註195〕《天順元年會試錄》，第19頁。

〔註196〕〔明〕李東陽著、周寅賓點校：《李東陽集》卷二六《明故奉政大夫修正庶尹河南按察司僉事尹公墓誌銘》，長沙：嶽麓書社，1984年，第385頁。

〔註197〕《登科考》卷八，第315頁；《貢舉考》卷四，第281頁；《類姓登科考》，第623頁；《碑錄》，第268頁；嘉靖《惟揚志》卷一九《選舉》，《天一閣藏明代方志選刊》第14冊，第18頁；萬曆《揚州府志》卷一五《人物志》，《北京圖書館古籍珍本叢刊》第25冊，第227頁；康熙《江南通志》卷三一《選舉》，《中國地方志集成·省志輯·江南①》第638頁。

〔註198〕萬曆《順天府志》卷五《人物·科目考》，《四庫全書存目叢書》史部第208冊，第195頁；雍正《畿輔通志》卷六一《選舉》，《景印文淵閣四庫全書》第505冊，第452頁。

〔註199〕《天順元年進士登科錄》，《明代登科錄彙編》第2冊，第568頁。

〔註200〕《天順元年會試錄》，第24頁。

士名單皆有鍾震〔註201〕。由上可知，鍾震現籍地已由「直隸松江府華亭縣」變更為「貴州都司貴州衛」，故其應屬貴州進士。另需指出的是，正德《松江府志》、崇禎《松江府志》、《登科考》《貢舉考》《類姓登科考》《碑錄》並載震為直隸華亭縣人〔註202〕，則皆為沿襲《登科錄》載其原籍地，而非現籍地。《天順元年進士登科錄》載章顯為「直隸廣德州軍籍」〔註203〕，以「順天府學軍生」中順天鄉試。按，「直隸廣德州」為章顯原籍地，而非現籍地。《天順元年會試錄》載章顯為「順天府學軍生」〔註204〕，而未提及其為「直隸廣德州」的任何信息；成書於天啟間的《南京都察院志》載：「章顯，錦衣衛官籍，直隸廣德州人」〔註205〕；萬曆《順天府志》、康熙《畿輔通志》、康熙《大興縣志》、康熙《宛平縣志》收錄的天順元年進士名單皆有章顯〔註206〕。儘管《登科考》《貢舉考》《類姓登科考》《碑錄》皆載章顯為直隸廣德州人〔註207〕；嘉靖《廣德州志》、康熙《江南通志》、乾隆《江南通志》也都同載〔註208〕；但皆應為因襲《登科錄》的記載。按明代制度，「錦衣衛官籍」和「直隸廣德州軍籍」相比，只有前者才有可能使章顯成為「順天府學軍生」，

〔註201〕弘治《貴州圖經新志》卷三《貴州宣慰使司·科貢》，《中國地方志集成·貴州府縣志輯①》，第44頁；嘉靖《貴州通志》卷六《科貢》，《中國地方志集成·貴州府縣志輯①》，第353頁；乾隆《貴州通志》卷二六《選舉》，《景印文淵閣四庫全書》第572冊，第4頁。

〔註202〕正德《松江府志》卷二六《科貢下》，《天一閣藏明代方志選刊續編》第6冊，第518頁；崇禎《松江府志》卷三四《選舉》，《日本藏中國罕見地方志叢刊》第23冊，第864頁；《登科考》卷八，第329頁；《貢舉考》卷四，第282頁；《類姓登科考》，第352頁；《碑錄》，第271頁。

〔註203〕《天順元年進士登科錄》，《明代登科錄彙編》第2冊，第608頁。

〔註204〕《天順元年會試錄》，第31頁。

〔註205〕〔明〕施沛：《南京都察院志》卷五《職官三》，《四庫全書存目叢書補編》第73冊，第142頁。

〔註206〕萬曆《順天府志》卷五《人物志》，《四庫全書存目叢書》史部208冊，第195頁；康熙《畿輔通志》卷一七《選舉志》，康熙二十二年刻本；康熙《大興縣志》卷五《人物上·進士》，《中國地方志集成·北京府縣志輯⑤》，第75頁；康熙《宛平縣志》卷五《人物·科目考》，《中國地方志集成·北京府縣志輯⑦》，第272頁。

〔註207〕《登科考》卷八，第322頁；《貢舉考》卷四，第283頁；《類姓登科考》，第523頁；《碑錄》，第275頁。

〔註208〕嘉靖《廣德州志》卷八《人物志·進士》，嘉靖刊本；康熙《江南通志》卷三一《選舉》，第639頁；乾隆《江南通志》卷一二一《選舉》，《景印文淵閣四庫全書》第510冊，第586頁。

而後者則無可能，可證後者只應是章顯的原籍地，其現籍地當為「錦衣衛」，故此以「錦衣衛」作為確認章顯屬地的依據。此外，該科進士李慶非南直隸籍卻在應天中式〔註209〕，本文仍按通例以其屬實的現籍地作為確認其屬地的依據。

28. 天順四年庚辰科，南直隸籍進士共27人，除劉釗、郭升外，其餘25人皆於應天中式〔註210〕。《天順四年進士登科錄》載：「劉釗，貫直隸太平府當塗縣軍籍……父釗，戶部主事」〔註211〕。按，劉釗當屬在親屬任職地的非現籍地非法報考並中舉者，故本文仍按通例以其屬實的現籍地作為確認其屬地的依據。《天順四年進士登科錄》載郭升為「貫河南潁川衛軍籍」〔註212〕，按制參加河南鄉試並中式，潁川衛隸屬於河南都司，但駐地卻在直隸鳳陽府潁州，故確認郭升為南直隸進士〔註213〕。

29. 天順八年甲申科，南直隸籍進士共23人，除馬愈外，其餘22人皆於應天中式〔註214〕。《天順八年進士登科錄》載「馬愈，貫直隸蘇州府嘉定縣官籍」，以「欽天監天文生」中順天鄉試〔註215〕。按，馬愈當屬南直隸籍的「欽天監天文生」在順天報考並中舉者，故本文仍按通例以其屬實的現籍地作為確認其屬地的依據。此外，《天順八年進士登科錄》載倪岳為「應天府上元縣官籍」〔註216〕，以「萬全都司學軍生」中順天鄉試。按，「應天府上元縣」為倪岳原籍地，而非現籍地。刊布比其稍早的《天順七年會試錄》載倪岳為「萬全都司學軍生」〔註217〕；成化八年進士吳寬撰《倪文毅公家傳》載倪岳「父謙，在英宗之世始以進士及第，入翰林……卒……諡『文僖』……文僖以翰林學士主順天鄉試，為怨家中傷，謫戍宣府，公從行……天順壬午以宣府學生鄉試中式，甲申登進士第」〔註218〕；所謂「謫戍宣府」，實際上就是被徵調到萬全都

〔註209〕《天順元年進士登科錄》，《明代登科錄彙編》第2冊，第471頁。

〔註210〕《天順四年進士登科錄》，第7～46頁。

〔註211〕《天順四年進士登科錄》，第40頁。

〔註212〕《天順四年進士登科錄》，第46頁。

〔註213〕以後科次中凡是河南都司潁川衛進士，本文皆視作南直隸進士。

〔註214〕《天順八年進士登科錄》，第7～63頁。

〔註215〕《天順八年進士登科錄》，第61頁。

〔註216〕《天順八年進士登科錄》，第9頁。

〔註217〕《天順七年會試錄》，第30頁。

〔註218〕〔明〕吳寬：《家藏集》卷五九《倪文毅公家傳》，《景印文淵閣四庫全書》第1255冊，第555頁。

司開平衛服兵役〔註219〕；正德《宣府鎮志》、嘉靖《宣府鎮志》皆載倪岳為
宣府人〔註220〕。由上可知，倪岳現籍地因其父謙「謫戍宣府」，而由「應天
府上元縣」變更為「萬全都司開平衛」，其為「萬全都司學軍生」的原因也蓋
由此；故其當屬北直隸進士。受《登科錄》影響，雷禮《國朝列卿紀》及焦
竑、翁正春《鍥兩狀元編次皇明人物要考》皆載倪岳為浙江錢塘人，應天府
上元縣籍〔註221〕；《登科考》《貢舉考》《類姓登科考》《碑錄》、康熙《江南
通志》、康熙《上元縣志》、乾隆《江南通志》並載倪岳為應天府上元縣（籍）
人，〔註222〕顯然是指其原籍地。

　　30. 成化二年丙戌科，南直隸籍進士共 56 人，除呂讚、李廷璋外，其餘
54 人皆於應天中式〔註223〕。呂讚、李廷璋皆屬南直隸籍的北京國子監生在順
天合法報考並中式者〔註224〕，現籍地未變，故仍按通例以其現籍地作為確認
其屬地的依據。此外，《成化二年進士登科錄》載程敏政為「貫直隸徽州府休
寧縣官籍」，以「翰林院秀才」中順天鄉試〔註225〕。按，其中「直隸徽州府休
寧縣」當為程敏政原籍地，而非現籍地。成化十四年，程敏政向憲宗皇帝明確
奏述：「臣原籍直隸徽州府休寧縣人，直隸瀋陽中屯衛官籍」〔註226〕；次年，
敏政為其父程信撰《資德大夫正治上卿南京兵部尚書兼大理寺卿贈太子太保
謚襄毅程公事狀》更明確記載：「公諱信，字彥實，世為徽州休寧人……祖社

〔註219〕〔明〕廖道南：《殿閣詞林記》卷五《學士拜禮部侍郎倪謙》，《景印文淵閣四
　　　　庫全書》第 452 冊，第 207 頁。
〔註220〕正德《宣府鎮志》卷七《人物》，正德刊本；嘉靖《宣府鎮志》卷三二《選舉
　　　　表》，第 374 頁。
〔註221〕〔明〕雷禮：《國朝列卿紀》卷四一《禮部尚書行實》，《續修四庫全書》史部
　　　　第 522 冊，第 648 頁；〔明〕焦竑、翁正春輯：《鍥兩狀元編次皇明人物要考》
　　　　卷四，《四庫禁燬書叢刊》史部第 20 冊，第 68 頁。
〔註222〕《登科考》卷七，第 335 頁；《貢舉考》卷四，第 289 頁；《類姓登科考》，第
　　　　393 頁；《碑錄》，第 288 頁；康熙《江南通志》卷三一《選舉》，《中國地方
　　　　志集成・省志輯・江南①》，第 639 頁；康熙《上元縣志》卷六《科貢》，康
　　　　熙刊本；乾隆《江南通志》卷一二一《選舉志》，《景印文淵閣四庫全書》第
　　　　510 冊，第 587 頁。
〔註223〕《成化二年進士登科錄》，第 7～96 頁。
〔註224〕〔明〕程敏政：《篁墩文集》卷四四《承德朗戶部山西清吏司主事呂君墓誌
　　　　銘》，《景印文淵閣四庫全書》第 1253 冊，第 66～67 頁；嘉靖《石埭縣志》
　　　　卷六《選舉志・科貢》，嘉靖刊本。
〔註225〕《成化二年進士登科錄》，第 7 頁。
〔註226〕〔明〕程敏政：《篁墩文集》卷一〇《奏議・奏乞省親》，《景印文淵閣四庫全
　　　　書》第 1252 冊，第 169 頁。

壽，洪武末被詿誤，謫河間」〔註227〕；嘉靖《河間府志》載敏政為「瀋陽中屯衛籍，直隸徽州人」〔註228〕。由上可知，程敏政現籍地早在洪武初就因其曾祖「謫河間」，而由「直隸徽州府休寧縣」變更為駐河間府的「直隸瀋陽中屯衛」，故其應屬北直隸進士。另需指出的是，弘治《徽州府志》、嘉靖《徽州府志》《登科考》《貢舉考》《類姓登科考》《碑錄》並載敏政為直隸休寧縣人〔註229〕，則皆為沿襲《登科錄》載其原籍地，而非現籍地；康熙《休寧縣志》、道光《休寧縣志》皆載敏政為「陪郭人，順天籍」〔註230〕。

31. 成化五年己丑科，南直隸籍進士共 45 人，除徐旉、張和外，其餘 43 人皆於應天中式〔註231〕。其中，徐旉屬南直隸籍的北京國子監生在順天合法報考並中舉者〔註232〕，因現籍地未變，故仍按通例以其現籍地作為確認其屬地的依據。張和為直隸淮安府山陽縣籍，但卻在順天中式〔註233〕，因現籍地未變，故本文仍按通例以其屬實的現籍地作為確認其屬地的依據。

32. 成化八年壬辰科，南直隸籍進士共 41 人，除蕭奎外，其餘 40 人皆於應天中式〔註234〕。按，蕭奎當屬南直隸籍的北京國子監生在順天合法報考並中舉者〔註235〕，因現籍地未變，故仍按通例以其現籍地作為確認其屬地的依據。

〔註227〕〔明〕程敏政：《篁墩文集》卷四一《資德大夫正治上卿南京兵部尚書兼大理寺卿贈太子少保諡襄毅程公事狀》，《景印文淵閣四庫全書》第 1253 冊，第 21～22 頁。「祖社壽」，《正統七年進士登科錄》《成化二年進士登科錄》皆作「祖杜壽」。

〔註228〕嘉靖《河間府志》卷二四《人物志》，《天一閣藏明代方志選刊》第 1 冊，第 13 頁。

〔註229〕弘治《徽州府志》卷六《選舉》，《天一閣藏明代方志選刊》第 29 冊，上海古籍出版社 1961 年影印本，第 29 頁；嘉靖《徽州府志》卷一二《選舉志》；《北京圖書館古籍珍本叢刊》第 29 冊，第 290 頁；《登科考》卷八，第 348 頁；《貢舉考》卷四，第 294 頁；《類姓登科考》，第 535 頁；《碑錄》，第 301 頁。

〔註230〕康熙《休寧縣志》卷五《選舉》，《中國方志叢書·華中地方·第九〇號》，第 531 頁；道光《休寧縣志》卷九《選舉·進士》，《中國地方志集成·安徽府縣志輯》第 52 冊，第 148 頁。

〔註231〕《成化五年進士登科錄》，第 7～69 頁。

〔註232〕〔明〕吳寬《家藏集》卷七六《明故朝列大夫湖廣承宣布政使司左參議徐君墓誌銘》，《景印文淵閣四庫全書》第 1255 冊，第 763 頁。

〔註233〕《成化五年進士登科錄》，第 37 頁。

〔註234〕《成化八年進士登科錄》，《明代進士登科錄彙編》第 3 冊，臺北：臺灣學生書局 1969 年影印本，第 1147～1273 頁。

〔註235〕〔明〕管一德：《皇明常熟文獻志》卷四《科第志》，萬曆刊本。

33. 成化十一年壬辰科，南直隸籍進士共 50 人，除趙溥外，其餘 49 人皆於應天中式〔註 236〕。按，趙溥當屬南直隸籍的北京國子監生在順天合法報考並中舉者〔註 237〕，因現籍地未變，故仍按通例以其現籍地作為確認其屬地的依據。

34. 成化十四年戊戌科，南直隸籍進士共 53 人，除沈元外，其餘 52 人皆於應天中式〔註 238〕。按，沈元當屬南直隸籍的北京國子監生在順天合法報考並中舉者〔註 239〕，因其現籍地未變，故仍按通例以其現籍地作為確認其屬地的依據。

35. 成化十七年戊戌科，南直隸籍進士共 46 人，除沈庠外，其餘 45 人皆於應天中式〔註 240〕。按，沈庠當屬南直隸籍的北京國子監生在順天合法報考並中舉者〔註 241〕，因其現籍地未變，故仍按通例以其現籍地作為確認其屬地的依據。

36. 成化二十年甲辰科，南直隸進士共 53 人，除倪綱外，其餘 52 人皆於應天中式〔註 242〕。按，沈庠當屬南直隸籍的北京國子監生在順天合法報考並中舉者〔註 243〕，因其現籍地未變，故仍按通例以其現籍地作為確認其屬地的依據。此外，該科進士沈瀚中河南鄉試，《碑錄》載其為「直隸蘇州府崑山縣軍籍」〔註 244〕。按，「直隸蘇州府崑山縣」當為沈瀚原籍地，而非現籍地。《成化二十年會試錄》載沈瀚為「河南虞城縣人」〔註 245〕；《國朝河南舉人名錄》載沈瀚以「虞城縣學生」中成化十三年河南鄉試〔註 246〕；《類姓登科考》載沈

〔註 236〕《成化十一年進士登科錄》，第 7～83 頁。
〔註 237〕《成化十一年進士登科錄》載趙溥以國子生中順天鄉試，康熙《常州府志》卷一七《選舉》載趙溥中成化十年順天鄉試，登成化十一年進士，屬鄉、會、殿試連捷者，其中舉身份和殿試中式身份應屬一致，可判斷其中舉身份應為國子生。
〔註 238〕《成化十四年進士登科錄》，第 7～95 頁。
〔註 239〕《成化十三年順天府鄉試錄》，寧波出版社 2010 年影印本（以下《鄉試錄》皆同此版本）。
〔註 240〕《成化十七年進士登科錄》，第 7～95 頁。
〔註 241〕康熙《上元縣志》卷六《科貢表》，康熙刊本。
〔註 242〕《登科考》，第 450～465 頁；《貢舉考》，第 330～334 頁；《碑錄》，第 399～414 頁。
〔註 243〕康熙《上元縣志》卷六《科貢表》，康熙刊本。
〔註 244〕《碑錄》，第 408 頁。
〔註 245〕《成化二十年會試錄》，第 18 頁。
〔註 246〕《國朝河南舉人名錄》，寧波出版社 2010 年影印天一閣藏本。

瀚為「南直崑山縣人，河南籍」〔註247〕。此外，《明一統志·歸德府·人物》載：「沈忠，歸德衛人……成化間旌表孝子……沈瀚，忠子，舉進士。歷禮部員外郎，出知建寧府」〔註248〕；《明憲宗實錄》卷一一七「成化九年六月壬午」載沈忠為「直隸歸德衛軍」〔註249〕；《嘉靖四十四年進士登科錄》又載：「沈鯉，貫直隸歸德衛軍籍，直隸蘇州府崑山縣人……曾祖忠，旌表孝子，祖瀚，知府，進階亞中大夫」〔註250〕；隆慶五年進士黃洪憲撰《鑾坡制草》也載：「制曰：爾原任福建建寧府知府沈瀚，乃太子少保、禮部尚書兼翰林院學士鯉之祖父」〔註251〕；萬曆十一年進士葉向高撰《光祿大夫柱國少保兼太子太保禮部尚書贈太保謚龍江沈公神道碑》更明確記載：「公諱鯉……其先有道興者，當元季以北征遣戍……凡五徙而後隸籍歸德……數傳至瀚，為某官，生某，公父也」〔註252〕。嘉靖《歸德志》、順治《歸德府志》、康熙《商丘縣志》、乾隆《歸德府志》收錄的成化二十年河南進士名單皆有沈瀚〔註253〕。由上可知，沈瀚現籍地因其先祖「隸籍歸德」，而由「直隸蘇州府崑山縣」變更為「直隸歸德衛」，故其應屬河南進士。另需指出的是，《登科考》《貢舉考》、嘉靖《崑山縣志》、萬曆《重修崑山縣志》、同治《蘇州府志》並載瀚為直隸崑山縣人〔註254〕，由上論證可知，其所載皆為沈瀚原籍地，而非現籍地。

37. 成化二十三年丁未科，南直隸籍進士共61人，除倪阜、彭敷、李葵、仲棐外，其餘57人皆於應天中式〔註255〕。其中，倪阜、彭敷皆屬南直隸籍的

〔註247〕《類姓登科考》，第643頁。

〔註248〕《明一統志》卷二七《歸德府》，《景印文淵閣四庫全書》第472冊，第684頁。

〔註249〕《明憲宗實錄》卷一一七「成化九年六月壬午」，第2264頁。

〔註250〕《嘉靖四十四年進士登科錄》，寧波出版社2006年版，第29頁。

〔註251〕〔明〕黃洪憲：《碧山學士集》卷二二《鑾坡制草》，《四庫禁燬書叢刊》集部30冊，第499頁。

〔註252〕〔明〕葉向高：《蒼霞續草》卷一四《光祿大夫柱國少保兼太子太保禮部尚書贈太保謚龍江沈公神道碑》，《四庫禁燬書叢刊》集部第125冊，第214頁。

〔註253〕嘉靖《歸德志》卷六《選舉志》，《天一閣藏明代方志選刊續修》第60冊，第222頁；順治《歸德府志》卷八《選舉志》，順治刊本；康熙《商丘縣志》卷六《選舉志》，康熙刊本；乾隆《歸德府志》卷六《選舉》，乾隆刊本。

〔註254〕《登科考》卷八，第459頁；《貢舉考》卷五，第333頁；嘉靖《崑山縣志》卷六《進士》，嘉靖刊本；萬曆《重修崑山縣志》卷四《科第表》，《中國方志叢書·華中地方·第四三三號》，第271頁；同治《蘇州府志》卷六十《選舉》，《中國地方志集成·江蘇府縣志輯⑧》，第610頁。

〔註255〕《成化二十三年進士登科錄》，第7～93頁。

北京國子監生在順天合法報考並中舉者〔註256〕，李葵為河南潁川衛籍，按制合法附考河南鄉試〔註257〕，仲柴為「直隸揚州府高郵州寶應縣醫籍」，以「太醫院醫生」中順天鄉試〔註258〕；上述四個進士因其現籍地皆未發生變化，故仍按通例以其現籍地作為確認其屬地的依據。

38. 弘治三年庚戌科，南直隸籍進士共 43 人，皆於應天中式〔註259〕。

39. 弘治六年癸丑科，南直隸籍進士共 48 人，除王大用外，其餘 47 人皆於應天中式〔註260〕。《弘治六年進士登科錄》載王大用為「直隸松江府上海縣民籍」，中順天鄉試〔註261〕；同書又載陳玉為「直隸沂州衛籍」，中應天鄉試〔註262〕。因其現籍地皆未發生變化，故本文仍按通例以其屬實的現籍地作為確認其屬地的依據。

40. 弘治九年丙辰科，南直隸籍進士共 72 人，皆於應天中式〔註263〕。此外，《弘治九年進士登科錄》載：「鄧洹，貫直隸常州府無錫縣軍籍，大同中屯衛人」，中順天鄉試。按，「直隸常州府無錫縣」當為其原籍地，而非現籍地。弘治《重修無錫縣志》收錄的弘治九年進士名單無鄧洹〔註264〕；《明一統志》卷二《河間府·公署》：「大同中屯衛，在府治西」，嘉靖《河間府志》、萬曆《河間府志》、萬曆《重修常州府志》、康熙《常州府志》、康熙《畿輔通志》、雍正《畿輔通志》並載洹為大同中屯衛籍人〔註265〕。由上可知，鄧洹現籍地已由「直隸常州府無錫縣」變更為「直隸大同中屯衛」，故其應屬北直隸進士。受

〔註256〕《成化十年順天府鄉試錄》；崇禎《松江府志》卷三五《歲貢》，《日本藏中國罕見地方志從刊》第 23 冊，第 901 頁。
〔註257〕《成化二十三年進士登科錄》，第 52 頁。
〔註258〕《成化二十三年進士登科錄》，第 23 頁。
〔註259〕《弘治三年進士登科錄》，第 7～82 頁。
〔註260〕《弘治六年進士登科錄》，第 7～82 頁。
〔註261〕《弘治六年進士登科錄》，第 23 頁。
〔註262〕《弘治六年進士登科錄》，第 61 頁。
〔註263〕《弘治九年進士登科錄》，《明代登科錄彙編》第 4 冊，臺北：臺灣學生書局 1969 年影印本，第 1869～2019 頁。
〔註264〕弘治《重修無錫縣志》卷一二《甲科》，弘治刊本。
〔註265〕嘉靖《河間府志》卷二六《選舉志·科貢》，嘉靖刊本；萬曆《河間府志》卷三《選舉》，萬曆刊本；萬曆《重修常州府志》卷一一《選舉二·甲科表》，明萬曆四十六年刻本；康熙《常州府志》卷一七《選舉二·甲科》，《中國地方志集成·江蘇府縣志輯》第 36 冊，第 358 頁；康熙《畿輔通志》卷一七《選舉》，康熙刊本；雍正《畿輔通志》卷六一《選舉》，《景印文淵閣四庫全書》第 505 冊，第 627 頁。

《登科錄》影響，正德《常州府志續集》《登科考》《貢舉考》《類姓登科考》《碑錄》、康熙《江南通志》、乾隆《江南通志》並載洄為直隸常州府無錫縣（籍）人〔註266〕，顯然是指其原籍地。

41. 弘治十二年己未科，南直隸籍進士共48人，皆於應天中式〔註267〕。需指出的是，《弘治十二年進士登科錄》載：「王軺，貫萬全都司開平衛官籍，直隸江都縣人」，中應天鄉試〔註268〕。因其現籍地未發生變化，故仍按通例以其屬實的現籍地作為確認其屬地的依據。

42. 弘治十五年壬戌科，南直隸進士共45人，皆於應天中式〔註269〕。此外，《弘治十五年進士登科錄》載寧溥為「貫直隸淮安府山陽縣醫籍」，中順天鄉試〔註270〕。按，「直隸淮安府山陽縣」當為其原籍地，而非現籍地。《弘治十一年順天府鄉試錄》載寧溥為「太醫院醫士」〔註271〕，《弘治十五年會試錄》載寧溥為「太醫院籍」〔註272〕；而據《弘治十五年進士登科錄》，寧溥的祖父瑛即為「御醫」，當為「太醫院籍」；嘉靖《霸州志·秩官志》載寧溥為「太醫院籍，南直隸人」〔註273〕，萬曆《山西通志·職官·按察僉事》同載〔註274〕，可證寧溥的現籍當屬「太醫院籍」，應屬北直隸進士。受《登科錄》影響，《登科考》《貢舉考》《類姓登科考》《碑錄》、萬曆《淮安府志》、康熙《江南通志》、乾隆《江南通志》、同治《重修山陽縣志》等文獻皆載寧溥為直隸山陽縣人，〔註275〕而萬曆《順天府志》、康熙《畿輔通志》、雍正《畿輔通志》收錄的弘

〔註266〕 正德《常州府志續集》卷三《選舉志》，正德刊本；《登科考》卷九，第526頁；《貢舉考》卷五，第356頁；《類姓登科考》，第683頁，《碑錄》，第311頁；康熙《江南通志》卷三一《選舉》，《中國地方志集成·省志輯·江南①》，第648頁；乾隆《江南通志》卷一二二《選舉》，《景印文淵閣四庫全書》第510冊，第599頁。

〔註267〕 《弘治十二年進士登科錄》，上海圖書館藏本。

〔註268〕 《弘治十二年進士登科錄》，上海圖書館藏本。

〔註269〕 《弘治十五年進士登科錄》，第7～81頁。

〔註270〕 《弘治十五年進士登科錄》，第68頁。

〔註271〕 《弘治十一年順天府鄉試錄》，寧波出版社2010年影印天一閣藏本。

〔註272〕 《弘治十五年會試錄》，《明代進士登科錄彙編》第5冊，第2271頁。

〔註273〕 嘉靖《霸州志》卷六《秩官志》，明嘉靖刻本；萬曆《山西通志》卷一二《職官·按察僉事》，明萬曆刻本。

〔註274〕 萬曆《山西通志》卷一二《職官·按察僉事》，明萬曆刻本。

〔註275〕 《登科考》卷九，第569頁；《貢舉考》卷五，第370頁；《類姓登科考》，第684頁；《碑錄》，第509頁；萬曆《淮安府志》卷二《人物表》，《天一閣藏明代方志選刊續編》第8冊，第223頁；康熙《江南通志》卷三一《選舉》，

治十五年進士名單則皆無寧溥〔註276〕。《弘治十五年進士登科錄》載張龍為「直隸松江府上海縣醫籍」，中順天鄉試。按，「直隸松江府上海縣」當為其原籍地，而非現籍地。《弘治十一年順天府鄉試錄》載張龍以「順天府學附學生」中該科第 61 名舉人，這就與《登科錄》所載張龍的現籍地發生了矛盾，因按明代制度，現籍地為「直隸松江府上海縣」是不應成為「順天府學」生員的；而《弘治十五年會試錄》記載張龍為「太醫院籍」，就使得張龍「順天府學附學生」的身份順理成章；而《登科錄》所載「直隸松江府上海縣」只是其原籍地。儘管《登科考》《貢舉考》《類姓登科考》《碑錄》並載張龍為「直隸松江府上海縣」人〔註277〕，正德《松江府志》、崇禎《松江府志》、康熙《江南通志》、乾隆《江南通志》、乾隆《上海縣志》也都有同載〔註278〕，甚至萬曆《順天府志》、康熙《畿輔通志》、雍正《畿輔通志》收錄的弘治十五年北直隸進士名單中也沒有張龍〔註279〕，但所有這些，都是因襲《登科錄》載其原籍地所致。故此，確認張龍為北直隸進士。

　　43. 弘治十八年乙丑科，南直隸籍進士共 53 人，皆於應天中式〔註280〕。

　　44. 正德三年戊辰科，南直隸籍進士共 62 人，皆於應天中式〔註281〕。

　　45. 正德六年辛未科，南直隸籍進士共 58 人，皆於應天中式〔註282〕。

　　46. 正德九年甲戌科，南直隸籍進士共 50 人，除葉天球外，其餘 49 人皆

　　　　　《中國地方志集成·省志輯·江南①》，第 650 頁；乾隆《江南通志》卷一二三《選舉》，《續修四庫全書》第 510 冊，第 601 頁；同治《重修山陽縣志》卷九《選舉》，《中國方志叢書·華南地方·第四一四號》，第 129 頁。

〔註276〕萬曆《順天府志》卷五《人物志·選舉》，《四庫全書存目叢書》史部第 208 冊，第 197 頁；康熙《畿輔通志》卷一七《選舉》，康熙二十二年刊本；雍正《畿輔通志》卷六一《選舉》，《景印文淵閣四庫全書》第 505 冊，第 461～462 頁。

〔註277〕《登科考》，第 562 頁；《貢舉考》，第 554 頁；《類姓登科考》，第 724 頁；《碑錄》，第 502 頁。

〔註278〕正德《松江府志》卷二五《科貢》，第 1216 頁；崇禎《松江府志》卷三三《選舉》，第 326 頁；乾隆《上海縣志》卷七《選舉》，乾隆刊本。

〔註279〕萬曆《順天府志》卷五《人物志·選舉》，《四庫全書存目叢書》史部第 208 冊，第 197 頁；康熙《畿輔通志》卷一七《選舉》，康熙二十二年刊本；雍正《畿輔通志》卷六一《選舉》，《景印文淵閣四庫全書》第 505 冊，第 461～462 頁。

〔註280〕《弘治十八年進士登科錄》，第 7～83 頁。

〔註281〕《正德三年進士登科錄》，《中國科舉錄彙編》第 3 冊，北京：全國圖書館文獻縮微複製中心影印本，2010 年，第 15～190 頁。

〔註282〕《正德六年進士登科錄》，第 7～94 頁。

於應天中式〔註283〕。按，葉天球當屬南直隸籍的北京國子監生在順天合法報考並中舉者〔註284〕，因其現籍地未變，故仍按通例以其現籍地作為確認其屬地的依據。

47. 正德十二年丁丑科，南直隸籍進士共 55 人，除儲昱外，其餘 54 人皆於應天中式〔註285〕。按，儲昱當屬南直隸籍的北京國子監生在順天合法報考並中舉者〔註286〕，因其現籍地未變，故仍按通例以其現籍地作為確認其屬地的依據。

48. 正德十六年辛巳科，南直隸籍進士共 49 人，皆於應天中式〔註287〕。

49. 嘉靖二年癸未科，南直隸籍進士共 69 人，除沈韓外，其餘 68 人皆於應天中式〔註288〕。按，沈韓當屬南直隸籍的北京國子監生在順天合法報考並中舉者〔註289〕，因其現籍地未變，故仍按通例以其現籍地作為確認其屬地的依據。

50. 嘉靖五年丙戌科，南直隸籍進士共 33 人，除沈寅、楊世相外，其餘 31 人皆於應天中式〔註290〕。按，沈寅當屬南直隸籍的北京國子監生在順天合法報考並中舉者〔註291〕，楊世相為河南潁川衛籍，按制合法附考河南鄉試〔註292〕；上述兩個進士，因其現籍地未發生變化，本文仍按通例以其現籍地作為確認其屬地的依據。

51. 嘉靖八年己丑科，南直隸籍進士共 56 人，除陳詞、安如山、范來賢外，其餘 53 人皆於應天中式〔註293〕。其中，陳詞、安如山皆屬南直隸籍的北京國子監生在順天合法報考並中舉者〔註294〕，因其現籍地未變，故仍按通例以其現籍地作為確認其屬地的依據。《嘉靖八年進士登科錄》載范來賢為

〔註283〕 《登科考》，第 633～652 頁；《貢舉考》，第 392～397 頁；《碑錄》，第 399～414 頁。

〔註284〕 《正德八年順天府鄉試錄》。

〔註285〕 《正德十二年進士登科錄》，第 7～93 頁。

〔註286〕 《正德八年順天府鄉試錄》。

〔註287〕 《正德十六年進士登科錄》，《明代進士登科錄彙編》第 6 冊，臺北：臺灣學生書局 1969 年影印本，第 3003～3169 頁。

〔註288〕 《嘉靖二年進士登科錄》，第 7～110 頁。

〔註289〕 《正德十一年順天府鄉試錄》。

〔註290〕 《登科考》，第 721～737 頁；《貢舉考》，第 420～424 頁。

〔註291〕 嘉靖《常熟縣志》卷八《人物志》，嘉靖刊本。

〔註292〕 《國朝河南舉人名錄》，寧波出版社 2010 年影印本。

〔註293〕 《嘉靖八年進士登科錄》，第 8～89 頁。

〔註294〕 《嘉靖七年順天府鄉試錄》。

「直隸蘇州府常熟縣軍籍」〔註295〕，中順天鄉試。因史料所限，今不知其在非現籍地報考的原因，故本文仍按通例以其屬實的現籍地作為確認其屬地的依據。

52. 嘉靖十一年壬辰科，南直隸籍進士共 44 人，除張光祖外，其餘 43 人皆於應天中式〔註296〕。按，張光祖為河南潁川衛籍，按制合法附考河南鄉試〔註297〕，潁川衛駐地在直隸鳳陽府潁州，本文仍按通例以其現籍地作為確認其屬地的依據。

53. 嘉靖十四年乙未科，南直隸籍進士共 40 人，除馬從謙、李增、盧梗外，其餘 38 人皆於應天中式〔註298〕。其中，馬從謙當屬南直隸籍的北京國子監生在順天合法報考並中舉者〔註299〕，李增為河南潁川衛籍，按制合法附考河南鄉試〔註300〕；上述兩個進士的現籍地皆未發生變化，本文仍按通例以其現籍地作為確認其屬地的依據。《嘉靖十四年進士登科錄》載盧梗為「直隸蘇州府常熟縣醫籍」〔註301〕，中順天鄉試，因史料所限，今不知其在非現籍地報考的原因，故本文仍按通例以其屬實的現籍地作為確認其屬地的依據。《嘉靖十四年進士登科錄》又載馬承學為「太醫院醫籍，直隸蘇州府吳縣人」〔註302〕，中應天鄉試。按，《登科錄》所載「太醫院」是指北京太醫院，為馬承學現籍地，《登科考》《貢舉考》《類姓登科考》《碑錄》、同治《蘇州府志》皆沿襲此載〔註303〕；但馬承學卻是在原籍地進學並報考，故《嘉靖元年應天府鄉試錄》載其以「蘇州府學附學生」中應天鄉試〔註304〕，因其現籍地為北京太醫院，本文確認其為北直隸進士。

〔註295〕《嘉靖八年進士登科錄》，第 77 頁。

〔註296〕《嘉靖十一年進士登科錄》，第 8～88 頁。

〔註297〕《嘉靖七年河南鄉試錄》。

〔註298〕《嘉靖十四年進士登科錄》，寧波出版社 2006 年影印天一閣藏本，第 8～89 頁。

〔註299〕〔明〕馬從謙：《國朝獻徵錄》卷七一《光祿寺少卿馬公從謙墓誌銘》，《續修四庫全書》史部第 529 冊，第 11 頁。

〔註300〕《嘉靖十四年進士登科錄》，第 21 頁。

〔註301〕《嘉靖十四年進士登科錄》，第 85 頁。

〔註302〕《嘉靖十四年進士登科錄》，第 31 頁。

〔註303〕《登科考》，第 780 頁；《貢舉考》，第 440 頁；《類姓登科考》，第 245 頁，《碑錄》，第 701 頁；同治《蘇州府志》卷六一《選舉三》，《中國地方志集成·江蘇府縣志輯⑧》，第 637 頁。

〔註304〕《嘉靖元年應天府鄉試錄》，《明代登科錄彙編》第 6 冊，第 3302 頁。

54. 嘉靖十七年戊戌科，南直隸籍進士共 36 人，除莫如忠、李遇春、周山、白若圭外，其餘 32 人皆於應天中式〔註305〕。其中，莫如忠、李遇春、周山皆屬南直隸籍的北京國子監生在順天合法報考並中舉者〔註306〕，白若圭當屬在親屬任職地非法報考並中舉者〔註307〕，因其現籍地皆未發生變化，故本文仍按通例以其屬實的現籍地作為確認其屬地的依據。

55. 嘉靖二十年辛丑科，南直隸籍進士共 46 人，除張祥、宋治、華雲外，其餘 43 人皆於應天中式〔註308〕。其中，張祥、宋治皆屬教官依制在任職的非現籍地報考並中舉者〔註309〕，華雲屬不知因何在非現籍地報考並中舉者〔註310〕；因其現籍地皆未發生變化，本文仍按通例以其現籍地作為確認其屬地的依據。此外，《嘉靖二十年進士登科錄》載：「吳俊，貫直隸蘇州府常熟縣軍籍，武功衛人」，中順天鄉試。按，「直隸蘇州府常熟縣」當為吳俊原籍地，而非現籍地。《嘉靖二十年會試錄》《貢舉考》《類姓登科考》俱載吳俊為武功左衛（籍）人〔註311〕，甚至《皇明常熟文獻志》、萬曆《嘉定縣志》也載吳俊為「武功左衛籍」〔註312〕，康熙《常熟縣志》收錄的嘉靖二十年進士名單中也無吳俊〔註313〕；由上可證，吳俊現籍地已由「直隸蘇州府常熟縣」變更為「武功衛」，其中順天府鄉試，正是按制在現籍地報考；故其應屬北直隸進士。而受《登科錄》影響，《登科考》《碑錄》皆載吳俊為直隸常熟縣（籍）人〔註314〕；萬曆《順天府志》、康熙《畿輔通志》、雍正《畿輔通志》收錄的嘉靖二十年進士名單皆無吳俊〔註315〕；康熙《江南通志》、乾隆《江南通志》、

〔註305〕《嘉靖十七年進士登科錄》，第 8～88 頁。

〔註306〕《正德十一年順天府鄉試錄》《嘉靖十三年順天府鄉試錄》；嘉靖《常熟縣志》卷三《選舉》，嘉靖刊本。

〔註307〕《嘉靖十七年進士登科錄》，第 18 頁；〔明〕張邦奇：《張文定公靡悔軒集》卷 7《明故登仕郎鴻臚寺司賓署署丞白君墓誌銘》，《續修四庫全書》集部第 1337 冊，第 54 頁。

〔註308〕《嘉靖二十年進士登科錄》，第 8～83 頁。

〔註309〕《嘉靖二十年進士登科錄》，第 45 頁、54 頁。

〔註310〕《嘉靖二十年進士登科錄》，第 77 頁。

〔註311〕《嘉靖二十年會試錄》，《明代登科錄彙編》第 10 冊，第 5114 頁；《貢舉考》，第 454 頁；《類姓登科考》，第 388 頁。

〔註312〕〔明〕管一德：《皇明常熟文獻志》卷六《進士題名志》，萬曆三十年刻本；萬曆《嘉定縣志》卷十《選舉考》，萬曆刊本。

〔註313〕康熙《常熟縣志》卷一一《選舉志》，康熙刊本。

〔註314〕《登科考》，825 頁；《碑錄》，第 746 頁。

〔註315〕萬曆《順天府志》卷五《人物志·選舉》，《四庫全書存目叢書》史部第 208

同治《蘇州府志》並載吳俊為直隸常熟縣人〔註316〕。

56.嘉靖二十三年甲辰科，南直隸籍進士共 49 人，除胡景榮、朱木、汪一中、楊允繩外，其餘 46 人皆於應天中式〔註317〕。其中，朱木、楊允繩皆屬南直隸籍的北京國子監生在順天合法報考並中舉者〔註318〕；胡景榮、汪一中皆屬不知因何在非現籍地報考並中舉者〔註319〕，因其現籍地皆未發生變化，故本文仍按通例以其屬實的現籍地作為確認其屬地的依據。此外，《嘉靖二十三年進士登科錄》載：「葉材，貫錦衣衛校尉籍，直隸常州府武進縣人」，中應天鄉試。按，此處「錦衣衛」當指北京錦衣衛，因若是南京錦衣衛，依《登科錄》行文慣例，應在「錦衣衛」前加「南京」二字；但葉材卻是在原籍地進學報考，故《南國賢書》載其以「常州府學生」中嘉靖十年應天府鄉試〔註320〕。因其現籍地為北京錦衣衛，故本文確認其為北直隸進士。

57.嘉靖二十六年丁未科，南直隸籍進士共 48 人，除徐陟、馬一龍外，其餘 46 人皆於應天中式〔註321〕。按，徐陟、馬一龍皆屬南直隸籍的北京國子監生在順天合法報考並中舉者〔註322〕，因其現籍地皆未發生變化，故仍按通例以其現籍地作為確認其屬地的依據。

58.嘉靖二十九年庚戌科，南直隸籍進士共 42 人，除欽拱極、沈紹慶外，其餘 41 人皆於應天中式〔註323〕。按，欽拱極、沈紹慶皆屬南直隸籍的北京國子監生在順天合法報考並中舉者〔註324〕，因其現籍地皆未發生變化，故仍按通例以其現籍地作為確認其屬地的依據。此外，《嘉靖二十九年進士登科錄》載：「白啟常，貫錦衣衛官籍，直隸武進縣人」，中應天鄉試〔註325〕。按，

冊，第 199 頁；康熙《畿輔通志》卷一七《選舉》，康熙二十二年刊本；雍正《畿輔通志》卷六一《選舉》，《景印文淵閣四庫全書》第 505 冊，第 469～470 頁。

〔註316〕康熙《江南通志》卷三一《選舉》，《中國地方志集成‧省志輯‧江南①》，第 659 頁；乾隆《江南通志》卷一二二《選舉》，《景印文淵閣四庫全書》第 510 冊，第 613 頁。

〔註317〕《嘉靖二十三年進士登科錄》，第 8～87 頁。

〔註318〕《嘉靖七年順天府鄉試錄》《嘉靖十九年順天府鄉試錄》。

〔註319〕《嘉靖二十三年進士登科錄》，第 44 頁、67 頁。

〔註320〕《南國賢書》二卷，第 57 頁。

〔註321〕《嘉靖二十六年進士登科錄》，第 8～84 頁。

〔註322〕《嘉靖七年順天府鄉試錄》《嘉靖十九年順天府鄉試錄》。

〔註323〕《嘉靖二十九年進士登科錄》，第 8～88 頁。

〔註324〕《嘉靖十九年順天府鄉試錄》《嘉靖二十二年順天府鄉試錄》。

〔註325〕《嘉靖二十九年進士登科錄》，第 12、47 頁。

白啟常當屬受皇帝恩賜或承恩世襲「錦衣衛官籍」〔註326〕，但卻在原籍地報考並中式，故《嘉靖二十八年應天府鄉試錄》載其以「武進縣學附學生」中應天鄉試〔註327〕。因其現籍地為北京錦衣衛，故本文確認其為北直隸進士。

59. 嘉靖三十二年癸丑科，南直隸籍進士共 61 人，除歸大道外，其餘 60 人皆於應天中式〔註328〕。按，歸大道屬南直隸籍的北京國子監生在順天合法報考並中舉者〔註329〕，因其現籍地未發生變化，故仍按通例以其現籍地作為確認其屬地的依據。

60. 嘉靖三十五年丙辰科，南直隸籍進士共 36 人，除阮自嵩、楊銓外，其餘 34 人皆於應天中式〔註330〕。按，阮自嵩、楊銓皆屬南直隸籍的北京國子監生在順天合法報考並中舉者〔註331〕，因其現籍地未發生變化，故仍按通例以其現籍地作為確認其屬地的依據。

61. 嘉靖三十八年己未科，南直隸進士共 48 人，除蔣彬、王世懋外，其餘 46 人皆於應天中式〔註332〕。按，蔣彬、王世懋皆屬南直隸籍的北京國子監生在順天合法報考並中舉者〔註333〕，因其現籍地未發生變化，故仍按通例以其現籍地作為確認其屬地的依據。

62. 嘉靖四十一年壬戌科，南直隸籍進士共 34 人，除潘允端、郭諫臣、王謨外，其餘 32 人皆於應天中式〔註334〕。其中，潘允端、郭諫臣皆屬南直隸籍的北京國子監生在順天合法報考並中舉者〔註335〕，王謨為河南潁川衛籍，按制合法附考河南鄉試〔註336〕；上述三個進士因其現籍地皆未發生變化，本文仍按通例以其現籍地作為確認其屬地的依據；此外，《嘉靖四十一年進士登科錄》載趙應元為「浙江杭州府仁和縣民籍」，中應天鄉試〔註337〕。按，趙應

〔註326〕 《嘉靖二十九年進士登科錄》，第 14 頁。
〔註327〕 《嘉靖二十八年應天府鄉試錄》。
〔註328〕 《嘉靖三十二年進士登科錄》，第 8～109 頁。
〔註329〕 《嘉靖三十一年順天府鄉試錄》。
〔註330〕 《嘉靖三十五年進士登科錄》，第 8～83 頁。
〔註331〕 《嘉靖三十四年順天府鄉試錄》《嘉靖三十五年進士登科錄》，第 34 頁。
〔註332〕 《嘉靖三十八年進士登科錄》，第 8～84 頁。
〔註333〕 《嘉靖三十四年順天府鄉試錄》《嘉靖三十七年順天府鄉試錄》。
〔註334〕 《嘉靖四十一年進士登科錄》，第 8～83 頁。
〔註335〕 《嘉靖三十四年順天府鄉試錄》；〔明〕申時行：《賜閒堂集》卷三一《江西右參政郭公合葬墓誌銘》，《四庫全書存目叢書》集部第 134 冊，第 652～653 頁。
〔註336〕 《嘉靖三十四年河南鄉試錄》。
〔註337〕 《嘉靖四十一年進士登科錄》，第 44 頁。

元當屬教官依制在任職的非現籍地報考並中舉者,《南國賢書》載其以「六安州學訓導」中嘉靖四十年應天鄉試〔註338〕,因其現籍地未發生變化,故本文仍按通例以其現籍地確認其為浙江進士。

63. 嘉靖四十四年乙丑科,南直隸籍進士共 61 人,除潘允哲、季膺、李薦佳、胡效才外,其餘 57 人皆於應天中式〔註339〕。其中,潘允哲、季膺、胡效才皆屬南直隸籍的北京國子監生在順天合法報考並中舉者〔註340〕,李薦佳為河南潁川衛籍,按制附考河南鄉試〔註341〕;上述四個進士的現籍地皆未發生變化,本文仍按通例以其現籍地作為確認其屬地的依據。

64. 隆慶二年戊辰科,南直隸進士共 61 人,皆於應天中式〔註342〕。

65. 隆慶五年辛未科,南直隸進士共 69 人,除汪彥沖、李貞、高文炳外,其餘 66 人皆於應天中式〔註343〕。其中,汪彥沖、高文炳皆屬南直隸籍的北京國子監生在順天合法報考並中舉者〔註344〕,李貞為河南潁川衛籍,按制附考河南鄉試〔註345〕;上述三個進士的現籍地皆未發生變化,本文仍按通例以其現籍地作為確認其屬地的依據。此外,《隆慶五年進士登科錄》載馮時可為「應天府軍籍,松江府華亭縣人」,中應天鄉試〔註346〕。按,馮時可現籍地應為「松江府華亭縣」,而非「應天府」。《隆慶四年應天府鄉試錄》《隆慶五年會試錄》皆載馮時可為「直隸華亭縣人,監生」〔註347〕,同科《進士履歷便覽》載其為「南直隸松江府華亭縣籍,應天府人」〔註348〕,《貢舉考》載

〔註338〕《南國賢書》,第 559 頁。

〔註339〕《嘉靖四十四年進士登科錄》,第 8～107 頁。

〔註340〕嘉靖《安慶府志》卷八《選舉志·歲薦》,嘉靖刊本;《明世宗實錄》卷四九六「嘉靖四十年五月辛酉」,第 8219 頁;《嘉靖四十四年進士登科錄》載季膺以國子生中式,而崇禎《松江府志》又載其中嘉靖四十三年舉人,登嘉靖四十四年進士,故其屬鄉、會、殿試連捷者,其中舉身份和殿試中式身份應屬一致,由此可知,其中舉身份也應為國子生。

〔註341〕順治《潁州志》卷一一《選舉》,順治刊本。

〔註342〕《隆慶二年進士登科錄》,《明代登科錄彙編》第 17 冊,臺北:臺灣學生書局1969 年影印本,第 8849～9052 頁。

〔註343〕《隆慶五年進士登科錄》,第 8～108 頁。

〔註344〕《隆慶元年順天府鄉試錄》《隆慶四年順天府鄉試錄》。

〔註345〕《嘉靖三十一年河南鄉試錄》。

〔註346〕《隆慶五年進士登科錄》,第 80 頁。

〔註347〕《隆慶四年順天府鄉試錄》;《隆慶五年會試錄》,第 18 頁。

〔註348〕《隆慶五年辛未科進士履歷便覽》,上海圖書館藏本。

其現籍地為南直隸華亭縣〔註349〕，崇禎《松江府志》、乾隆《華亭縣志》也都同載〔註350〕；而萬曆《應天府志》、萬曆《江寧縣志》、康熙《江寧縣志》、康熙《上元縣志》收錄的隆慶五年進士名單皆無載馮時可〔註351〕。由上可證，馮時可現籍地應為「直隸松江府華亭縣」。受《登科錄》影響，《碑錄》誤載其為「應天府軍籍，松江府華亭縣人」〔註352〕。

66. 萬曆二年甲戌科，南直隸籍進士共 52 人，除朱熙洽、袁應祺外，其餘 50 人皆於應天中式〔註353〕。按，朱熙洽、袁應祺皆屬南直隸籍的北京國子監生在順天合法報考並中舉者〔註354〕，因其現籍地皆未發生變化，故仍按通例以其現籍地作為確認其屬地的依據。此外，《萬曆二年進士登科錄》載石元麟為「直隸鎮江府丹陽縣軍籍，雲南永昌府人」〔註355〕，中雲南鄉試。按，其中「直隸鎮江府丹陽縣」當為石元麟原籍地，而非現籍地。據《明一統志‧永昌軍民府‧人物》載，石元麟之父「雷，其先丹陽人……洪武中遷金齒司，舉嘉靖丙午亞元……子元麟，登萬曆甲戌進士」〔註356〕，《嘉靖二十五年雲南鄉試錄》載石雷以「永昌府學生」中該科雲南鄉試「第二名」〔註357〕；《明世宗實錄》載，嘉靖元年，「金齒司」改稱「永昌軍民府」〔註358〕；《萬曆二年會試錄》載石元麟為「雲南永昌府學附學生」〔註359〕。此外，《貢舉考》《類姓登科考》、康熙《雲南通志》、乾隆《雲南通志》皆載石元麟為雲南永昌人〔註360〕；康熙《永昌府志》、乾隆《永昌府志》、光緒《永昌府志》皆載石元

〔註349〕 《貢舉考》，第 517 頁。

〔註350〕 崇禎《松江府志》卷三四《選舉》，《日本藏中國罕見地方志叢刊》第 23 冊，第 871 頁；乾隆《華亭縣志》卷十《選舉》，乾隆刊本。

〔註351〕 萬曆《江寧縣志》卷七《科貢表》，萬曆刊本；康熙《江寧縣志》卷九《人物志上‧科貢表》，康熙刊本。

〔註352〕 《碑錄》，第 929 頁。

〔註353〕 《萬曆二年進士登科錄》，第 8～83 頁。

〔註354〕 《嘉靖三十一年順天府鄉試錄》。

〔註355〕 《萬曆二年進士登科錄》，第 14 頁。

〔註356〕 《明一統志》卷八七《永昌軍民府‧人物》，《景印文淵閣四庫全書》第 473 冊，第 841 頁。

〔註357〕 《嘉靖二十五年雲南鄉試錄》，寧波出版社 2010 年影印天一閣藏本。

〔註358〕 《明世宗實錄》卷一九「嘉靖元年十月壬午」，第 561 頁。

〔註359〕 《萬曆二年會試錄》，第 26 頁。

〔註360〕 《貢舉考》，第 520 頁；《類姓登科考》，第 701 頁；康熙《雲南通志》卷一七《選舉》，《中國地方志集成‧省志輯‧雲南①》，第 410 頁；乾隆《雲南通志》卷二〇上《選舉》，《景印文淵閣四庫全書》第 570 冊，第 8 頁。

麟為雲南永昌府保山縣人〔註361〕；且康熙《江南通志》、乾隆《江南通志》收錄的萬曆二年進士名單皆無石元麟〔註362〕，康熙《鎮江府志》、乾隆《鎮江府志》、光緒《丹陽縣志》皆載萬曆二年鎮江府及丹陽縣無進士〔註363〕。由此可知，石元麟現籍地早在洪武中就因其先祖「遷金齒司」，而由「直隸鎮江府丹陽縣」變更為「雲南永昌府保山縣」，其為「雲南永昌府學附學生」的原因也蓋由此，故其應屬雲南進士。《萬曆二年進士登科錄》載劉弘道為「太醫院籍，直隸蘇州府吳縣人」〔註364〕，以「吳縣學附學生」中應天鄉試。按，此處「太醫院」當指北京太醫院，因若是南京太醫院，依《登科錄》行文慣例，應在「太醫院」前加「南京」二字；但劉弘道卻是在原籍地進學報考，故《南國賢書》載其以「吳縣學附學生」中萬曆元年應天鄉試〔註365〕。因劉弘道現籍地為北京太醫院，故按通例確認其為北直隸進士。

67. 萬曆五年丁丑科，南直隸籍進士共 46 人，皆於應天中式〔註366〕。需指出的是，《萬曆五年進士登科錄》載李一陽為「錦衣衛校尉籍，直隸丹徒縣人」，中應天鄉試〔註367〕。按，此處「錦衣衛」當指北京錦衣衛，為李一陽現籍地，因若是南京錦衣衛，依《登科錄》行文慣例，應在「錦衣衛」前加「南京」二字；《碑錄》、光緒《丹徒縣志》皆沿襲此載〔註368〕；但李一陽卻是在原籍地進學報考，故《萬曆四年應天府鄉試錄》載李一陽為「直隸鎮江府學生」〔註369〕。因李一陽現籍地為北京錦衣衛，故按通例確認其為北直隸進士。

〔註361〕 康熙《永昌府志》卷一四《科目》，康熙刊本；乾隆《永昌府志》卷一六《選舉》，乾隆刊本；光緒《永昌府志》卷三九《進士》，《中國地方志集成·雲南府縣志輯》第 38 冊，第 192 頁。

〔註362〕 康熙《江南通志》卷三一《選舉》，《中國地方志集成·省志輯·雲南①》，第 668 頁；乾隆《江南通志》卷一二三《選舉》，《景印文淵閣四庫全書》第 510 冊，第 625 頁。

〔註363〕 康熙《鎮江府志》卷一七《進士》，康熙刊本；乾隆《鎮江府志》卷二九《進士》，《中國地方志集成·江蘇府縣志輯》第 27 冊，第 592 頁；光緒《丹陽縣志》卷一四《選舉》，《中國地方志集成·江蘇府縣志輯》第 31 冊，第 152 頁。

〔註364〕 《萬曆二年進士登科錄》，第 47 頁。

〔註365〕 《南國賢書》，第 612 頁。

〔註366〕 《萬曆五年進士登科錄》，寧波出版社 2006 年影印天一閣藏本，第 8～84 頁。

〔註367〕 《萬曆五年進士登科錄》，第 41 頁。

〔註368〕 《碑錄》，第 959 頁；光緒《丹徒縣志》卷二二《選舉·進士》，光緒刊本。

〔註369〕 《萬曆四年應天府鄉試錄》，寧波出版社 2010 年影印天一閣藏本；《萬曆四年會試錄》，第 28 頁。

68. 萬曆八年庚辰科，南直隸籍進士共 44 人，除王道增外，其餘 43 皆於應天中式〔註370〕。王道增為河南潁川衛軍籍，按制附考河南鄉試〔註371〕，因其現籍地未發生變化，故本文仍按通例以其現籍地作為確認其屬地的依據。

69. 萬曆十一年癸未科，南直隸籍進士共 46 人，除申用懋、盧夢錫、徐榜、寧中立、田勳外，其餘 41 人皆於應天中式〔註372〕。其中，申用懋、盧夢錫、徐榜皆屬南直隸籍的北京國子監生在順天合法報考並中舉者〔註373〕，寧中立、田勳皆為河南潁川衛籍，按制附考河南鄉試〔註374〕；上述五個進士的現籍地皆未發生變化，故本文仍按通例以其現籍地作為確認其屬地的依據。

70. 萬曆十四年丙戌科，南直隸籍進士共 55 人〔註375〕，除唐文獻、錢允元、沈瓚、毛壽南外，其餘 51 人皆於應天中式。按，唐文獻、錢允元、沈瓚、毛壽南皆屬南直隸籍的北京國子監生在順天合法報考並中舉者〔註376〕，因其現籍地未發生變化，故本文仍按通例以其現籍地作為確認其屬地的依據。

71. 萬曆十七年己丑科，南直隸籍進士共 56 人〔註377〕，除殷廷樞、董其昌外，其餘 54 人皆於應天中式。按，殷廷樞、董其昌皆屬南直隸籍的北京國子監生在順天合法報考並中舉者〔註378〕，因其現籍地皆未發生變化，故本文仍按通例以其現籍地作為確認其屬地的依據。

72. 萬曆二十年壬辰科，南直隸籍進士共 48 人〔註379〕，除朱家法、張鶴鳴、余懋衡外，其餘 45 人皆於應天中式。其中，朱家法當屬南直隸籍的北京國子監生在順天合法報考並中舉者〔註380〕，張鶴鳴為河南潁川衛軍籍，按制

〔註370〕 《萬曆八年進士登科錄》，《明代登科錄彙編》第 19 冊，臺北：臺灣學生書局1969 年影印本，第 10237～10390 頁。

〔註371〕 《萬曆八年進士登科錄》，《明代登科錄彙編》第 19 冊，第 10282 頁。

〔註372〕 《萬曆十一年進士登科錄》，第 8～193 頁。

〔註373〕 《萬曆元年順天府鄉試錄》《萬曆十年順天府鄉試錄》。

〔註374〕 順治《潁州志》卷一一《選舉》，順治刊本。

〔註375〕 《萬曆十四年進士同年總錄》，《明代登科錄彙編》第 20 冊，臺北：臺灣學生書局 1969 年影印本，第 10889～11082 頁。

〔註376〕 《隆慶四年順天府鄉試錄》《萬曆十年順天府鄉試錄》。

〔註377〕 《碑錄》，第 820～824 頁。

〔註378〕 〔明〕蔡獻臣：《清白堂稿》卷一三《福建右參議十峰殷公暨配張宜人墓表》，《四庫未收書輯刊》第 6 輯第 22 冊，第 416～417 頁；吳耀明：《董其昌的生平和家世述論》，華東師範大學 2010 年碩士論文。

〔註379〕 《碑錄》，第 829～833 頁。

〔註380〕 乾隆《上海縣志》卷九《選舉》，乾隆刊本。

附考河南鄉試〔註381〕，余懋衡屬不知因何在非現籍地報考並中舉者〔註382〕，因其現籍地皆未發生變化，故本文仍按通例以其屬實的現籍地作為確認其屬地的依據。

73. 萬曆二十三年乙未科，南直隸籍進士共 61 人〔註383〕，除孫慎行、劉九光、張鶴騰、范允臨、李鴻外，其餘 56 人皆於應天中式。其中，孫慎行當屬南直隸籍的北京國子監生在順天合法報考並中舉者〔註384〕，劉九光、張鶴騰皆為河南潁川衛軍籍，按制附考河南鄉試〔註385〕，范允臨、李鴻皆屬不知因何在非現籍地報考並中舉者〔註386〕；因其現籍地皆未發生變化，故本文仍按通例以其屬實的現籍地作為確認其屬地的依據。

74. 萬曆二十六年戊戌科，南直隸籍進士共 54 人〔註387〕，除周道登、姚永濟、程希道、張大咸、李思誠外，其餘 49 人皆於應天中式。其中，周道登、程希道、姚永濟皆屬南直隸籍的北京國子監生在順天合法報考並中舉者〔註388〕，張大咸、李思誠皆屬不知因何在非現籍地報考並中舉者〔註389〕；因其現籍地皆未發生變化，故本文仍按通例以其屬實的現籍地作為確認其屬地的依據。

75. 萬曆二十九年辛丑科，南直隸籍進士共 47 人，除王衡、陳一教、李時彥、吳澄時外，其餘 43 人皆於應天中式〔註390〕。其中，王衡、陳一教、李時彥皆屬南直隸籍的北京國子監生在順天合法報考並中舉者〔註391〕，吳澄時屬不

〔註381〕順治《潁州志》卷一一《選舉》，順治刊本。
〔註382〕康熙《徽州府志》卷九《選舉》，康熙刊本。
〔註383〕《碑錄》，第 833～837 頁。
〔註384〕康熙《常州府志》卷一六《選舉·貢生》，康熙刊本。
〔註385〕順治《潁州志》卷一一《選舉》，順治刊本。
〔註386〕崇禎《松江府志》卷三四《鄉舉》，《日本藏中國罕見地方志叢刊》第 23 冊，第 892 頁；同治《蘇州府志》卷六一《選舉三》，《中國地方志集成·江蘇府縣志輯⑧》，第 647 頁。
〔註387〕《碑錄》，第 837～841 頁。
〔註388〕乾隆《吳江縣志》卷二四《科第》，乾隆刊本；崇禎《松江府志》卷三四《鄉舉》，《日本藏中國罕見地方志叢刊》第 23 冊，第 893 頁。
〔註389〕同治《蘇州府志》卷六一《選舉三》，《中國地方志集成·江蘇府縣志輯⑧》，第 648 頁；嘉慶《重修揚州府志》卷四十《選舉二》，《中國地方志集成·江蘇府縣志輯》第 41 冊，第 703 頁。
〔註390〕《萬曆二十九年進士登科錄》，《中國科舉錄彙編》第 9 冊，北京：全國圖書館文獻微縮複製中心 2010 年影印本，第 7～189 頁。
〔註391〕《萬曆二十九年進士登科錄》，第 4 頁、23 頁、123 頁。

知因何在非現籍地報考並中舉者〔註392〕；因其現籍地皆未發生變化，故本文仍按通例以其屬實的現籍地作為確認其屬地的依據。此外，《萬曆二十九年進士登科錄》載沈自彰為「應天府上元縣軍籍，順天府大興縣人」，以「順天府學附學生」中順天鄉試〔註393〕。按，「應天府上元縣」為沈自彰原籍地，而非現籍地。據明制，「應天府上元縣軍籍」，不具有入「順天府學」的資格，只有現籍地為順天府者，才具有入「順天府學」的資格；而《萬曆二十九年進士履歷便覽》則明確記載沈自彰為順天府「大興縣籍，應天上元縣人」，〔註394〕《類姓登科考》《太常續考》《明季實錄》《甲申紀事》《明季北略》、康熙《畿輔通志》、康熙《大興縣志》、雍正《畿輔通志》、雍正《陝西通志》也都有同載〔註395〕；且康熙《江南通志》、康熙《上元縣志》、乾隆《江南通志》、乾隆《上元縣志》、嘉慶《新修江寧府志》、道光《上元縣志》收錄的萬曆二十九年進士名單俱無沈自彰〔註396〕。可知《登科錄》載「應天府上元縣」應是沈自彰原籍地，其現籍地當為「順天府大興縣籍」，故其應屬北直隸進士。

76. 萬曆三十二年甲辰科，南直隸籍進士共 58 人，除黃體仁、徐光啟、王繼美沈珣、張泰階外，其餘 53 人皆於應天中式〔註397〕。其中，徐光啟、

〔註392〕《萬曆二十九年進士登科錄》，第 12 頁。

〔註393〕《萬曆二十九年進士登科錄》，第 137 頁。

〔註394〕《萬曆二十九年進士履歷便覽》，寧波出版社 2010 年影印天一閣藏本，第 1 頁。

〔註395〕〔明〕佚名：《太常續考》卷七《太常寺正官題名記》，《影印文淵閣四庫全書》第 599 冊，第 285 頁；〔明〕馮夢龍輯：《甲申紀事》卷二，《中國野史集成》第 30 冊，成都：巴蜀書社，1993 年，第 140 頁；〔清〕顧炎武：《明季實錄》卷一，《中國野史集成》第 32 冊，第 126 頁；〔清〕計六奇：《明季北略》卷二二，《中國野史集成》第 36 冊，第 377 頁；《類姓登科考》，第 645 頁；康熙《畿輔通志》卷一七《選舉》，清康熙二十二年刻本；康熙《大興縣志》卷五《科目考》，《中國地方志集成·北京府縣志輯⑦》，第 279 頁；雍正《畿輔通志》卷六二《進士》，《影印文淵閣四庫全書》第 505 冊，第 480 頁；雍正《陝西通志》卷五二《名宦二》，《影印文淵閣四庫全書》第 554 冊，第 255 頁。

〔註396〕康熙《江南通志》卷三一《選舉》，《中國地方志集成·省志輯·江南①》，第 674～675 頁；康熙《上元縣志》卷六《選舉》，康熙刊本；乾隆《江南通志》卷一二三《選舉》，《景印文淵閣四庫全書》第 510 冊，第 633～634 頁；乾隆《上元縣志》卷十《選舉表》，乾隆刊本；嘉慶《新修江寧府志》卷三一《科貢表三·進士》，《中國地方志集成·江蘇府縣志輯①》，第 312 頁；道光《上元縣志》卷十《進士》，《中國地方志集成·江蘇府縣志輯③》，第 182 頁。

〔註397〕《萬曆三十二年進士登科錄》，上海圖書館藏本。

沈珣皆屬南直隸籍的北京國子監生在順天合法報考並中舉者〔註398〕，黃體仁、張泰階、王繼美則皆屬不知因何在非現籍地報考並中舉者〔註399〕；因起現籍地皆未發生變化，故本文仍按通例以其屬實的現籍地作為確認其屬地的依據。此外，《萬曆三十二年進士登科錄》載「孫承祿，貫直隸蘇州府長洲縣民籍」，中順天鄉試。按，「直隸蘇州府長洲縣」當為其原籍地，而非現籍地。《萬曆四年順天府鄉試錄》載孫承祿以「順天府學附學生」中該科順天鄉試〔註400〕；《萬曆三十二年進士履歷便覽》《類姓登科考》、乾隆《長洲縣志》、同治《蘇州府志》皆載孫承祿為「四夷館籍」〔註401〕；萬曆《順天府志》、康熙《畿輔通志》、康熙《宛平縣志》、康熙《大興縣志》俱載孫承祿為順天人〔註402〕。可知孫承祿現籍地當為京師「四夷館」，其為「順天府學附學生」的原因也蓋由此，故其應屬北直隸進士。另需指出的是，雍正《畿輔通志》收錄的萬曆三十二年進士名單雖無孫承祿〔註403〕，但尚不足以否定孫承祿現籍地確為「四夷館籍」的事實；康熙《江南通志》、乾隆《江南通志》並載孫承祿為直隸長洲縣人〔註404〕，當為沿襲《登科錄》載其原籍地，而非現籍地。

77. 萬曆三十五年丁未科，南直隸籍進士共 49 人，皆於應天中式〔註405〕。

78. 萬曆三十八年庚戌科，南直隸籍進士共 45 人，除吳瑞徵、汪泗論外，

〔註398〕〔明〕徐光啟著，王重民輯校：《徐光啟集》附錄一《文定公行實》，北京：中華書局，1963 年，第 552 頁；乾隆《吳江縣志》卷二四《科第》，乾隆刊本。

〔註399〕《萬曆三十二年進士登科錄》，上海圖書館藏本。

〔註400〕《萬曆四年順天府鄉試錄》，寧波出版社 2010 年影印天一閣藏本。

〔註401〕《萬曆三十二年進士履歷便覽》，寧波出版社 2006 年影印天一閣藏本，第 3 頁；《類姓登科考》，第 423 頁；乾隆《長洲縣志》卷二十《科目》，《中國地方志集成・江蘇府縣志輯》第 13 冊，第 213 頁；同治《蘇州府志》卷六一《選舉三》，《中國地方志集成・江蘇府縣志輯⑧》，第 645 頁。

〔註402〕萬曆《順天府志》卷五《人物志・選舉》，《四庫全書存目叢書》史部 208 冊，第 205 頁；康熙《畿輔通志》卷一七《選舉》，康熙二十二年刊本；康熙《宛平縣志》卷五《人物上・進士》，《中國地方志集成・北京府縣志輯⑤》，第 83 頁；康熙《大興縣志》卷五下《科目考》，《中國地方志集成・北京府縣志輯⑦》，第 279 頁。

〔註403〕雍正《畿輔通志》卷六二《進士》，《景印文淵閣四庫全書》第 505 冊，第 481 頁。

〔註404〕康熙《江南通志》卷三一《選舉》，第 675 頁；乾隆《江南通志》卷一二三《選舉》，《景印文淵閣四庫全書》第 510 冊，第 634 頁。

〔註405〕《萬曆三十五年進士登科錄》，《中國科舉錄彙編》第 9 冊，第 209～360 頁。

其餘 43 人皆於應天中式〔註406〕。按，吳瑞徵、汪泗論皆屬南直隸籍的北京國子監生在順天合法報考並中舉者〔註407〕，因其在不是其科舉競爭力主要形成之地的非現籍地合法報考並中舉，本文仍按通例以其現籍地作為確認其屬地的依據。此外，《萬曆三十八年進士登科錄》載馬呈德為「直隸江都縣民籍，山西大同府大同縣人」〔註408〕，以「選貢生」中山西鄉試。按，馬呈德現籍地當為「山西大同府大同縣」，而非「直隸江都縣」。萬曆《山西通志》《類姓登科考》《皇明三元考》、乾隆《山西通志》、乾隆《大同縣志》皆載馬呈德為山西大同縣人〔註409〕，《皇明三元考》還載其中萬曆二十八年山西解元；而康熙《江南通志》、康熙《揚州府志》、康熙《江都縣志》、乾隆《江南通志》、乾隆《江都縣志》所載萬曆三十八年進士名單中皆無馬呈德〔註410〕。由上可證，《登科錄》把馬呈德載作「直隸江都縣民籍」是不符合史實的，其現籍地應為「山西大同府大同縣」，中山西鄉試，正是按制在現籍地報考，故其當屬山西進士。此外，《萬曆三十八年庚戌科序齒錄》、嘉慶《重修揚州府志》並載馬呈德為直隸揚州府江都縣籍〔註411〕，皆誤。《萬曆三十八年進士登科錄》載包鴻逵為「直隸松江府華亭縣民籍，浙江嘉興府秀水縣人」，順天鄉試〔註412〕。按，其中「直隸松江府華亭縣」當為包鴻逵原籍地，而非現籍地。《萬曆三十八年庚戌科序齒錄》載包鴻逵為「浙江嘉興府秀水縣籍，華亭縣人」〔註413〕，萬曆《嘉興府志》

〔註406〕 《萬曆三十八年進士登科錄》，臺北：臺灣「中研院史語所」傅斯年圖書館藏本，第 7～82 頁。

〔註407〕 《萬曆三十八年進士登科錄》，第 15 頁、35 頁。

〔註408〕 《萬曆三十八年進士登科錄》，第 23 頁。

〔註409〕 萬曆《山西通志》卷二二《選舉中》，萬曆刊本；《皇明三元考》卷一四《萬曆庚子科》，《四庫全書存目叢書》史部第 271 冊，第 202 頁；《類姓登科考》，第 635 頁；乾隆《山西通志》卷六九《科目五·明》，《景印文淵閣四庫全書》第 544 冊，第 431 頁；乾隆《大同府志》卷二九《選舉》，《中國地方志集成·山西府縣志輯④》，第 369 頁。

〔註410〕 康熙《江南通志》卷三一《選舉》，《中國地方志集成·省志輯·江南①》，第 677 頁；康熙《揚州府志》卷一五《選舉》，康熙刊本；康熙《江都縣志》卷六《選舉表》，康熙刊本；乾隆《江南通志》卷一二三《選舉》，《景印文淵閣四庫全書》第 510 冊，第 636 頁；乾隆《江都縣志》卷一二《選舉》，《中國地方志集成·江蘇府縣志輯》第 66 冊，第 131 頁。

〔註411〕 《萬曆三十八年庚戌科序齒錄》，《明代登科錄彙編》第 21 冊，第 11770 頁；嘉慶《重修揚州府志》卷三九《選舉一》，《中國地方志集成·江蘇府縣志輯》第 41 冊，第 694 頁。

〔註412〕 《萬曆三十八年進士登科錄》，第 57 頁。

〔註413〕 《萬曆三十八年庚戌科序齒錄》，《明代登科錄彙編》第 21 冊，第 11779 頁。

載包鴻逵為「秀水縣學生員」〔註414〕，崇禎《松江府志》載包鴻逵為「秀水籍」〔註415〕；《皇明三元考》《類姓登科考》、康熙《嘉興府志》、康熙《秀水縣志》、雍正《浙江通志》皆載包鴻逵為浙江嘉興府秀水縣（籍）人〔註416〕；乾隆《華亭縣志》收錄的萬曆三十八年進士名單無包鴻逵〔註417〕。由上可知包鴻逵現籍地當為「浙江嘉興府秀水縣」，其為「秀水縣學生員」的原因也蓋由此，故其應屬浙江進士。另需指出的是，康熙《江南通志》、乾隆《江南通志》並載包鴻逵為直隸華亭縣人〔註418〕，則皆為沿襲《登科錄》載其原籍地，而非現籍地。

《萬曆三十八年進士登科錄》載史孔吉為「錦衣衛官籍，應天府溧陽縣人」，中應天鄉試〔註419〕。按，「錦衣衛官籍」，誤。《南國賢書》載史孔吉以「溧陽縣學生」中萬曆三十七年應天府鄉試〔註420〕，《萬曆三十八年庚戌科序齒錄》載史孔吉為「應天府溧陽縣官籍」〔註421〕；崇禎十六年進士李長祥所撰《故朝列大夫尚寶司卿溧陽史公神道碑》載：「溧陽尚寶司卿史公以崇禎十六年某月日卒……公先世漢溧陽壯侯，後因為溧陽人……萬曆己酉舉人，庚戌進士……公諱孔吉」〔註422〕；《類姓登科考》、康熙《江南通志》、乾隆《江南通志》、嘉慶《溧陽縣志》也都載史孔吉為應天府溧陽縣（籍）人〔註423〕；嘉慶《溧陽縣志》

〔註414〕萬曆《秀水縣志》卷六《賦役二》，萬曆刊本。

〔註415〕崇禎《松江府志》卷三四《鄉舉》，《日本藏中國罕見地方志叢刊》，第23冊，第895頁。

〔註416〕《皇明三元考》，《四庫全書存目叢書》史部第271冊，第207頁；《類姓登科考》，第440頁；康熙《嘉興府志》卷一六上《選舉》，康熙刊本；康熙《秀水縣志》卷四《科甲》，《中國地方志集成·浙江府縣志輯》第31冊，第859頁；雍正《浙江通志》卷一百三十九《選舉》，《景印文淵閣四庫全書》第522冊，第482頁。

〔註417〕乾隆《華亭縣志》卷十《選舉》，《中國方志叢書·華中地方·第四六二號》，第439頁。

〔註418〕康熙《江南通志》卷三一《選舉》，《中國地方志集成·省志輯·江南①》，第677頁；乾隆《江南通志》卷一二三《選舉》，《景印文淵閣四庫全書》第510冊，第636頁。

〔註419〕《萬曆三十八年進士登科錄》，臺北傅斯年圖書館藏本，第68頁。

〔註420〕《南國賢書》，第754頁。

〔註421〕《萬曆三十八年庚戌科序齒錄》，第11957頁。

〔註422〕〔明〕李長祥：《天問閣文集》卷二《故朝列大夫尚寶司卿溧陽史公神道碑》，《四庫禁燬書叢刊》集部第11冊，第214～216頁。

〔註423〕《類姓登科考》，第593頁；康熙《江南通志》卷三一《選舉》，《中國地方志集成·省志輯·江南①》，第677頁；乾隆《江南通志》卷一二三《選舉》，《景印文淵閣四庫全書》第510冊，第636頁；嘉慶《溧陽縣志》卷十《選舉志》，《中國方志叢書·華中地方·第四七〇號》，第233頁。

還載「尚寶司卿史孔吉墓在函山北」〔註424〕；而康熙《畿輔通志》、康熙《宛平縣志》、康熙《大興縣志》、雍正《畿輔通志》收錄的萬曆三十八年進士名單皆無史孔吉〔註425〕。由上可證《碑錄》載史孔吉為「錦衣衛官籍」是不符合史實的，其現籍地應為「應天府溧陽縣」，其為「溧陽縣學生」的原因也蓋由此，故其應屬南直隸進士。

79. 萬曆四十一年癸丑科，南直隸籍進士共 60 人〔註426〕，除寧繩武、李精白外，其餘 58 人皆於應天中式。按，寧繩武當屬南直隸籍的北京國子監生在順天合法報考並中舉者〔註427〕，李精白為河南潁川衛軍籍，按制附考河南鄉試〔註428〕，因其現籍地皆未發生變化，故本文仍按通例以其現籍地作為確認其屬地的依據。此外，《碑錄》載徐卿伯為「直隸徐州官籍，貴州貴陽府人」〔註429〕。其中，所說徐卿伯現籍地為「直隸徐州」，當誤。因《兩朝從信錄》明確載：「天啟元年十月癸未朔，湖廣道（監察御史）徐卿伯奏略曰：『臣以黔人而言黔事。其情形豈不熟悉？其利害其不關切？』」〔註430〕《類姓登科考》載徐卿伯為「貴州衛人」〔註431〕；雍正《貴州通志·選舉》載萬曆四十一年癸丑科進士徐卿伯為「貴陽人」，且載其為萬曆四十年壬子科貴州舉人〔註432〕，同書卷二八《人物·鄉賢》載徐卿伯為「貴陽人，萬曆癸丑進士」〔註433〕。雍正《山西通志·職官七》載徐卿伯為「貴州前衛人」〔註434〕；

〔註424〕嘉慶《溧陽縣志》卷四《輿地志》，《中國地方志集成·江蘇府縣志輯》第 32 冊，第 249 頁。

〔註425〕康熙《畿輔通志》卷一七《選舉》，康熙刊本；康熙《宛平縣志》卷五《人物上·進士》，《中國地方志集成·北京府縣志輯⑤》，第 83 頁；康熙《大興縣志》卷五下《科目考》，《中國地方志集成·北京府縣志輯⑦》，第 279 頁；雍正《畿輔通志》卷六二《進士》，《景印文淵閣四庫全書》第 505 冊，第 481 頁。

〔註426〕《碑錄》，第 857～861 頁。

〔註427〕乾隆《吳江縣志》卷二四《科第》，乾隆刊本。

〔註428〕順治《潁州志》卷一一《選舉》，順治刊本。

〔註429〕《碑錄》，第 861 頁。

〔註430〕〔明〕沈國元：《兩朝從信錄》卷九，《續修四庫全書》第 356 冊，第 255 頁。

〔註431〕《類姓登科考》，第 364 頁。

〔註432〕雍正《貴州通志》卷二六《選舉》，《景印文淵閣四庫全書》第 570 冊，第 7、33 頁。

〔註433〕雍正《貴州通志》卷二八《人物·鄉賢》，《景印文淵閣四庫全書》第 570 冊，第 74 頁。

〔註434〕雍正《山西通志》卷七九《職官七》，《景印文淵閣四庫全書》第 544 冊，第 728 頁。

《明史・王三善傳》載「貴陽徐卿伯」〔註435〕。而康熙《江南通志》、乾隆《江南通志》所載萬曆四十一年進士名單皆無徐卿伯〔註436〕，乾隆《徐州府志》、同治《徐州府志》載萬曆四十一年徐州無進士〔註437〕。以上皆證《碑錄》所載徐卿伯為「直隸徐州官籍」之誤，其現籍地當為「貴州貴陽軍民府」，故其應屬貴州進士。

80. 萬曆四十四年丙辰科，南直隸籍進士共 57 人，除江秉元外，其餘 56 人皆於應天中式〔註438〕。按，江秉元當屬南直隸籍的北京國子監生在順天合法報考並中舉者〔註439〕，因其現籍地未發生變化，故本文仍按通例以其現籍地作為確認其屬地的依據。

81. 萬曆四十七年己未科，南直隸籍進士共 46 人，除張泰階外，其餘 45 人皆於應天中式〔註440〕。按，張泰階當屬不知因何在非現籍地報考並中舉者〔註441〕，因其現籍地未發生變化，故本文仍按通例以其屬實的現籍地作為確認其屬地的依據。

82. 天啟二年壬戌科，南直隸籍進士共 73 人〔註442〕，除吳鳴虞、王養廉、朱長世、張元玘、何萬化外，其餘 69 人皆於應天中式。其中，吳鳴虞當屬南直隸籍的北京國子監生在順天合法報考並中舉者〔註443〕，王養廉為河南潁川衛軍籍，按制附考河南鄉試〔註444〕，朱長世、張元玘、何萬化皆屬不知因何在非現籍地報考並中舉者〔註445〕；因其現籍地皆未發生變化，故本文仍按通例以其屬實的現籍地作為確認其屬地的依據。

〔註435〕〔清〕張廷玉：《明史》卷二四九《王三善傳》，第 6458 頁。

〔註436〕康熙《江南通志》卷三一《選舉》，《中國地方志集成・省志輯・江南①》，第 677〜678 頁；乾隆《江南通志》卷一二三《選舉》，《景印文淵閣四庫全書》第 510 冊，第 637 頁。

〔註437〕乾隆《徐州府志》卷一四《選舉》，乾隆刊本；同治《徐州府志》卷八下《選舉表》，《中國方志叢書・華中地方・第四號》，第 295 頁。

〔註438〕《碑錄》，第 862〜866 頁。

〔註439〕康熙《徽州府志》卷十《選舉・歲貢》，康熙刊本。

〔註440〕《碑錄》，第 866〜870 頁。

〔註441〕崇禎《松江府志》卷三四《鄉舉》，《日本藏中國罕見地方志叢刊》第 23 冊，第 896 頁。

〔註442〕《碑錄》，第 871〜876 頁。

〔註443〕康熙《重修宜興縣志》卷八《人物志》，康熙刊本。

〔註444〕順治《潁州志》卷一一《選舉》，順治刊本。

〔註445〕崇禎《松江府志》卷三四《鄉舉》，《日本藏中國罕見地方志叢刊》第 23 冊，第 895 頁、896 頁。

83. 天啟五年乙丑科，南直隸籍進士共 52 人〔註 446〕，除李虛白、鹿獻陽、楊汝成外，其餘 49 人皆於應天中式。其中，李虛白、鹿獻陽皆為河南潁川衛軍籍，按制附考河南鄉試〔註 447〕，楊汝成屬不知因何在非現籍地報考並中舉者〔註 448〕；因其現籍地皆未發生變化，故本文仍按通例以其屬實的現籍地作為確認其屬地的依據。

84. 崇禎元年戊辰科，南直隸籍進士共 70 人〔註 449〕，除李沾、田用坤、吳允初外，其餘 67 人皆於應天中式。其中，李沾當屬南直隸籍的北京國子監生在順天合法報考並中舉者〔註 450〕，田用坤為河南潁川衛軍籍，按制附考河南鄉試〔註 451〕，吳允初屬不知因何在非現籍地報考並中舉者〔註 452〕；因其現籍地皆未發生變化，故本文仍按通例以其屬實的現籍地作為確認其屬地的依據。

85. 崇禎四年辛未科，南直隸籍進士共 80 人〔註 453〕，除張溥、陳於泰、何謙、徐懋曙外，其餘 76 人皆於應天中式。其中，張溥當屬南直隸籍的北京國子監生在順天合法報考並中舉者〔註 454〕，陳於泰、何謙、徐懋曙皆屬不知因何在非現籍地報考並中舉者〔註 455〕；因其現籍地皆未發生變化，故本文仍按通例以其屬實的現籍地作為確認其屬地的依據。此外，《碑錄》載該科南直隸進士共 76 人，闕載二甲 19 名進士吳簡思（直隸常州府武進縣民籍）、二甲 49 名進士於重慶（直隸鎮江府金壇縣籍）、二甲 59 名進士錢位坤（直隸蘇州府長洲縣民籍）、二甲 61 名進士戴昶（直隸安慶府懷寧縣籍）等

〔註 446〕《碑錄》，第 876～880 頁。
〔註 447〕順治《潁州志》卷一一《選舉》，順治刊本。
〔註 448〕崇禎《松江府志》卷三四《鄉舉》，《日本藏中國罕見地方志叢刊》第 23 冊，第 893 頁。
〔註 449〕《碑錄》，第 880～885 頁。
〔註 450〕崇禎《松江府志》卷三四《鄉舉》，《日本藏中國罕見地方志叢刊》第 23 冊，第 894 頁。
〔註 451〕順治《潁州志》卷一一《選舉》，順治刊本。
〔註 452〕康熙《重修宜興縣志》卷七《選舉》，康熙刊本。
〔註 453〕《碑錄》，第 885～889 頁。
〔註 454〕〔明〕張采：《知畏堂文存》卷八《庶常天如張公行狀》，《四庫禁燬書叢刊》集部第 81 冊，第 641 頁。
〔註 455〕康熙《重修宜興縣志》卷七《選舉》，康熙刊本；康熙《常州府志》卷一六《選舉》，康熙刊本；同治《蘇州府志》卷六一《選舉三·舉人》，《中國地方志集成·江蘇府縣志輯⑧》，第 651 頁。

4 位南直隸進士的現籍地信息，據《崇禎四年進士履歷便覽》《類姓登科考》補全〔註 456〕。

86. 崇禎七年甲戌科，南直隸籍進士共 59 人〔註 457〕，除朱永佑、寧予慶外，其餘 57 人皆於應天中式。按，朱永佑當屬南直隸籍的北京國子監生在順天合法報考並中舉者〔註 458〕，寧予慶為河南潁川衛軍籍，按制附考河南鄉試〔註 459〕，因二者的現籍地皆未發生變化，故本文仍按通例以其現籍地作為確認其屬地的依據。此外，《碑錄》載該科南直隸籍進士共 51 人，闕載二甲 9 名進士劉自竑（直隸淮安府山陽縣籍）、二甲 54 名進士葛遇朝（直隸廬州府無為州巢縣籍）、三甲 54 名進士彭慶圖（直隸建陽衛軍籍）、三甲 60 名進士謝鼎新（應天府溧陽縣籍）、三甲 110 名進士王士英（直隸揚州府興化縣籍）、三甲 120 名進士沈肩元（直隸蘇州府長洲縣籍）、三甲 170 名進士殷宜中（直隸鎮江府丹徒縣籍）共 7 位南直隸籍進士的現籍地信息，據《崇禎七年進士履歷便覽》、《類姓登科考》補全〔註 460〕。

87. 崇禎十年丁丑科，南直隸籍進士共 54 人〔註 461〕，除秦鏞、趙玉成、趙士錦外，其餘 51 人皆於應天中式。按，秦鏞當屬南直隸籍的北京國子監生在順天合法報考並中舉者〔註 462〕，趙玉成、趙士錦皆屬不知因何在非現籍地報考並中舉者〔註 463〕；因其現籍地皆未發生變化，故本文仍按通例以其屬實的現籍地作為確認其屬地的依據。還需要指出是，《碑錄》載姜應龍為「直隸淮安府鹽城縣民籍」，當誤。因《崇禎十年進士履歷便覽》《類姓登科考》以及康熙《畿輔通志》、康熙《鹽山縣志》、光緒《重修天津府志》皆載姜應龍為直隸河間府鹽山縣（籍）人〔註 464〕；而康熙《江南通志》、乾隆《江南通志》、

〔註 456〕《崇禎四年進士履歷便覽》，第 3 頁、5 頁、6 頁、8 頁；《類姓登科考》第 367 頁、391 頁、434 頁、665 頁。

〔註 457〕《碑錄》，第 885～889 頁。

〔註 458〕崇禎《松江府志》卷三四《鄉舉》，《日本藏中國罕見地方志叢刊》第 23 冊，第 897 頁。

〔註 459〕順治《潁州志》卷一一《選舉》，順治刊本。

〔註 460〕《崇禎七年進士履歷便覽》，第 2 頁、3 頁、4 頁、7 頁、8 頁；《類姓登科考》，第 552 頁、534 頁、675 頁、489 頁、645 頁、426 頁。

〔註 461〕《碑錄》，第 894～897 頁。

〔註 462〕康熙《常州府志》卷一六《選舉·歲貢》，康熙刊本。

〔註 463〕同治《蘇州府志》卷六一《選舉三·舉人》，《中國地方志集成·江蘇府縣志輯⑧》，第 652～653 頁。

〔註 464〕《崇禎十年進士履歷便覽》，第 31 頁；《類姓登科考》，第 479 頁；康熙《畿

光緒《淮安府志》所載崇禎十年進士名單皆無姜應龍〔註465〕。皆證《碑錄》把姜應龍載作「直隸淮安府鹽城縣民籍」是不符合史實的，其現籍地應為「直隸河間府鹽山縣」，故其應屬北直隸進士。另，雍正《畿輔通志》所載崇禎十年進士名單雖無姜應龍〔註466〕，但尚不足以否定姜應龍現籍地為「直隸河間府鹽山縣」的事實；乾隆《淮安府志》、光緒《鹽城縣志》並載姜應龍為直隸鹽城縣人〔註467〕，則為沿襲《碑錄》之誤。《碑錄》載臺汝礪為「應天府句容縣籍，雲南臨安衛人」。按，「應天府句容縣」當為臺汝礪原籍地，而非現籍地〔註468〕。因《崇禎十年進士履歷便覽》《類姓登科考》以及康熙《雲南通志》、康熙《建水州志》、雍正《雲南通志》、雍正《江西通志》、嘉慶《臨安府志》皆載臺汝礪為雲南臨安衛（籍）人〔註469〕；康熙《雲南通志》還載：「臺汝礪，臨安貢生，順天中式」〔註470〕。皆證《碑錄》把臺汝礪載作「應天府句容縣籍」是不符合史實的，其現籍地應為「雲南臨安衛」，其為「臨安貢生」的原因也蓋由此，故其應屬雲南進士。另，康熙《江南通志》、乾隆《江南通志》、乾隆《句容縣志》並載臺汝礪為應天府句容縣人〔註471〕，當為沿襲《碑錄》

　　　　　輔通志》卷一七《選舉》，清康熙二十二年刻本；康熙《鹽山縣志》卷六《進士》，《中國地方志集成·河北府縣志輯》第43冊，第36頁；光緒《重修天津府志》卷一六《選舉》，《中國地方志集成·天津府縣志輯①》，第308頁。

〔註465〕康熙《江南通志》卷三一《選舉》，《中國地方志集成·省志輯·江南①》，第684～685頁；乾隆《江南通志》卷一百二十三《選舉》，《景印文淵閣四庫全書》第510冊，第646～647頁；光緒《淮安府志》卷二二《貢舉》，《中國地方志集成·江蘇府縣志輯》第54冊，第321頁。

〔註466〕雍正《畿輔通志》卷六二《進士》，《景印文淵閣四庫全書》第505冊，第485頁。

〔註467〕乾隆《淮安府志》卷二十《選舉·進士》，《中國方志叢書·華中地方·第三九七號》，第1853頁；光緒《鹽城縣志》卷九《選舉》，《中國地方志集成·江蘇府縣志輯》第59冊，第163頁。

〔註468〕需特別說明的是，關於臺汝礪現籍地為「雲南臨安衛」的考證，是業師郭培貴教授的結論。

〔註469〕《崇禎十年進士履歷便覽》，寧波出版社2006年影印天一閣藏本，第33頁；《類姓登科考》，第357頁；康熙《雲南通志》卷一七《選舉》，康熙刊本；康熙《建水州志》卷一一《選舉》，康熙刊本；雍正《雲南通志》卷二十上《進士》，《景印文淵閣四庫全書》第570冊，第11頁上；雍正《江西通志》卷四八《秩官三·潯關監督》，《景印文淵閣四庫全書》第514冊，第564頁；嘉慶《臨安府志》卷一三《選舉》，《中國地方志集成·雲南府縣志輯第49冊》，第149頁。

〔註470〕康熙《雲南通志》卷一七《選舉》，康熙刊本。

〔註471〕康熙《江南通志》卷三一《選舉》，《中國地方志集成·省志輯·江南①》，第

載其原籍地，而非現籍地。《碑錄》載孫鼎為「浙江紹興府餘姚縣民籍」。按，「浙江紹興府餘姚縣」當為孫鼎原籍地，而非現籍地。《崇禎十年進士履歷便覽》載孫鼎為「江都籍，浙江紹興府餘姚縣人」〔註472〕；《類姓登科考》以及康熙《揚州府志》、康熙《江南通志》、乾隆《江南通志》、乾隆《江都縣志》皆載孫鼎為直隸江都縣人〔註473〕，康熙《揚州府志》還載：「孫鼎，字大宣，先世由浙遷揚，家於江都」〔註474〕；而康熙《紹興府志》所載崇禎十年進士名單無孫鼎〔註475〕。由上可知孫鼎現籍地因其先祖「家於江都」，而由「浙江紹興府餘姚縣」變更為「直隸揚州府江都縣」，故其應屬南直隸進士。另，雍正《浙江通志》、乾隆《紹興府志》、光緒《餘姚縣志》並載孫鼎為浙江餘姚縣人〔註476〕，皆為沿襲《碑錄》載其原籍地，而非現籍地。《碑錄》載時敏為「順天府遵化縣籍」。按，時敏現籍地當為「直隸蘇州府常熟縣」，而非「順天府遵化縣」。《南國賢書》載時敏以「常熟縣學附學生」中崇禎三年應天鄉試〔註477〕，《崇禎十年進士履歷便覽》載時敏為「蘇州府常熟縣籍，遵化人」〔註478〕；《類姓登科考》以及康熙《江南通志》、乾隆《江南通志》、同治《蘇州府志》並載時敏為直隸常熟縣人〔註479〕；而康熙《畿輔通志》、乾隆《畿輔通志》所

684 頁；乾隆《江南通志》卷一二三《選舉》，《景印文淵閣四庫全書》第 510 冊，第 646 頁；乾隆《句容縣志》卷八《選舉》，乾隆刊本。

〔註472〕 《崇禎十年進士履歷便覽》，第 9 頁。

〔註473〕 《類姓登科考》，第 424 頁；康熙《揚州府志》卷一五《選舉志》，康熙刊本；康熙《江南通志》卷三一《選舉》，《中國地方志集成·省志輯·江南①》，第 684 頁；乾隆《江南通志》卷一二三《選舉》，《景印文淵閣四庫全書》第 510 冊，第 646 頁；乾隆《江都縣志》卷一七《人物志》，乾隆刊本。

〔註474〕 康熙《揚州府志》卷一七《人物志》，康熙刊本。

〔註475〕 康熙《紹興府志》卷三六《選舉志》，《中國方志叢書·華中地方·第五三七號》，第 3138 頁。

〔註476〕 雍正《浙江通志》一三三《選舉十一·明進士》，《景印文淵閣四庫全書》第 522 冊，第 489 頁。乾隆《紹興府志》卷三一《選舉》，《中國方志叢書·華中地方·第二二一號》，第 740 頁；光緒《餘姚縣志》卷一九《選舉表》，光緒刊本。

〔註477〕 《南國賢書》，第 838 頁。

〔註478〕 《崇禎十年進士履歷便覽》，寧波出版社 2006 年影印天一閣藏本，第 5 頁。

〔註479〕 康熙《江南通志》卷三一《選舉》，《中國地方志集成·省志輯·江南①》，第 684 頁；康熙《常熟縣志》卷一一《選舉表》，《中國地方志集成·江蘇府縣志輯》第 21 冊，第 254 頁；乾隆《江南通志》卷一百二十三《選舉》，《景印文淵閣四庫全書》第 510 冊，第 646 頁；同治《蘇州府志》卷六十《選舉二》，《中國地方志集成·江蘇府縣志輯》第 8 冊，第 622 頁。

載崇禎十年進士名單皆無時敏〔註480〕，乾隆《直隸遵化州志》載崇禎十年遵化無進士〔註481〕。由上可證，《碑錄》把時敏載作「順天府遵化縣籍」是不符合史實的，其現籍地應為「直隸蘇州府常熟縣」，以「常熟縣學附學生」中應天鄉試，正是按制在現籍地報考，故其應屬南直隸進士。

88. 崇禎十三年庚辰科，南直隸籍進士共 43 人〔註482〕，除馮士驊外，其餘 42 人皆於應天中式。按，馮士驊當屬南直隸籍的北京國子監生在順天合法報考並中舉者〔註483〕，因其現籍地未發生變化，本文仍按通例以其現籍地作為確認其屬地的依據。

89. 崇禎十六年癸未科，南直隸進士共 93 人〔註484〕，除李待問、孫槃、顧咸建外，其餘 90 人皆於應天中式。其中，李待問、孫槃皆屬南直隸籍的北京國子監生在順天合法報考並中舉者〔註485〕，顧咸建屬不知因何在非現籍地報考並中舉者〔註486〕；因其現籍地皆未發生變化，故本文仍按通例以其屬實的現籍地作為確認其屬地的依據。此外，《碑錄》載該科南直隸進士 92 人，闕載三甲進士錢爾登（直隸常州府無錫縣籍）的現籍地信息，據《崇禎十六年進士履歷便覽》、《類姓登科考》補全〔註487〕。

三、明代南直隸進士總數及其在全國的地位

（一）明代南直隸進士總數

以上是對明代 88 科 89 榜南直隸進士專門進行逐科、逐人的考述，為更直觀地顯示明代歷科南直隸進士數及其進士總數，製表 1 如下：

〔註480〕康熙《畿輔通志》卷一七《選舉》，清康熙二十二年刻本；雍正《畿輔通志》卷六二《進士》，《景印文淵閣四庫全書》第 505 冊，第 482～483 頁。

〔註481〕乾隆《直隸遵化州志》卷一五《選舉》，乾隆刊本。

〔註482〕《碑錄》，第 898～901 頁。

〔註483〕崇禎《吳縣志》卷三六《選舉》，《天一閣藏明代方志選刊續編》第 16 冊，第 268 頁。

〔註484〕《碑錄》，第 905～910 頁。

〔註485〕崇禎《松江府志》卷三四《鄉舉》，《日本藏中國罕見地方志叢刊》第 23 冊，第 899 頁；光緒《淮安府志》卷二四《選舉》，光緒刊本。

〔註486〕同治《蘇州府志》卷六一《選舉三·舉人》，《中國地方志集成·江蘇府縣志輯⑧》，第 653 頁。

〔註487〕《崇禎十六年進士三代履歷》，上海圖書館藏明崇禎刻本；《類姓登科考》，第 434 頁。

表1：明代歷科南直隸進士數及其總數一覽表

科　　次	南直隸進士數	科　　次	南直隸進士數	科　　次	南直隸進士數	科　　次	南直隸進士數
洪武四年	2	洪武十八年	41	洪武二十一年	7	洪武二十四年	1
洪武二十七年	8	洪武三十年春	1	洪武三十年夏	0	建文二年	26
永樂二年	71	永樂四年	21	永樂九年	8	永樂十年	18
永樂十三年	48	永樂十六年	39	永樂十九年	23	永樂二十二年	26
宣德二年	9	宣德五年	12	宣德八年	9	正統元年	15
正統四年	16	正統七年	13	正統十年	29	正統十三年	35
景泰二年	36	景泰五年	59	天順元年	40	天順四年	27
天順八年	23	成化二年	56	成化五年	45	成化八年	41
成化十一年	50	成化十四年	53	成化十七年	46	成化二十年	53
成化二十三年	61	弘治三年	43	弘治六年	48	弘治九年	72
弘治十二年	48	弘治十五年	45	弘治十八年	53	正德三年	62
正德六年	58	正德九年	50	正德十二年	55	正德十六年	49
嘉靖二年	69	嘉靖五年	33	嘉靖八年	56	嘉靖十一年	44
嘉靖十四年	40	嘉靖十七年	36	嘉靖二十年	46	嘉靖二十三年	49
嘉靖二十六年	48	嘉靖二十九年	42	嘉靖三十二年	61	嘉靖三十五年	36
嘉靖三十八年	48	嘉靖四十一年	34	嘉靖四十四年	61	隆慶二年	61
隆慶五年	69	萬曆二年	52	萬曆五年	46	萬曆八年	44
萬曆十一年	46	萬曆十四年	55	萬曆十七年	56	萬曆二十年	48
萬曆二十三年	61	萬曆二十六年	54	萬曆二十九年	47	萬曆三十二年	58
萬曆三十五年	49	萬曆三十八年	45	萬曆四十一年	60	萬曆四十四年	57
萬曆四十七年	46	天啟二年	73	天啟五年	52	崇禎元年	70
崇禎四年	80	崇禎七年	59	崇禎十年	54	崇禎十三年	43
崇禎十六年	93						
總計：3832							

　　本表與研究明代進士地域分布的專著吳宣德《明代進士的地理分布》（以下簡稱「吳書」）一書統計明代歷科南直隸進士數及其進士總數不同之處有二：

　　一是統計明代殿試榜數不同，統計明代南直隸進士總數也不同。表 1 統計明代殿試榜數 89 榜，統計明代南直隸進士總數為 3832 名；「吳書」統計 90 榜，統計明代進士總數為 3892 名〔註 488〕。

　　二是若干科次進士統計數不同。為更直觀地顯示，特製表 2 如下：

表 2：本文表 1 與吳書統計明代南直隸進士數相異處對照表〔註 489〕

科　　次	南直隸進士數	科　　次	南直隸進士數	科　　次	南直隸進士數	科　　次	南直隸進士數
洪武二十七年	8｜**9**	洪武三十年春	1｜**3**	宣德五年	12｜**11**	正統七年	13｜**17**
景泰五年	59｜**58**	天順元年	40｜**44**	天順八年	23｜**25**	成化二年	56｜**57**
成化八年	41｜**42**	成化二十年	53｜**54**	弘治九年	72｜**74**	弘治十五年	45｜**47**
弘治十八年	53｜**52**	嘉靖五年	33｜**32**	嘉靖八年	56｜**55**	嘉靖十一年	44｜**43**
嘉靖十四年	40｜**39**	嘉靖二十年	46｜**47**	嘉靖三十二年	61｜**60**	嘉靖四十一年	34｜**33**
嘉靖四十四年	61｜**60**	隆慶五年	69｜**68**	萬曆二年	52｜**53**	萬曆五年	46｜**45**
萬曆八年	44｜**43**	萬曆十一年	46｜**44**	萬曆二十年	48｜**47**	萬曆二十三年	61｜**59**
萬曆二十六年	54｜**55**	萬曆二十九年	47｜**48**	萬曆三十二年	58｜**59**	萬曆三十八年	45｜**46**
萬曆四十一年	60｜**61**	萬曆四十四年	57｜**58**	天啟二年	73｜**72**	天啟五年	52｜**50**
崇禎元年	70｜**69**	崇禎七年	59｜**57**	崇禎十三年	43｜**44**	崇禎十六年	93｜**94**
總數：3832｜**3892**							

　　如表 2 所示，二者各科次南直隸進士總數相異處很多，具體為：洪武二十七甲戌科，本文統計南直隸進士總數為 8 人，少於「吳書」1 人；洪武三十年丁丑科春榜，本文統計南直隸進士總數為 1 人，少於「吳書」2 人；宣德五年庚戌科，本文統計南直隸進士總數為 12 人，多於「吳書」1 人；正統七年壬戌科，本文統計南直隸進士總數為 13 人，少於「吳書」4 人；景泰五年甲戌

〔註 488〕吳宣德：《明代進士的地理分布》，第 56 頁。
〔註 489〕表中「｜」左側為本文統計數，「｜」右側加粗統計數為吳書統計南直隸進士數。

科，本文統計南直隸進士總數為 59 人，多於「吳書」1 人；天順元年丁丑科，本文統計南直隸進士總數為 40 人，少於「吳書」4 人；天順八年甲申科，本文統計南直隸進士總數為 23 人，少於「吳書」2 人；成化二年丙戌科，本文統計南直隸進士總數為 56 人，少於「吳書」1 人；成化八年壬辰科，本文統計南直隸進士總數為 41 人，少於「吳書」1 人；成化二十年甲辰科，本文統計南直隸進士總數為 53 人，少於「吳書」1 人；弘治九年丙辰科，本文統計南直隸進士總數為 72 人，少於「吳書」2 人；弘治十五年壬戌科，本文統計南直隸進士總數為 45 人，少於「吳書」2 人；弘治十八年乙丑科，本文統計南直隸進士總數為 53 人，多於「吳書」1 人；嘉靖五年丙戌科，本文統計南直隸進士總數為 33 人，多於「吳書」1 人；嘉靖八年己丑科，本文統計南直隸進士總數為 56 人，多於「吳書」1 人；嘉靖十一年壬辰科，本文統計南直隸進士總數為 44 人，多於「吳書」1 人；嘉靖十四年乙未科，本文統計南直隸進士總數為 40 人，多於「吳書」1 人；嘉靖二十年辛丑科，本文統計南直隸進士總數為 46 人，少於「吳書」1 人；嘉靖三十二年癸丑科，本文統計南直隸進士總數為 61 人，多於「吳書」1 人；嘉靖四十一年壬戌科，本文統計南直隸進士總數為 34 人，多於「吳書」1 人；嘉靖四十四年乙丑科，本文統計南直隸進士總數為 61 人，多於「吳書」1 人；隆慶五年辛未科，本文統計南直隸進士總數為 69 人，多於「吳書」1 人；萬曆二年甲戌科，本文統計南直隸進士進士總數為 52 人，少於「吳書」1 人；萬曆五年丁丑科，本文統計南直隸進士總數為 47 人，多於「吳書」2 人；萬曆八年庚辰科，本文統計南直隸進士總數為 44 人，多於「吳書」1 人；萬曆十一年癸未科，本文統計南直隸進士總數為 46 人，多於「吳書」2 人；萬曆二十年壬辰科，本文統計南直隸進士總數為 48 人，多於「吳書」1 人；萬曆二十三年乙未科，本文統計南直隸進士總數為 61 人，多於「吳書」2 人；萬曆二十六年戊戌科，本文統計南直隸進士總數為 54 人，少於「吳書」1 人；萬曆二十九年辛丑科，本文統計南直隸進士總數為 47 人，少於「吳書」1 人；萬曆三十二年甲辰科，本文統計南直隸進士總數為 58 人，少於「吳書」1 人；萬曆三十八年己未科，本文統計南直隸進士總數為 45 人，少於「吳書」1 人；萬曆四十一年癸丑科，本文統計南直隸進士總數為 60 人，少於「吳書」1 人；萬曆四十四年丙辰科，本文統計南直隸進士總數為 57 人，少於「吳書」1 人；天啟二年壬戌科，本文統計南直隸進士總數為 73 人，多於「吳書」1 人；天啟五年乙丑科，本文

統計南直隸進士總數為 52 人，多於「吳書」2 人；崇禎元年戊辰科，本文統計南直隸進士總數 70 人，多於「吳書」1 人；崇禎七年甲戌科，本文統計南直隸進士總數為 59 人，多於「吳書」2 人；崇禎十三年庚辰科，本文統計南直隸進士總數為 43 人，少於「吳書」1 人；崇禎十六年癸未科，本文統計南直隸進士總數為 93 人，少於「吳書」1 人。二者各科次南直隸進士總數相異處共 40 科，占明代總科次的 44.31%，本文統計南直隸進士總數為 3832 人，比吳書統計數少 60 人。

在確認明代南直隸進士的基礎和原則及完成對其專門再統計之後，審視以往研究明代進士地域分布的專著《明代進士的地理分布》一書，不難發現，其不足具體包括以下幾個方面：

一是「吳書」對明代「進士」含義理解不到位。明代進士的功名，是在參加殿試後由皇帝授予的，明廷並未對崇禎十三年「賜特用史惇等 263 人」專門舉行殿試，故其身份也就不會發生任何變化，仍舊為會試下第舉人和已通過廷試的歲貢生員而已，故而也就無「崇禎十三年賜特用出身榜」之說。吳書把未經殿試更非「賜進士出身」的史惇等 263 人視作「賜特用出身榜進士」予以統計，顯誤。

二是「吳書」未在全面佔有相關史料的基礎上對南直隸進士進行逐一精審考證。如宣德五年二甲第 1 名進士楊寧，其現籍地應為直隸徽州府歙縣，當屬南直隸進士〔註 490〕；《碑錄》載其為「浙江杭州府錢塘縣民籍」，顯誤，吳書對此未作精審考證，遂因其訛。

三是由於自身疏忽，致使統計結果失真。如《弘治十八年進士登科錄》《登科考》《貢舉考》《碑錄》都載弘治十八年南直隸進士為 53 人〔註 491〕，「吳書」則誤計為 52 人〔註 492〕；《嘉靖八年進士登科錄》《登科考》《貢舉考》《碑錄》都載嘉靖八年南直隸進士為 56 人〔註 493〕，「吳書」則誤計為 55 人〔註 494〕。

四是忽視了明代有些都司轄區與同名布政司轄區不一致的區別，而出現

〔註 490〕關於宣德五年二年第 1 名進士楊寧現籍地的考證，詳見上文，茲不贅述。

〔註 491〕《弘治十八年進士登科錄》，《明代登科錄彙編》第 5 冊，第 2421～2573 頁；《登科考》，第 573～589 頁；《貢舉考》，第 373～377 頁；《碑錄》，第 513～528 頁。

〔註 492〕吳宣德：《明代進士的地理分布》，第 57 頁。

〔註 493〕《嘉靖八年進士登科錄》，第 8～89 頁；《登科考》，第 739～755 頁；《貢舉考》，第 426～430 頁；《碑錄》，第 661～677 頁。

〔註 494〕吳宣德：《明代進士的地理分布》，第 57 頁。

了對進士屬地的誤計。如潁川衛隸屬河南都司，但駐地在直隸鳳陽府潁州，故
按後者轄區，則該衛進士當屬南直隸。據筆者統計，有明一代，河南潁川衛共
考出 20 名進士，分別是：天順四年三甲第 103 名進士郭升、成化二十三年三
甲第 66 名進士李葵、嘉靖五年三甲第 86 名進士楊世相、嘉靖十一年三甲第
121 名進士張光祖、嘉靖十四年二甲第 50 名進士李增、嘉靖四十一年三甲第
16 名進士王謨、嘉靖四十四年三甲第 181 名進士李薦佳、隆慶五年三甲第 197
名進士李貞、萬曆八年三甲第 26 名進士王道增、萬曆十一年三甲第 48 名進士
寧中立、三甲第 238 名進士田勸、萬曆二十年三甲第 188 名張鶴鳴、萬曆二十
三年三甲第 82 名進士劉九光、三甲第 199 名進士張鶴騰、萬曆四十一年三甲
第 95 名進士李精白、天啟二年三甲第 1 名進士王養廉、天啟五年三甲第 86 名
進士李虛白、三甲第 222 名進士鹿獻陽、崇禎元年三甲第 3 名進士王用坤、崇
禎七年三甲第 61 名進士寧予慶。「吳書」將該衛 20 名進士的屬地全部歸為河
南布政司〔註495〕，未將其屬地歸為南直隸，則顯誤。

（二）明代南直隸進士總數在全國的地位

考察明代南直隸進士總數在全國的地位，就必須對明代進士地域分布有
精深認知，方能對明代南直隸進士總數在全國的地位作出客觀的評價。吳宣德
《明代進士的地理分布》，統計了明代「兩直十三布政司」和「遼東都司」的
進士地域分布〔註496〕，代表了迄今該領域的研究成果，據此，製表如下：

明代「兩直十三布政司」和「遼東都司」進士總數一覽表

省、直名稱	南直	浙江	江西	北直	福建	山東	河南	湖廣	四川	山西	陝西	廣東	雲南	廣西	貴州	遼東
進士總數	3832	3444	2756	2419	2337	1734	1684	1501	1422	1139	1022	883	247	209	99	72
名次	1	2	3	4	5	6	7	8	9	10	11	12	13	14	15	16

由上表可知，明代各省直和遼東分別擁有進士數及由多到少的排序分別
為：南直隸 3832 名、浙江 3444 名、江西 2756 名、北直隸 2419 名、福建 2337
名、山東 1734 名、河南 1684 名、湖廣 1501 名、四川 1422 名、山西 1139 名、
陝西 1022 名、廣東 883 名、雲南 247 名、廣西 209 名、貴州 99 名、遼東 72

〔註495〕吳宣德：《明代進士的地理分布》，第 244 頁。
〔註496〕吳宣德：《明代進士的地理分布》，第 55～57 頁。

名。與各省直及遼東擁有進士數相比，明代南直隸擁有進士數比浙江多 388 人，是浙江進士總數的 1.11 倍；比江西多 1076 人，是江西進士總數的 1.39 倍；比北直隸多 1413 名，是北直隸進士總數的 1.58 倍；比福建多 1495 人，是福建進士總數的 1.64 倍；比山東多 2098 人，是山東進士總數的 2.21 倍；比河南多 2148 人，是河南進士總數的 2.28 倍；比湖廣多 2331 人，是湖廣進士總數的 2.55 倍；比四川多 2410 人，是四川進士總數的 2.69 倍；比山西多 2693 人，是山西進士總數的 3.36 倍；比陝西多 2810 人，是陝西進士總數的 3.75 倍；比廣東多 2949 人，是廣東進士總數的 4.34 倍；比雲南多 3585 人，是雲南進士總數的 15.51 倍；比廣西多 3623 人，是廣西進士總數的 18.33 倍；比貴州多 3733 人，是貴州進士總數的 38.71 倍；比遼東多 3760 人，是遼東進士總數的 53.22 倍。綜上，明代南直隸進士總數共 3832 名，占明代進士總數的 15.59%，在各省直和遼東各自擁有進士數排序中位列第一，處於領先地位。

第二節　明代南直隸進士群體的分甲

一、明代南直隸進士群體中的一甲進士

按明制，會試中式舉人經殿試後，分別被賜進士及第、進士出身和同進士出身。其中，第一甲三名賜進士及第，其名次由皇帝欽定，即狀元、榜眼、探花，合稱「三鼎甲」。為更直觀地顯示明代南直隸一甲進士在不同時期的分布特點及其在明代一甲進士中的地位，製表如下：

明代歷科一甲進士姓名、屬地一覽表

科　次	狀元	現籍地	榜眼	現籍地	探花	現籍地
洪武四年〔註497〕	吳伯宗	江西撫州府金溪縣	郭翀	山西潞州壺關縣	吳公達	浙江處州府麗水縣
洪武十八年〔註498〕	丁顯	福建建寧府建陽縣	練子寧	江西臨江府新淦縣	黃子澄〔註499〕	江西袁州府分宜縣

〔註497〕該科一甲進士信息的史料依據為《洪武四年進士登科錄》，第 4 頁。
〔註498〕該科一甲進士信息的史料依據為《登科考》，寧波：寧波出版社 2006 年影印天一閣藏本（以下不特別注出者皆同此本），第 8 頁；《碑錄》，第 29 頁。
〔註499〕《登科考》（第 8 頁）、《皇明三元考》（《明代傳記叢刊》第 19 冊，臺北：明文書局，1991 年，第 29 頁）、《類姓登科考》（第 525 頁）、《碑錄》（第 29 頁）等專門的科舉文獻以及《翰林記》卷三《進士銓注》（《景印文淵閣四庫全書》

洪武二十一年〔註500〕	任亨泰	湖廣襄陽府襄陽縣	唐震	福建福州府閩縣	盧原質	浙江瑞州府新昌縣
洪武二十四年〔註501〕	許觀	直隸池州府貴池縣	張顯宗	福建汀州府寧化縣	吳言信	福建邵武府邵武縣
洪武二十七年〔註502〕	張信	浙江寧波府定海縣	景清	陝西慶陽府寧州真寧縣	戴德彝	浙江寧波府奉化縣
洪武三十年春榜〔註503〕	陳䢃	福建福州府閩縣	尹昌隆	江西吉安府泰和縣	劉諤	浙江紹興府山陰縣
洪武三十年夏榜〔註504〕	韓克忠	山東東昌府武城縣	王恕	山東濟南府長清縣	焦勝	山西太原府樂平縣
建文二年〔註505〕	胡靖	江西吉安府吉水縣	王艮	江西吉安府吉水縣	李貫	江西吉安府廬陵縣
永樂二年〔註506〕	曾棨	江西吉安府永豐縣	周述	江西吉安府吉水縣	周孟簡	江西吉安府吉水縣
永樂四年〔註507〕	林環	福建興化府莆田縣	陳全	福建福州府長樂縣	劉素	江西吉安府永豐縣
永樂九年〔註508〕	蕭時中	江西吉安府廬陵縣	苗衷	直隸鳳陽府定遠縣	黃暘	福建興化府莆田縣

第596冊，第880頁）、《殿閣詞林記》卷六《太常寺卿兼翰林學士黃子澄》（《景印文淵閣四庫全書》第452冊，第245頁）等傳記皆載「黃子澄」為該科探花；《貢舉考》（第488頁）、《弇山堂別集》卷八一《科試考一》（北京：中華書局，1985年，第1544頁）則載該科探花為「花綸」，顯誤。

〔註500〕該科一甲進士信息的史料依據為《登科考》（第21頁）、《貢舉考》（第187頁）、《碑錄》（第47頁）。

〔註501〕該科一甲進士信息的史料依據為《登科考》（第24頁）、《貢舉考》（第190頁）、《碑錄》（第53頁）。

〔註502〕該科一甲進士信息的史料依據為《登科考》（第25頁）、《貢舉考》（第191頁）、《碑錄》（第55頁）。

〔註503〕該榜一甲進士信息的史料依據為《登科考》（第28頁）、《貢舉考》（第194頁）、《碑錄》（第61頁）。

〔註504〕該榜一甲進士信息的史料依據為《登科考》（第30頁）、《貢舉考》（第195頁）、《碑錄》（第64頁）。

〔註505〕該科一甲進士信息的史料依據為《建文二年殿試登科錄》，臺北：臺灣學生書局1969年影印本，第11～12頁。

〔註506〕該科一甲進士信息的史料依據為《登科考》（第2頁）、《貢舉考》（第201頁）、《碑錄》（第75頁）。

〔註507〕該科一甲進士信息的史料依據為《登科考》（第14頁）、《貢舉考》（第209頁）、《碑錄》（第99頁）。

〔註508〕該科一甲進士信息的史料依據為《登科考》（第21頁）、《貢舉考》（第213頁）、《碑錄》（第111頁）。

永樂十年〔註509〕	馬鐸	福建福州府長樂縣	林誌	福建福州府閩縣	王鈺	浙江紹興府諸暨縣
永樂十三年〔註510〕	陳循	江西吉安府泰和縣	李貞	福建漳州府南靖縣	陳景著	福建福州府民籍
永樂十六年〔註511〕	李騏	福建福州府長樂縣	劉江	應天府江寧縣	鄧珍	江西吉安府吉水縣
永樂十九年〔註512〕	曾鶴齡	江西吉安府泰和縣	劉矩	直隸大名府開州	裴綸	湖廣荊州府監利縣
永樂二十二年〔註513〕	邢寬	直隸廬州府無為州	梁禋	順天府宛平縣	孫曰恭	江西南昌府豐城縣
宣德二年〔註514〕	馬愉	山東青州府臨朐縣	杜寧	浙江台州府天台縣	謝璉	福建漳州府龍溪縣
宣德五年〔註515〕	林震	福建漳州府長泰縣	龔錡	福建建寧府建安縣	林文	福建興化府莆田縣
宣德八年〔註516〕	曹鼐	直隸真定府寧晉縣	趙恢	福建福州府連江縣	鍾復	江西吉安府永豐縣
正統元年〔註517〕	周旋	浙江溫州府永嘉縣	陳文	江西吉安府廬陵縣	劉定之	江西吉安府永新縣
正統四年〔註518〕	施槃	直隸蘇州府吳縣	楊鼎	陝西西安府咸寧縣	倪謙	應天府上元縣
正統七年〔註519〕	劉儼	江西吉安府吉水縣	呂原	浙江嘉興府秀水縣	黃諫	陝西臨洮府蘭縣

〔註509〕該科一甲進士信息的史料依據為《永樂十年進士登科錄》,《明代登科錄彙編》第1冊,臺北:臺灣學生書局1969年影印本,第209～210頁。

〔註510〕該科一甲進士信息的史料依據為《登科考》(第29頁)、《貢舉考》(第220頁)、《碑錄》(第123頁)。

〔註511〕該科一甲進士信息的史料依據為《登科考》(第38頁)、《貢舉考》(第226頁)、《碑錄》(第143頁)。

〔註512〕該科一甲進士信息的史料依據為《登科考》(第45頁)、《貢舉考》(第231頁)、《碑錄》(第157頁)。

〔註513〕該科一甲進士信息的史料依據為《登科考》(第52頁)、《貢舉考》(第235頁)、《碑錄》(第169頁)。

〔註514〕該科一甲進士信息的史料依據為《登科考》(屈萬里主編《明代史籍彙刊》第1輯,臺北:學生書局1969年影印本(下同),第209頁)、《貢舉考》(第238頁)、《碑錄》(第177頁)。

〔註515〕該科一甲進士信息的史料依據為《宣德五年進士登科錄》,第7頁。

〔註516〕該科一甲進士信息的史料依據為《宣德五年進士登科錄》,第1頁。

〔註517〕該科一甲進士信息的史料依據為《正統元年進士登科錄》,上海圖書館藏本。

〔註518〕該科一甲進士信息的史料依據為《正統四年進士登科錄》,第7頁。

〔註519〕該科一甲進士信息的史料依據為《正統七年進士登科錄》,第7頁。

正統十年〔註520〕	商輅	浙江嚴州府淳安縣	周洪謨	四川敘州府長寧縣	劉俊	陝西鳳翔府寶雞縣
正統十三年〔註521〕	彭時	江西吉安府安福縣	陳鑑	遼東蓋州衛	岳正	順天府通州潞縣軍
景泰二年〔註522〕	柯潛	福建興化府莆田縣	劉昇	江西吉安府永新縣	王㒜	直隸常州府武進縣
景泰五年〔註523〕	孫賢	河南開封府杞縣	徐溥	直隸常州府宜興縣	徐鎋	直隸常州府武進縣
天順元年〔註524〕	黎淳	湖廣岳州府華容縣	徐瓊	江西撫州府金溪縣	陳秉中	浙江湖州府烏程縣
天順四年〔註525〕	王一夔	江西南昌府新建縣	李永通	四川敘州府長寧縣	鄭環	浙江杭州府仁和縣
天順八年〔註526〕	彭教	江西吉安府吉水縣	吳	直隸蘇州府崑山縣	羅璟	江西吉安府泰和縣
成化二年〔註527〕	羅倫	江西吉安府永豐縣	程敏政	直隸瀋陽中屯衛〔註528〕	陸簡	直隸常州府武進縣
成化五年〔註529〕	張昇	江西建昌府南城縣	丁溥	直隸松江府華亭縣	董越	江西贛州府寧都縣
成化八年〔註530〕	吳寬	直隸蘇州府長洲縣	劉震	江西吉安府安福縣	李仁傑	福建興化府莆田縣
成化十一年〔註531〕	謝遷	浙江紹興府餘姚縣	劉戩	江西吉安府安福縣	王鏊	直隸蘇州府吳縣

〔註520〕 該科一甲進士信息的史料依據為《正統十年進士登科錄》，第7頁。
〔註521〕 該科一甲進士信息的史料依據為《正統十三年進士登科錄》，第7頁。
〔註522〕 該科一甲進士信息的史料依據為《景泰二年進士登科錄》，第7頁。
〔註523〕 該科一甲進士信息的史料依據為《景泰五年進士登科錄》，第7頁。
〔註524〕 該科一甲進士信息的史料依據為《天順元年進士登科錄》，《明代登科錄彙編》第2冊，臺北：臺灣學生書局1969年影印本，第465～466頁。
〔註525〕 該科一甲進士信息的史料依據為《天順四年進士登科錄》，第7頁。
〔註526〕 該科一甲進士信息的史料依據為《天順八年進士登科錄》，第7頁。
〔註527〕 該科一甲進士信息的史料依據為《成化二年進士登科錄》，第7頁。
〔註528〕 該科《進士登科錄》載：「程敏政，直隸徽州府休寧縣官籍」，當誤。《篁墩文集》卷一○《奏議·奏乞省親》載：「左春坊左諭德臣程敏政謹奏……臣原籍直隸徽州府休寧縣人，直隸瀋陽中屯衛官籍」，可知，就連程敏政自己都承認其應為「直隸瀋陽中屯衛官籍」，足證《登科錄》把程敏政的現籍地載為「直隸徽州府休寧縣」是不符合事實的。其「貫」在《登科錄》中的正確寫法應為「直隸瀋陽中屯衛官籍，直隸徽州府休寧縣人」。
〔註529〕 該科一甲進士信息的史料依據為《成化五年進士登科錄》，第7頁。
〔註530〕 該科一甲進士信息的史料依據為《成化八年進士登科錄》，《明代登科錄彙編》第3冊，臺北：臺灣學生書局1969年影印本，第1147～1148頁。
〔註531〕 該科一甲進士信息的史料依據為《成化十一年進士登科錄》，第7頁。

成化十四年〔註 532〕	曾彥	江西吉安府泰和縣	楊守阯	浙江寧波府鄞縣	曾追	江西吉安府泰和縣
成化十七年〔註 533〕	王華	浙江紹興府餘姚縣	黃珣	浙江紹興府餘姚縣	張天瑞	山東東昌府清平縣
成化二十年〔註 534〕	李旻	浙江杭州府錢塘縣	白鉞	直隸真定府南宮縣	王敕	山東濟南府歷城縣
成化二十三年〔註 535〕	費宏	江西廣信府鉛山縣	劉春	四川重慶府巴縣	涂瑞	廣東廣州府番禺縣
弘治三年〔註 536〕	錢福	直隸松江府華亭縣	劉存業	廣東廣州府東莞縣	靳貴	直隸鎮江府丹徒縣
弘治六年〔註 537〕	毛澄	直隸蘇州府崑山縣	徐穆	江西吉安府吉水縣	羅欽順	江西吉安府泰和縣
弘治九年〔註 538〕	朱希周	直隸蘇州府崑山縣	王瓚	浙江溫州府永嘉縣	陳瀾	順天府宛平縣
弘治十二年〔註 539〕	倫文敘	廣東廣州府南海縣	豐熙	浙江寧波府鄞縣	劉龍	山西潞州襄垣縣
弘治十五年〔註 540〕	康海	陝西西安府武功縣	孫清	直隸武清衛	李廷相	錦衣衛
弘治十八年〔註 541〕	顧鼎臣	直隸蘇州府崑山縣	董玘	浙江紹興府會稽縣	謝丕	浙江紹興府餘姚縣
正德三年〔註 542〕	呂柟	陝西西安府高陵縣	景暘	應天府上元縣	戴大賓	福建興化府莆田縣
正德六年〔註 543〕	楊慎	四川成都府新都縣	余本	浙江寧波府鄞縣	鄒守益	江西吉安府安福縣

〔註 532〕該科一甲進士信息的史料依據為《成化十四年進士登科錄》，第 7 頁。

〔註 533〕該科一甲進士信息的史料依據為《成化十七年進士登科錄》，第 7 頁。

〔註 534〕該科一甲進士信息的史料依據為《登科考》（第 450 頁）、《貢舉考》（第 330 頁）、《碑錄》（第 399 頁）。

〔註 535〕該科一甲進士信息的史料依據為《成化二十三年進士登科錄》，第 7 頁。

〔註 536〕該科一甲進士信息的史料依據為《弘治三年進士登科錄》，第 7 頁。

〔註 537〕該科一甲進士信息的史料依據為《弘治六年進士登科錄》，第 7 頁。

〔註 538〕該科一甲進士信息的史料依據為《弘治九年進士登科錄》，《明代登科錄彙編》第 4 冊，臺北：臺灣學生書局 1969 年影印本，第 1857～1858 頁。

〔註 539〕該科一甲進士信息的史料依據為《弘治十二年進士登科錄》，上海圖書館藏本。

〔註 540〕該科一甲進士信息的史料依據為《弘治十五年進士登科錄》，第 7 頁。

〔註 541〕該科一甲進士信息的史料依據為《弘治十八年進士登科錄》，第 7 頁。

〔註 542〕該科一甲進士信息的史料依據為《正德三年進士登科錄》，北京：全國圖書館文獻縮微複製中心 2010 年，第 15～16 頁。

〔註 543〕該科一甲進士信息的史料依據為《正德六年進士登科錄》，第 7 頁。

正德九年〔註544〕	唐皋	直隸徽州府歙縣	黃初	江西廣信府貴溪縣	蔡昂	直隸淮安衛
正德十二年〔註545〕	舒芬	江西南昌府進賢縣	倫以訓	廣東廣州府南海縣	崔桐	直隸揚州府海門縣
正德十六年〔註546〕	楊維聰	順天府固安縣	陸	浙江寧波府鄞縣	費懋中	江西廣信府鉛山縣
嘉靖二年〔註547〕	姚淶	浙江寧波府慈谿縣	王教	河南開封府祥符縣	徐階	直隸松江府華亭縣
嘉靖五年〔註548〕	龔用卿	福建福州府懷安縣	楊維傑	順天府固安縣	歐陽衢	江西吉安府泰和縣
嘉靖八年〔註549〕	羅洪先	江西吉安府吉水縣	程文德	浙江金華府永康縣	楊名	四川潼川州遂寧縣
嘉靖十一年〔註550〕	林大欽	廣東潮州府海陽縣	孔天胤	山西汾州軍籍	高節	四川成都府羅江縣
嘉靖十四年〔註551〕	韓應龍	浙江紹興府餘姚縣	孫陞	浙江紹興府餘姚縣	吳山	江西瑞州府高安縣
嘉靖十七年〔註552〕	茅瓚	浙江杭州府錢塘縣	羅珵	江西吉安府泰和縣	袁煒	浙江寧波府慈谿縣
嘉靖二十年〔註553〕	沈坤	直隸大河衛	潘晟	浙江紹興府新昌縣	林一鳳	南京龍江左衛
嘉靖二十三年〔註554〕	秦鳴雷	浙江台州府臨海縣	瞿景淳	直隸蘇州府常熟縣	吳情	直隸常州府無錫縣
嘉靖二十六年〔註555〕	李春芳	直隸揚州府興化縣	張春	江西臨江府新喻縣	胡正蒙	浙江紹興府餘姚縣

〔註544〕該科一甲進士信息的史料依據為《登科考》（第633頁）、《貢舉考》（第392頁）、《碑錄》（第565頁）。
〔註545〕該科一甲進士信息的史料依據為《正德六年進士登科錄》，第7頁。
〔註546〕該科一甲進士信息的史料依據為《正德十六年進士登科錄》，《明代登科錄彙編》第6冊，臺北：臺灣學生書局1969年影印本，第3003～3004頁。
〔註547〕該科一甲進士信息的史料依據為《嘉靖二年進士登科錄》，第7頁。
〔註548〕該科一甲進士信息的史料依據為《登科考》（第721頁）、《貢舉考》（第420頁）、《碑錄》（第645頁）。
〔註549〕該科一甲進士信息的史料依據為《嘉靖八年進士登科錄》，第8頁。
〔註550〕該科一甲進士信息的史料依據為《嘉靖十一年進士登科錄》，第8頁。
〔註551〕該科一甲進士信息的史料依據為《嘉靖十四年進士登科錄》，第8頁。
〔註552〕該科一甲進士信息的史料依據為《嘉靖十七年進士登科錄》，第8頁。
〔註553〕該科一甲進士信息的史料依據為《嘉靖二十年進士登科錄》，第8頁。
〔註554〕該科一甲進士信息的史料依據為《嘉靖二十三年進士登科錄》，第8頁。
〔註555〕該科一甲進士信息的史料依據為《嘉靖二十六年進士登科錄》，第8頁。

嘉靖二十九年〔註556〕	唐汝楫	浙江金華府蘭溪縣	呂調陽	廣西桂林中衛	姜金和	江西饒州府鄱陽縣
嘉靖三十二年〔註557〕	陳謹	福建福州府閩縣	曹大章	直隸鎮江府金壇縣	溫應祿	浙江湖州府烏程縣
嘉靖三十五年〔註558〕	諸大綬	浙江紹興府山陰縣	陶大臨	浙江紹興府會稽縣	金達	江西饒州府浮梁縣
嘉靖三十八年〔註559〕	丁士美	直隸淮安府清河縣	毛惇元	浙江紹興府餘姚縣	林士章	福建漳州府漳浦縣
嘉靖四十一年〔註560〕	徐時行	直隸蘇州府吳縣	王錫爵	直隸蘇州府太倉州	余有丁	浙江寧波府鄞縣
嘉靖四十四年〔註561〕	范應期	浙江湖州府烏程縣	李自華	浙江嘉興府嘉善縣	陳棟	江西南昌府南昌縣
隆慶二年〔註562〕	羅萬化	浙江紹興府會稽縣	黃鳳翔	福建泉州府晉江縣民籍	趙志皋	浙江金華府蘭溪縣
隆慶五年〔註563〕	張元忭	浙江紹興府山陰縣	劉瑊	直隸蘇州衛	鄧以讚	江西南昌府新建縣
萬曆二年〔註564〕	孫繼皋	直隸常州府無錫縣	余孟麟	應天府江寧縣民籍	王應選	浙江寧波府慈谿縣
萬曆五年〔註565〕	沈懋學	直隸寧國府宣城縣	張嗣修	錦衣衛	曾朝節	湖廣衡陽府臨武縣
萬曆八年〔註566〕	張懋修	湖廣荊州衛	蕭良有	湖廣漢陽府漢陽縣	王庭譔	陝西西安府華州
萬曆十一年〔註567〕	朱國祚	太醫院	李廷機	福建泉州府晉江縣	劉應秋	江西吉安府吉水縣

〔註556〕該科一甲進士信息的史料依據為《嘉靖二十九年進士登科錄》，第8頁。
〔註557〕該科一甲進士信息的史料依據為《嘉靖三十二年進士登科錄》，第8頁。
〔註558〕該科一甲進士信息的史料依據為《嘉靖三十五年進士登科錄》，第8頁。
〔註559〕該科一甲進士信息的史料依據為《嘉靖三十八年進士登科錄》，第8頁。
〔註560〕該科一甲進士信息的史料依據為《嘉靖四十一年進士登科錄》，第8頁。
〔註561〕該科一甲進士信息的史料依據為《嘉靖四十四年進士登科錄》，第8頁。
〔註562〕該科一甲進士信息的史料依據為《隆慶二年進士登科錄》，《明代登科錄彙編》第17冊，臺北：臺灣學生書局1969年影印本，第8849～8850頁。
〔註563〕該科一甲進士信息的史料依據為《隆慶五年進士登科錄》，第8頁。
〔註564〕該科一甲進士信息的史料依據為《萬曆二年進士登科錄》，第8頁。
〔註565〕該科一甲進士信息的史料依據為《萬曆五年進士登科錄》，第8頁。
〔註566〕該科一甲進士信息的史料依據為《萬曆八年進士登科錄》，《明代登科錄彙編》第19冊，臺北：臺灣學生書局1969年影印本，第10237～10238頁。
〔註567〕該科一甲進士信息的史料依據為《萬曆十一年進士登科錄》，第8頁。

萬曆十四年〔註568〕	唐文獻	直隸松江府華亭縣	楊道賓	福建泉州府晉江縣	舒弘志	廣西桂林府全州
萬曆十七年〔註569〕	焦竑	南京旗手衛	吳道南	江西撫州府崇仁縣	陶望齡	浙江紹興府會稽縣
萬曆二十年〔註570〕	翁正春	福建福州府侯官縣	史繼偕	福建泉州府晉江縣	顧天埈	直隸蘇州府崑山縣
萬曆二十三年〔註571〕	朱之蕃	南京錦衣衛	湯賓尹	直隸寧國府宣城縣	孫慎行	直隸常州府武進縣
萬曆二十六年〔註572〕	趙秉忠	山東青州府益都縣	邵景堯	浙江寧波府象山縣	顧起元	應天府江寧縣
萬曆二十九年〔註573〕	張以誠	直隸松江府青浦縣	王衡	直隸蘇州府太倉州	曹可前	湖廣荆州府石首縣
萬曆三十二年〔註574〕	楊守勤	浙江寧波府慈谿縣	孫承宗	直隸保定府高陽縣	吳宗達	直隸常州府武進縣
萬曆三十五年〔註575〕	黃士俊	廣東廣州府順德縣	施鳳來	浙江嘉興府平湖縣	張瑞圖	福建泉州府晉江縣
萬曆三十八年〔註576〕	韓敬	浙江湖州府歸安縣	馬之騏	河南南陽府新野縣	錢謙益	直隸蘇州府常熟縣
萬曆四十一年〔註577〕	周延儒	直隸常州府宜興縣	莊奇顯	福建泉州府晉江縣	趙師尹	江西九江府德安縣
萬曆四十四年〔註578〕	錢士升	浙江嘉興府嘉善縣	賀逢聖	湖廣武昌府江夏縣	林釬	福建泉州府同安縣
萬曆四十七年〔註579〕	莊際昌	福建泉州府永春縣	孔貞運	應天府句容縣	陳子壯	廣東廣州府南海縣

〔註568〕該科一甲進士信息的史料依據為《碑錄》，第1003頁。

〔註569〕該科一甲進士信息的史料依據為《碑錄》，第1023頁。

〔註570〕該科一甲進士信息的史料依據為《碑錄》，第1041頁。

〔註571〕該科一甲進士信息的史料依據為《碑錄》，第1057頁。

〔註572〕該科一甲進士信息的史料依據為《碑錄》，第1073頁。

〔註573〕該科一甲進士信息的史料依據為《萬曆二十九年進士登科錄》，北京：全國圖書館文獻縮微複製中心2010年，第3～4頁。

〔註574〕該科一甲進士信息的史料依據為《萬曆三十二年進士登科錄》，上海圖書館藏本。

〔註575〕該科一甲進士信息的史料依據為《萬曆三十五年進士登科錄》，北京：全國圖書館文獻縮微複製中心2010年，第209～210頁。

〔註576〕該科一甲進士信息的史料依據為《碑錄》，第1137頁。

〔註577〕該科一甲進士信息的史料依據為《碑錄》，第1153頁。

〔註578〕該科一甲進士信息的史料依據為《碑錄》，第1171頁。

〔註579〕該科一甲進士信息的史料依據為《碑錄》，第1189頁。

天啟二年〔註580〕	文震孟	直隸蘇州府長洲縣	傅冠	江西南昌府進賢縣	陳仁錫	直隸蘇州府長洲縣
天啟五年〔註581〕	余煌	浙江紹興府會稽縣	華琪芳	直隸常州府無錫縣	吳孔嘉	直隸徽州府歙縣
崇禎元年〔註582〕	劉若宰	直隸安慶府懷寧縣	何瑞徵	河南汝寧府信陽州	管紹寧	直隸常州府武進縣
崇禎四年〔註583〕	陳於泰	直隸常州府宜興縣	吳偉業	直隸蘇州府太倉州	夏曰瑚	直隸淮安府山陽縣
崇禎七年〔註584〕	劉理順	河南開封府杞縣	吳國華	直隸常州府宜興縣	楊昌祚	直隸寧國府宣城縣
崇禎十年〔註585〕	劉同升	江西吉安府吉水縣	陳之遴	浙江嘉興府海鹽縣	趙士春	直隸蘇州府常熟縣
崇禎十三年〔註586〕	魏藻德	順天府通州	葛世振	浙江寧波府鄞縣	高爾儼	直隸河間府靜海縣
崇禎十六年〔註587〕	楊廷鑑	直隸常州府武進縣	宋之繩	應天府溧陽縣	陳名夏	應天府溧陽縣

茲據上表確認的明代歷科一甲進士姓名、籍貫表，製表顯示如下：

明代前、中、後期南直隸科均一甲進士人數統計表〔註588〕

時　　期	科　　數	南直隸一甲進士數	科均數	狀元數	科均數	榜眼數	科均數	探花數	科均數
洪武元年至天順八年	28	10	0.36	3	0.11	4	0.14	3	0.11
成化元年至嘉靖三十二年	30	20	0.67	8	0.27	4	0.13	8	0.27

〔註580〕該科一甲進士信息的史料依據為《碑錄》，第1189頁。
〔註581〕該科一甲進士信息的史料依據為《碑錄》，第1229頁。
〔註582〕該科一甲進士信息的史料依據為《碑錄》，第1229頁。
〔註583〕該科一甲進士信息的史料依據為《碑錄》，第1265頁。
〔註584〕該科一甲進士信息的史料依據為《碑錄》，第1283頁。
〔註585〕該科一甲進士信息的史料依據為《碑錄》，第1299頁。
〔註586〕該科一甲進士信息的史料依據為《碑錄》，第1315頁。
〔註587〕該科一甲進士信息的史料依據為《碑錄》，第1315頁。
〔註588〕本表以明代科舉考試的次數作為劃分明代科舉史的分期依據。洪武元年至天順八年共舉行28科殿試，為明前期，成化元年至嘉靖三十二年共舉行30科殿試，為明中期，嘉靖三十三年至崇禎十七年共舉行30科殿試，為明後期。

嘉靖三十三年至崇禎十七年	30	35	1.13	13	0.43	10	0.33	12	0.4
總計	88〔註589〕	65	0.73	24	0.27	18	0.20	23	0.26

由上表可知，明代南直隸一甲進士在不同時期科均人數變化具有以下特點：

首先，明代南直隸一甲進士科均人數，明前期為 0.36 人，明中期為 0.67 人，增長 0.31 人；明後期為 1.13 人，增長 0.46 人；即不同時期，呈不斷增長的趨勢。

其次，明代南直隸狀元科均人數，明前期為 0.11 人，明中期為 0.27 人，增長 0.16 人；明後期為 0.43 人，增長 0.16 人；明代南直隸狀元科均人數雖也呈不斷增長的趨勢，但後期科均增長人數比前期略少；不同時期比明代一甲進士科均數的增長人數也少，如明中期比一甲進士科均增長人數少 0.15 人，明後期比一甲進士科均增長人數少 0.33 人。

第三，明代南直隸榜眼科均人數，明前期為 0.14 人，明中期為 0.13 人，大致呈持平狀態；明後期為 0.33 人，增長 0.20 人；期間經歷了雖有波動但大致持平再提高的過程。相比之下，比一甲進士在明後期的科均增長人數少，比狀元在此間的科均增長人數稍多。如比一甲進士在此間的科均增長人數少 0.26 人，比狀元在此間的科均增長人數多 0.07 人。

第四，明代南直隸探花科均人數，明前期為 0.11 人，明中期為 0.27 人，增長 0.16 人；明後期為 0.4 人，增長 0.13 人；期間也呈現不斷增長的趨勢，後期比前期科均增長人數略少。相比之下，明中期南直隸探花科均增長人數比一甲進士少 0.15 人，與狀元相同，比榜眼多 0.16 人；明後期比一甲進士少 0.73 人，比狀元少 0.03 人，比榜眼多 0.07 人。

明代南直隸一甲進士數在明代一甲進士中處於領先地位。不僅如此，南直隸狀元數、榜眼數、探花數也都在明代狀元、榜眼、探花中處於領先地位，充分說明南直隸一甲進士群體在明代一甲進士中具有的特殊優勢和地位。這從下表中可以直觀地顯示出來：

〔註589〕洪武三十年分春、夏榜，因此，明代殿試共 88 科 89 榜。

明代一甲進士地域分布表

省、直名稱	南直	江西	浙江	福建	北直	廣東	湖廣	陝西	山東	四川	河南	山西	廣西	雲南	貴州	遼東	總數
狀　元	24	17	19	11	4	3	3	2	3	1	2	0	0	0	0	0	89
榜　眼	18	15	19	12	8	2	2	2	1	3	3	2	1	0	0	1	89
探　花	23	22	15	10	4	2	3	3	2	2	0	2	1	0	0	0	89
總　計	65	54	53	33	16	7	8	7	6	6	5	4	2	0	0	1	267

　　由上表可知，明代一甲進士共計 267 名，狀元、榜眼、探花各 89 名。其中，南直隸一甲進士共 65 名，狀元、榜眼、探花分別為 24、18、23 名，占明代一甲進士數的 24.34%，占明代南直隸進士數的 1.69%；狀元 24 名，居全國第一，占明代狀元數的 26.97%，占明代一甲進士數的 8.99%，占明代南直隸進士數的 0.63%；榜眼 18 名，與浙江榜眼數並列全國第一，占明代榜眼數的 20.22%，占明代一甲進士數的 6.74%，占明代南直隸進士數的 0.47%；探花 23 名，居全國第一，占明代探花數的 25.84%，占明代一甲進士數的 8.61%，占明代南直隸進士數的 0.60%。

　　南直隸有一甲進士的科次，共 45 科，占明代科舉總科次的 51.14%，即一半的有科次有南直隸一甲進士；南直隸包攬一甲進士的科次，共 3 科，分別為萬曆二十三年乙未科、崇禎四年辛未科、崇禎十六年癸未科，占明代總科次的 3.41%。

二、明代南直隸進士群體中的二甲進士

　　按明制，會試中式舉人經殿試後，賜進士出身者為二甲進士，明代南直隸二甲進士共 1249 人，占明代二甲進士總數的 19.31%〔註 590〕。為更直觀地顯示南直隸二甲進士在明代歷科中的分布狀況及不同時期的分布特點，製表如下：

〔註 590〕明代二甲進士總數共 6469 名，詳見郭培貴《明代科舉功名群體的歷史作用》，《光明日報》史學理論版，2017 年 6 月 21 日版。

明代歷科南直隸二甲進士統計表〔註591〕

科 次	進士數	南直隸二甲進士數	占比	科 次	進士數	南直隸二甲進士數	占比
洪武四年	120	0	0	洪武十八年	472	11	2.33%
洪武二十一年	97	1	1.03%	洪武二十四年	31	0	0
洪武二十七年	100	1	1%	洪武三十年春榜	51	1	1.96%
洪武三十年夏榜	61	0	0	建文二年	110	10	9.09%
永樂二年	470	9	1.91%	永樂四年	219	3	1.37%
永樂九年	84	2	2.38%	永樂十年	106	7	6.60%
永樂十三年	351	9	2.56%	永樂十六年	250	9	36%
永樂十九年	201	6	2.99%	永樂二十二年	148	4	2.70%
宣德二年	101	2	1.98%	宣德五年	100	5	5%
宣德八年	99	4	4.04%	正統元年	100	4	4%
正統四年	99	8	8.08%	正統七年	149	2	1.34%
正統十年	150	18	12%	正統十三年	150	15	10%
景泰二年	201	15	7.46%	景泰五年	349	24	6.88%
天順元年	294	18	6.12%	天順四年	156	13	8.33%
天順八年	247	8	3.24%	成化二年	353	19	5.38%
成化五年	247	19	7.69%	成化八年	250	19	7.6%
成化十一年	300	22	7.33%	成化十四年	350	15	4.29%
成化十七年	298	20	6.71%	成化二十年	300	23	7.67%
成化二十三年	351	19	5.13%	弘治三年	298	18	6.04%
弘治六年	298	26	8.72%	弘治九年	298	27	8.72%
弘治十二年	300	20	7%	弘治十五年	297	13	4.38%
弘治十八年	303	21	6.93%	正德三年	349	22	6.30%

〔註591〕 本表進士數取自郭培貴《明代學校科舉與任官制度研究》，第380～432頁；
南直隸二甲進士數，據洪武四年、宣德五年、八年、正統四年、七年、十年、
十三年、景泰二年、五年、天順四年、八年、成化二年、五年、十一年、十
四年、十七年、二十三年，弘治三年、六年、十五年、十八年、正德六年、十
二年、嘉靖二年、八年、十一年、十四年、十七年、二十年、二十三年、二十
六年、二十九年、三十二年、三十五年、三十八年、四十一年、四十四年、隆
慶五年、萬曆二年、五年、十一年《進士登科錄》；建文二年、永樂十年、天
順元年、成化八年、弘治九年、正德十六年、隆慶二年、萬曆八年《進士登科
錄》（《明代登科錄彙編》，臺北：臺灣學生書局1969年影印本）；永樂九年、
正統元年、弘治十二年、萬曆三十二年《進士登科錄》（上海圖書館藏本）；正
德三年、萬曆二十九年、三十五年《進士科舉錄》（《中國科舉錄彙編》，北京：
全國圖書館文獻縮微複製中心2010年影印本）；其餘科次俱取自《碑錄》。

正德六年	349	22	6.30%	正德九年	396	25	6.31%
正德十二年	349	15	4.30%	正德十六年	330	20	6.06%
嘉靖二年	410	35	8.54%	嘉靖五年	301	10	3.32%
嘉靖八年	323	21	6.50%	嘉靖十一年	316	14	4.43%
嘉靖十四年	325	14	4.31%	嘉靖十七年	320	14	4.38%
嘉靖二十年	298	12	4.03%	嘉靖二十三年	312	18	5.77%
嘉靖二十六年	301	15	4.98%	嘉靖二十九年	320	13	4.38%
嘉靖三十二年	403	22	5.46%	嘉靖三十五年	296	14	4.73%
嘉靖三十八年	303	19	6.27%	嘉靖四十一年	299	7	2.34%
嘉靖四十四年	394	19	4.82%	隆慶二年	403	20	4.96%
隆慶五年	396	17	4.29%	萬曆二年	299	17	5.69%
萬曆五年	301	11	3.65%	萬曆八年	302	20	6.62%
萬曆十一年	341	15	4.40%	萬曆十四年	351	13	3.70%
萬曆十七年	347	15	4.32%	萬曆二十年	304	9	2.96%
萬曆二十三年	304	13	4.28%	萬曆二十六年	292	14	4.79%
萬曆二十九年	301	12	3.99%	萬曆三十二年	308	16	5.19%
萬曆三十五年	298	6	2.01%	萬曆三十八年	302	10	0.66%
萬曆四十一年	344	16	4.65%	萬曆四十四年	344	15	4.36%
萬曆四十七年	345	13	3.77%	天啟二年	409	25	1.96%
天啟五年	300	13	4.33%	崇禎元年	353	21	5.95%
崇禎四年	349	26	7.45%	崇禎七年	302	14	4.64%
崇禎十年	301	16	5.32%	崇禎十三年	296	17	5.74%
崇禎十六年	391	24	6.14%	總計88科89榜	24586	1249	5.09%

上表清晰地顯示了明代歷科二甲進士的總體分布情況及其在歷科進士數中的占比。由上表可知，明代南直隸二甲進士共1249人，占明代進士總數的5.08%。而在不同時期，又呈下表所示狀況：

明代前、中、後期南直隸科均二甲進士人數統計表

時　期	科數	南直隸二甲進士數	科均數
洪武元年至天順八年（前期）	28	209	7.46
成化元年至嘉靖三十二年（中期）	30	573	19.10
嘉靖三十三年至崇禎十七年（後期）	30	467	15.57
總計	88〔註592〕	1249	14.19

〔註592〕包括洪武三十年春、夏榜。

由上表可知，統計明代 88 科 89 榜南直隸二甲進士數，科均為 14.19 人，是南直隸一甲進士科均人數的 19.40 倍。明代二甲進士在不同時期的科均人數變化的特點是：明前期南直隸二甲進士科均人數為 7.46 人，明中期為 19.10 人，是明前期科均人數的 2.58 倍，科均增長 11.71 人；明後期為 15.57 人，是明前期科均人數的 2.04 倍，比明前期科均人數增長 8.11 人，但比明中期科均人數減少 3.6 人；即經歷了先高後低的過程。

三、明代南直隸進士群體中的三甲進士

按明制，會試中式舉人經殿試後，賜同進士出身者為三甲進士，明代南直隸三甲進士共 2518 人，占明代三甲進士總數的 14.11%〔註 593〕。為更直觀地顯示南直隸三甲進士在明代歷科中的分布狀況及不同時期的分布特點，製表如下：

明代歷科南直隸三甲進士統計表〔註 594〕

科　次	進士數	南直隸三甲進士數	占比	科　次	進士數	南直隸三甲進士數	占比
洪武四年	120	2	1.67%	洪武十八年	472	30	6.36%
洪武二十一年	97	6	6.19%	洪武二十四年	31	0	0
洪武二十七年	100	7	7%	洪武三十年春榜	51	0	0
洪武三十年夏榜	61	0	0	建文二年	110	16	14.55%

〔註 593〕 明代三甲進士總數共 17850 名，詳見郭培貴《明代科舉功名群體的歷史作用》，《光明日報》理論版，2017 年 6 月 21 日版。

〔註 594〕 本表進士數取自郭培貴《明代學校科舉與任官制度研究》，第 380～432 頁；南直隸二甲進士數，據洪武四年、宣德五年、八年、正統四年、七年、十年、十三年、景泰二年、五年、天順四年、八年、成化二年、五年、十一年、十四年、十七年、二十三年，弘治三年、六年、十五年、十八年、正德六年、十二年、嘉靖二年、八年、十一年、十四年、十七年、二十年、二十三年、二十六年、二十九年、三十二年、三十五年、三十八年、四十一年、四十四年、隆慶五年、萬曆二年、五年、十一年《進士登科錄》；建文二年、永樂十年、天順元年、成化八年、弘治九年、正德十六年、隆慶二年、萬曆八年《進士登科錄》（《明代登科錄彙編》，臺北：臺灣學生書局 1969 年影印本）；永樂九年、正統元年、弘治十二年、萬曆三十二年《進士登科錄》（上海圖書館藏本）；正德三年、萬曆二十九年、三十五年《進士科舉錄》（《中國科舉錄彙編》，北京：全國圖書館文獻縮微複製中心 2010 年影印本）；其餘科次俱取自《碑錄》。

永樂二年	470	62	13.19%	永樂四年	219	18	8.22%
永樂九年	84	5	5.95%	永樂十年	106	10	10.38%
永樂十三年	351	39	11.40%	永樂十六年	250	28	11.60%
永樂十九年	201	17	8.46%	永樂二十二年	148	21	14.19%
宣德二年	101	7	6.93%	宣德五年	100	7	7%
宣德八年	99	5	5.05%	正統元年	100	11	11%
正統四年	99	5	6.06%	正統七年	149	11	7.38%
正統十年	150	11	7.33%	正統十三年	150	20	12.67%
景泰二年	201	20	9.95%	景泰五年	349	34	9.17%
天順元年	294	21	7.14%	天順四年	156	14	8.97%
天順八年	247	14	5.67%	成化二年	353	36	10.20%
成化五年	247	25	10.12%	成化八年	250	21	8.4%
成化十一年	300	27	9%	成化十四年	350	38	10.86%
成化十七年	298	26	8.72%	成化二十年	300	30	10%
成化二十三年	351	42	11.97%	弘治三年	298	24	8.05%
弘治六年	298	21	7.05%	弘治九年	298	44	14.77%
弘治十二年	300	27	9%	弘治十五年	297	33	11.11%
弘治十八年	303	31	10.23%	正德三年	349	39	11.47%
正德六年	349	36	10.32%	正德九年	396	23	5.81%
正德十二年	349	39	11.14%	正德十六年	330	29	8.79%
嘉靖二年	410	33	8.05%	嘉靖五年	301	23	7.64%
嘉靖八年	323	35	10.84%	嘉靖十一年	316	30	9.49%
嘉靖十四年	325	26	8%	嘉靖十七年	320	22	6.88%
嘉靖二十年	298	32	10.74%	嘉靖二十三年	312	29	9.62%
嘉靖二十六年	301	32	10.63%	嘉靖二十九年	320	28	8.75%
嘉靖三十二年	403	38	9.43%	嘉靖三十五年	296	22	7.43%
嘉靖三十八年	303	28	9.24%	嘉靖四十一年	299	25	8.36%
嘉靖四十四年	394	42	10.66%	隆慶二年	403	41	10.17%
隆慶五年	396	51	10.88%	萬曆二年	299	33	11.37%
萬曆五年	301	34	11.63%	萬曆八年	302	24	7.95%
萬曆十一年	341	31	9.09%	萬曆十四年	351	41	11.68%
萬曆十七年	347	40	11.53%	萬曆二十年	304	38	12.5%
萬曆二十三年	304	45	14.80%	萬曆二十六年	292	39	13.36%
萬曆二十九年	301	33	10.63%	萬曆三十二年	308	41	13.31%

萬曆三十五年	298	43	14.43%	萬曆三十八年	302	34	11.59%
萬曆四十一年	344	43	12.5%	萬曆四十四年	344	42	12.21%
萬曆四十七年	345	32	9.28%	天啟二年	409	46	11.25%
天啟五年	300	37	12.33%	崇禎元年	353	47	13.31%
崇禎四年	349	51	14.61%	崇禎七年	302	43	14.57%
崇禎十年	301	37	12.29%	崇禎十三年	296	26	8.78%
崇禎十六年	391	66	16.88%	總計 88 科 89 榜	24586	2518	10.26%

　　上表清晰地顯示了明代三甲進士數在歷科中的總體分布情況及其在歷科進士數中的占比。由上表可知，明代南直隸三甲進士共 2518 人，占明代進士總數的 10.24%。在不同時期，又呈下表所示狀況：

明代前、中、後期南直隸科均三甲進士人數統計表

時　　期	科　數	南直隸三甲進士數	科均數
洪武元年至天順八年（前期）	28	441	15.75
成化元年至嘉靖三十二年（中期）	30	919	30.63
嘉靖三十三年至崇禎十七年（後期）	30	1158	38.60
總計	88〔註595〕	2518	28.61

　　由上表可知，統計明代南直隸 88 科 89 榜三甲進士，科均為 28.61 人，是南直隸一甲進士科均人數的 39.27 倍，是南直隸二甲進士科均人數的 2.02 倍。明代三甲進士在不同時期的科均人數變化的特點是：明前期南直隸三甲進士科均人數為 15.86 人，明中期為 30.66 人，是明前期科均人數的 1.93 倍，比明前期科均人數增長 14.80 人；明後期為 38.67 人，分別是明前、中期科均人數的 2.43、1.26 倍，分別比明前、中期科均人數增長 7.97、8.07 人；縱觀明前、中、後期南直隸三甲進士數，呈不斷增長趨勢。

　　明代南直隸三甲進士數的不斷增長，應是由以下原因直接引起：嘉靖四十四年二月己卯，御史秦嘉楫言：「州、縣親民之官，其待之宜厚，而選之宜慎。今進士一途布列州縣者十僅二三，而兩廣雲貴尤少，故吏治或至於奸……宜及今人文日盛之時，增廣制額，仍多置三甲中，以充州、縣正官之選。」至是，禮部覆「其言可行，因請於取增數內，定以二甲居十之二，三甲十之八」。上

〔註595〕包括洪武三十年春、夏榜。

「從之」〔註596〕。可知，為提高州、縣正官中進士出身的比例，以故「增廣制額，多置三甲」；禮部還進一步奏請「定以二甲居十之二，三甲十之八」。經查，該科殿試賜一、二、三甲進士者394人，其中二甲77人，占總數的19.54%；三甲314人，占總數的79.70%〔註597〕；也大致符合「二甲居十之二，三甲十之八」的比例。這一比例在此後殿試中也幾乎成為定制，這從下表中可以顯示出來：

明嘉靖四十四年至崇禎十六年27科二、三甲進士數及其占比統計表
〔註598〕

科　次	進士數	二甲進士數	二甲進士在總數中的占比	三甲進士數	三甲進士在總數中的占比
嘉靖四十四年	394	77	19.54%	314	79.70%
隆慶二年	403	77	19.11%	323	80.15%
隆慶五年	396	77	19.45%	316	79.80%
萬曆二年	299	70	23.41%	226	75.59%
萬曆五年	301	57	18.94%	241	80.07%
萬曆八年	302	57	18.87%	242	80.13%
萬曆十一年	341	67	19.65%	271	79.47%
萬曆十四年	351	67	19.09%	281	80.06%
萬曆十七年	347	67	19.31%	277	79.83%
萬曆二十年	304	57	18.75%	244	80.26%
萬曆二十三年	304	57	18.75%	244	80.26%
萬曆二十六年	292	57	19.52%	232	79.45%
萬曆二十九年	301	57	18.94%	241	80.07%
萬曆三十二年	308	57	18.51%	248	80.52%
萬曆三十五年	298	57	19.13%	238	79.87%

〔註596〕《明世宗實錄》卷五四三「嘉靖四十四年二月己卯」，第8777頁。
〔註597〕《嘉靖四十四年進士登科錄》，第8～107頁。
〔註598〕本表進士數及二、三甲進士數，據嘉靖四十四年、隆慶五年、萬曆二年、五年、十一年《進士登科錄》；隆慶二年、萬曆八年《進士登科錄》（《明代登科錄彙編》，臺北：臺灣學生書局1969年影印本）；萬曆三十二年《進士登科錄》（上海圖書館藏本）；萬曆二十九年、三十五年《進士科舉錄》（《中國科舉錄彙編》，北京：全國圖書館文獻縮微複製中心2010年影印本）；其餘科次俱取自《碑錄》。因明代歷科一甲進士數皆固定為3人，故在本表中不予顯示。

萬曆三十八年	302	57	18.87%	242	80.13%
萬曆四十一年	344	67	19.48%	274	79.65%
萬曆四十四年	344	67	19.48%	274	79.65%
萬曆四十七年	345	67	19.42%	275	79.71%
天啟二年	409	77	18.83%	329	80.44%
天啟五年	300	57	19%	240	80%
崇禎元年	353	67	18.98%	283	80.17%
崇禎四年	349	67	19.20%	279	79.94%
崇禎七年	302	57	18.87%	242	80.13%
崇禎十年	301	57	18.94%	241	80.07%
崇禎十三年	296	57	19.26%	236	79.73%
崇禎十六年	391	73	18.67%	315	80.56%

　　由上表可知，除萬曆二年二甲進士所佔比例 23.41%略高於嘉靖四十四年所定「二甲居十之二」比例，三甲進士所佔比例 75.59%低於嘉靖四十四年所定「三甲十之八」的比例外，其餘科次二、三甲進士所佔比例大致在 19%～80%上下浮動。自嘉靖四十四年朝廷「增廣制額，多置三甲」，是造成南直隸三甲進士不斷增長的重要因素。

第二章　明代南直隸進士群體時間與地域分布

　　明代南直隸進士的時間分布特點是前期低、中期高、後期高，穩定增長；這是不同時期的社會狀況、經濟發展程度、應試人數、學宮設施進一步完善等綜合因素作用下的結果。明代南直隸進士地域分布呈現出十分廣泛而又不平衡的特點，是各地在人口、經濟、交通、教育、政治、科舉氛圍等方面所存差異綜合作用的結果。

第一節　明代南直隸進士群體時間分布特點與成因

　　洪武三年首開科舉，洪武四年舉行殿試，至崇禎十六年癸未科，歷時273年，共舉行88科89榜殿試。期間，共錄取南直隸進士3832名，對其時間分布特點與成因進行深入考察，無疑有利於促進對南直隸進士群體乃至明代科舉史的研究。

一、明代南直隸進士群體的時間分布

　　關於明代科舉史的分期，郭培貴教授在《明代科舉史事編年考證》中依據明代科舉在不同時期的發展特徵提出了四段分期法：太祖至太宗時期為明代科舉創制時期；仁宗至英宗後期為明代科舉發展時期；憲宗至穆宗為明代科舉成熟與鼎盛時期；神宗至思宗為明代科舉僵化與改革時期〔註1〕。此外，學界

〔註1〕郭培貴：《明代科舉史事編年考證》，北京：科學出版社，2008年，第1、51、89、204頁。

也有依據明代科舉考試科數作為分期依據，如郭培貴、趙麗美《明代廣西進士人數及其地理分布考述》、趙麗美《明代山東進士群體研究》、孟蝶《明代雲南進士群體研究》皆以洪武四年至成化二年歷 29 科，成化五年至嘉靖三十二年歷 29 科，嘉靖三十五年至崇禎十六年歷 30 科作為劃分依據，分為前、中、後期〔註2〕。與此相類似，劉小龍《明代四川進士群體研究》以四川舉子考中進士每 29 科為單位，分為前期（洪武十八年乙丑科至成化五年乙丑科）、中期（成化八年壬辰科至嘉靖三十五年丙辰科）、後期（嘉靖三十八年己未科至崇禎十六年癸未科）〔註3〕。蔡惠茹《明代福建科舉家族研究》以洪武元年至天順八年歷時 97 年，期間福建共舉行 30 科鄉試、28 科殿試，「稱明前期」；成化元年至嘉靖三十二年歷時 88 年，期間福建共有 30 科鄉試、30 榜進士，「稱明中期」；嘉靖三十三年至崇禎十七年歷時 91 年，期間福建共有 30 科鄉試、30 榜進士，「稱明後期」。可見，越來越多的研究者選擇以科舉考試次數作為劃分進士時段分布的依據，這樣劃分更能體現出相關進士或科舉群體在不同時段的科均人數，從而更能觀察其不同時段的分布特點。緣此，本文以洪武元年至天順八年間舉行 28 科殿試為依據，作為明代南直隸進士群體時間分布的前期；成化元年至嘉靖三十二年間舉行 30 科殿試，作為南直隸進士群體時間分布的中期；嘉靖三十三年至崇禎十七年間舉行 30 科殿試，作為南直隸進士群體時間分布的後期。

茲謹據上述劃分明代南直隸進士群體的時間分期，製表如下：

明代前、中、後期南直隸進士群體統計表

時　期	科　數	南直隸進士數	科均數	全國進士數	南直隸進士數占同期全國進士數比重（％）
洪武元年至天順八年（前期）	28	663	23.68	5066	13.09
成化元年至嘉靖三十二年（中期）	30	1512	50.40	9645	15.68

〔註2〕郭培貴、趙麗美：《明代廣西進士人數及其地理分布考述》，《教育與考試》2010 年第 4 期；趙麗美《明代山東進士群體研究》，遼寧師範大學碩士學位論文，2011 年，第 20 頁；孟蝶：《明代雲南進士群體研究》，遼寧師範大學碩士學位論文，2012 年，第 7 頁。

〔註3〕劉小龍：《明代四川進士群體研究》，福建師範大學碩士學位論文，2015 年，第 31～32 頁。

嘉靖三十三年至崇禎十七年（後期）	30	1657	55.23	9875	16.78
總計	88	3832	43.55	24586	15.59

二、明代南直隸進士群體時間分布的特點

由上表所示可知，明代南直隸進士在不同時期的數量分布是不平衡的，具體特點如下：

洪武至天順間為起始期。該期歷時將近百年，錄取28科進士，共錄取南直隸進士663人，占明代南直隸進士總數的17.20%；其中洪武三十年夏榜南直隸進士為0人。相對於後兩個時期，其顯著特點是各科南直隸進士數量最少，科均人數為23.68人；南直隸進士數僅占同期全國進士總數的13.09%，低於南直隸進士數占全國進士數2.50個百分點。

成化至嘉靖三十二年為發展期。該期歷時80餘年，錄取30科進士，共錄取南直隸進士1512人，占明代南直隸進士總數的39.46%，比前期占比高出22.26個百分點。其顯著特點是各科南直隸進士數明顯增多，科均人數為50.40人，是洪武至天順時期的2.15倍；南直隸進士占同期全國進士總數的15.68%，比洪武至天順時期高出2.7個百分點。

嘉靖三十三年至崇禎十七年為鼎盛期。該期歷時90年，錄取30科進士，共錄取南直隸進士1657人，占明代南直隸進士總數43.24%，比起始期占比高出26.06個百分點，比發展期高出3.78個百分點。其顯著特點是不僅持續時間久，且科均人數也最多，達55.33人，是洪武至天順時期的2.35倍；南直隸進士占同期全國進士總數的16.78%，比起始期高出3.78個百分點，比發展期高出1.08個百分點。

如上所述，明代南直隸進士在不同時期的數量及其在同期進士總數中的占比呈不斷上升的趨勢，呈現出「前期低，中、後期高」的分布特點，這與山東進、雲南進士的時間分布特點相似，與四川進士、廣西進士的時間分布特點不同〔註4〕。

三、明代南直隸進士群體時間分布的成因

第一，元末明初江南地區戰火頻仍，社會動盪，社會經濟遭到重創；明

〔註4〕劉小龍：《明代四川進士群體研究》，福建師範大學碩士論文，2015年，第32頁。

建國後，政府組織大規模移民；建國初期，學宮設施並不完備；皆是造成明代南直隸進士時間分布「前期低」的重要原因。元至正十一年（1357年），朱元璋佔領揚州府，「按籍城中居民，僅餘十八家」〔註5〕，局勢穩定後，城中居民也僅回升到四十餘戶〔註6〕；期間，張士誠據吳中，朱元璋與其長期爭奪，自龍鳳十一年（1365年）十月發布討伐張士誠的檄文，至吳元年（1367）年九月，朱元璋攻破張士誠佔據的蘇州城，相持達二年之久，戰火頻仍，致使生靈塗炭，社會經濟遭到重創。明建國後，為恢復和發展社會經濟，政府組織大規模移民，把吳中人口稠密地區的人民遷徙至人少地曠地區開墾荒地。明人記載：「吳中素號繁華，自張氏之據，天兵所臨，雖不被屠戮，人民遷徙實三都、戍遠方者相繼，至營籍亦隸教坊。邑里蕭然，生計鮮薄，過者增感」〔註7〕；揚州府、淮安府的情況亦是如此，明初實行移民，「淮、揚戶口流亡，江都僅存火、郝等十八姓，淮安僅存槐樹李、梅花劉、麥盒王、節孝徐等七家……其時他縣情形可以推見」〔註8〕。可見，明初南直隸地區社會經濟殘破不堪，削弱了舉子應考所需的經濟條件；政府大規模移民造成的人口銳減，無疑造成了應考舉子數量的減少；則該期南直隸進士數量少也就成為自然。

這一時期，學宮設施方面尚未完備也是造成南直隸進士時間分布「前期低」不可忽視的重要原因，「學校不修，則春誦夏弦之習廢」〔註9〕。如蘇州府儒學，自宋范仲淹始建學，至明初「荏苒三百餘禩，歷兵燹，屢興屢廢，而比年以來，其文廟學舍傾圮，漸不可支。永樂甲辰秋，臨江陳孟浩來典教是郡，顧而歎曰：『學校，風化之本，乃不振若此，其何以稱崇仰以作興士類？』」〔註10〕；此外，蘇州府儒學「堂宇卑俯，有弗稱也。時典教者對余徒有興歎而已」〔註11〕。

〔註5〕《明太祖實錄》卷五「丁酉冬十月甲申」，第58頁。
〔註6〕嘉靖《惟揚志》卷八《戶口》，《天一閣藏明代方志選刊》第14冊，上海：上海古籍書店影印天一閣藏本，1962年，第30頁。
〔註7〕〔明〕王錡：《寓圃雜記》卷五《吳中近年之盛》，北京：中華書局，1984年，第42頁。
〔註8〕曹樹基：《中國移民史》，福州：福建人民出版社，1997年，第32頁。
〔註9〕〔明〕錢穀：《吳都文粹續集》卷五《崑山縣學租記》，《景印文淵閣四庫全書》第1385冊，第126頁。
〔註10〕〔明〕金幼孜：《金文靖集》卷八《蘇州府重修廟學記》，《景印文淵閣四庫全書》第1240冊，第757頁。
〔註11〕〔明〕陳暐：《吳中金石新編》卷一《學校》，《景印文淵閣四庫全書》第683冊，第96～97頁。

華亭縣學建於洪武二年，但「規制粗備，興作未弘」〔註12〕。吳縣儒學建於洪武五年，「其地卑隘，廟學皆簡陋，旁逼軍營，喧雜相接。春夏水潦四集牆壁，傾僕弦誦嘗輟，郡縣之長貳暨師生往往致慨，欲遷改而未有能當其任者」〔註13〕。宜興縣學自明初建立迄正統初，「六七十年來，未有能修飾之者，由是日入於敝……正統之初，上饒蔣侯義以賢舉來令，始至，謁先聖而周覽學舍，慨然歎曰：『朝廷銳意教養斯人，而義適當其任，今廟學不治，將何以奉順德意？』」〔註14〕。長洲縣學建於洪武七年，「在城北阰齊門內，湫阨卑隘，厥制大弗稱焉」〔註15〕。鳳陽府儒學建於洪武二十七年，「其殿堂、學舍自創始至今（景泰間）……而未嘗有修壞、補廢於其間者，以是士無所奮以志於學，而由科目以登庸者，遠不逮於他郡，是可歎也」〔註16〕。可見，學宮設施是否完備是影響舉子有效應舉的關鍵性因素之一。

　　第二，成化至嘉靖三十二年間，明代南直隸地區社會穩定；社會經濟得到快速發展發展；期間，南直隸應試舉子數量進一步增長，鄉試解額隨之穩定增長，官辦學校設施進一步得到改善，官辦書院數量也進一步增長。在上述因素的綜合作用下，南直隸進士數量在該期也自然進一步增長。

　　首先，該期南直隸地區社會穩定。明成化後，在社會經濟進一步發展的同時，地主階級瘋狂地兼併土地，加重封建地租剝削，並且把大量的封建賦役負擔轉嫁給農民身上，地主階級與農民階級的矛盾也日益尖銳，致使農民起義不斷。規模較大也有影響力的如成化年間廣西大藤峽瑤、壯族人民起義、荊襄流民起義〔註17〕；正德間的四川農民起義、河北劉六、六七起義、江西南贛地區農民起義〔註18〕；嘉靖初期的兩廣人民起義、山東礦工起義、山西陳卿起義〔註19〕。

〔註12〕正德《松江府志》卷一三《學校》，《天一閣藏明代方志選刊續編》第 5 冊，上海：上海古籍書店，1964 年，第 685 頁。

〔註13〕〔明〕陳暐：《吳中金石新編》卷一《學校》，《景印文淵閣四庫全書》第 683 冊，第 105 頁。

〔註14〕〔明〕王直：《抑菴文後集》卷二《宜興縣重修廟學記》，《景印文淵閣四庫全書》第 1241 冊，第 350 頁。

〔註15〕〔明〕陶望齡：《歇菴集》卷八《重修長洲縣儒學碑記》，《續修四庫全書》集部第 1365 冊，第 318 頁。

〔註16〕〔明〕程敏政：《明文衡》卷三六《重修孔子廟學記》，《景印文淵閣四庫全書》第 1374 冊，第 84 頁。

〔註17〕南炳文、湯綱：《明史》，上海：上海人民出版社，2003 年，第 329、334 頁。

〔註18〕楊國禎、陳支平：《明史新編》，北京：人民出版社，1993 年，第 181～184 頁。

〔註19〕南炳文、湯綱：《明史》，第 392～393 頁。

從中可以看到，在明中期社會矛盾日益尖銳的情況下，南直隸地區社會相對穩定，並未發生較大的社會動盪，這為該期南直隸進士數量的增長提高了良好的外部環境。

其次，該期南直隸地區社會經濟得到快速發展。以蘇州府為例，如上所述，明初蘇州府社會經濟遭受重創，發展至成化間，「其迴若異境，以至於今，俞益繁盛。閭簷輻輳，萬瓦瓷鱗，城隅濠股，亭館布列，略無隙地。輿馬從蓋，壺觴罍盒，交馳於通衢。水巷中，光彩耀目，遊山之舫，載妓之舟，魚貫於綠波朱閣之間，絲竹謳舞與市聲相雜。凡上供錦綺、文具、花果、珍饈奇異之物，歲有所增，若刻絲累漆之屬，自浙宋以來，其藝久廢，今皆精妙，人性益巧而物產益多……此固氣運使然，實由朝廷休養生息之恩也」〔註20〕。成化時莫旦也記載蘇州城「列巷通衢，華區錦肆，坊市蓁列，橋樑櫛比，高甲門第，貨財所居，珍異所聚。歌臺舞榭，春船夜市……所謂江南繁華」〔註21〕。

該期南直隸地區糧食作物品種增多，普遍種植經濟作物，商品經濟繁榮。如吳江縣稻米有一百多種〔註22〕；應天府六合縣有秈稻、糯稻、黑稻、麻秈稻、白稻；有豆類十多種〔註23〕；鳳陽府天長縣有稻穀三十多種〔註24〕。蘇州府普遍種植棉花，以嘉定縣、常熟縣為最盛〔註25〕，如常熟縣，弘治時「凡高鄉皆種棉花，工紡織為布，貿之以資生業」〔註26〕；松江府普遍種植棉花、蔬菜、瓜果、藥物、竹、木、桑、花卉，最有名的當屬松江布，「衣被天下，雖蘇杭不及也」〔註27〕；上海縣普遍種植桑、竹、棉、蔬菜、瓜果〔註28〕；常州府普遍種植棉花、桑、竹、花卉、蔬菜〔註29〕。可知，該期南直隸地區社會經

〔註20〕〔明〕王錡：《寓圃雜記》卷五《吳中近年之盛》，第42頁。

〔註21〕同治《蘇州府志》卷二《疆域》，《中國地方志集成·江蘇府縣志輯⑦》，南京：江蘇古籍出版社，1991年，第122頁。

〔註22〕嘉靖《吳江縣志》卷九《物產》，嘉靖四十年刻本。

〔註23〕嘉靖《六合縣志》卷二《物產》，《天一閣藏明代方志選刊續編》第7冊，上海：上海古籍書店，1962年，第815頁。

〔註24〕嘉靖《天長縣志》卷四《物產》，嘉靖刻本。

〔註25〕正德《姑蘇志》卷一四《土產》，《景印文淵閣四庫全書》第493冊，第306頁。

〔註26〕弘治《常熟縣志》卷一《土產》，弘治十六年刻本。

〔註27〕正德《松江府志》卷五《土產》，《天一閣藏明代方志選刊續編》第5冊，上海：上海古籍書店，1962年，第219～257頁。

〔註28〕弘治《上海志》卷三《土產》，《天一閣藏明代方志選刊續編》第7冊，第115～126頁。

〔註29〕康熙《常州府志》卷十《物產》，《中國地方志集成·江蘇府縣志輯》第36冊，第188頁。

濟結構開始出現前所未有的變局，從傳統的單一農業經濟結構向多元化經濟結構轉變，商品經濟也隨之快速發展。這點從洪武二十六年、弘治十五年南直隸地區所交的夏稅和秋糧中也可以體現出來：

洪武二十六、弘治十五年南直隸地區夏稅和秋糧相異處對照表〔註30〕

府、州名	麥（石）	米（石）	鈔｜錠
應天府	11260｜11654	320616｜215129	0｜0
蘇州府	63500｜53663	2746990｜2038423	2321｜3267
常州府	119320｜154387	533515｜606954	0｜24
松江府	107496｜92258	112400｜939226	3072｜3267
鎮江府	80896｜54958	243150｜134876	0｜0
盧州府	15830｜9872	75360｜66837	0｜0
鳳陽府	93310｜97358	137160｜113508	0｜0
淮安府	201220｜228872	153490｜166423	0｜0
揚州府	57710｜39922	240096｜206605	251｜5204
徽州府	48750｜51498	116650｜120133	0｜0
寧國府	62610｜29052	182050｜74262	0｜0
池州府	17016｜6824	111945｜61372	0｜224
太平府	21390｜16276	46290｜33636	0｜0
安慶府	19478｜18909	112158｜112862	0｜0
廣德州	6070｜3632	24500｜14066	0｜0
徐州	62300｜67158	79340｜79858	0｜0
滁州	1450｜2578	4106｜5892	0｜0
和州	875｜1424	3959｜9950	0｜0
總計	990481｜940295	5243775｜5020012	5644｜11986

由上表可知，弘治十五年南直隸地區所上交麥、米都比洪武二十六年少，但這並不意外者南直隸地區經濟的衰退，實際上正是社會經濟結構呈現多元化的體現。因南直隸地區普遍種植農桑、絲、棉等經濟作物，種植麥、稻米的耕地面積自然相對減少。該期南直隸地區凡是夏稅所交絹，皆由絲綿、農桑絲所折合，如弘治十五年應天府夏稅包含絲棉折絹一千二百一十四疋，農桑絲折絹一百四十三疋；蘇州府夏稅包含絲綿折絹六百九十七疋，農桑絲折絹一百六

〔註30〕萬曆《明會典》卷二四《稅糧一》，北京：中華書局，1989 年，第 157～167 頁。其中，夏稅指麥，秋稅指米和錢鈔。

十七疋；松江府夏稅包含絲綿折絹六百九十七疋，農桑絲折絹一百六十七疋。在社會經濟結構呈現多元化的歷史背景下，商品經濟迅速發展起來，如弘治十五年南直隸地區已不交錢鈔，改交白銀 11986 錠。

市鎮經濟的興起是該期南直隸地區經濟繁榮的又一個令人矚目的標誌。2002 年，臺灣學者范毅軍發表《明中葉以來江南市鎮的成長趨勢與擴張性質》一文，指出南直隸所屬蘇州、松江二府市鎮的數量增長，在嘉靖二十九年（1500）以前，蘇州府增長 102 個，松江府增長 59 個〔註31〕。

正德間蘇州府、松江府市鎮經濟的發展也蔚為可觀。據正德《姑蘇志》載，蘇州府所屬吳縣有一市六鎮，分別是月城市和橫塘鎮、新郭鎮、橫金鎮、水瀆鎮、光福鎮、社下鎮；長洲縣有五市四鎮，分別是大市、黃埭市、相成市、王墓市、尹山市和甫里鎮、陳墓鎮、許市鎮、陸墓鎮；崑山縣有四市五鎮，分別是半山橋市、周市、陸家浜市、紅橋市和丘墟鎮、泗橋鎮、石浦鎮、安亭鎮和蓬閬鎮；常熟縣有九市五鎮，分別是縣市、楊尖市、河陽市、奚浦市、徐家市、唐市、李市、支塘市、練塘市和福山鎮、許浦鎮、梅李鎮、慶安鎮、常熟鎮；吳江縣有三市四鎮，分別是縣市、江南市、新杭市和同里鎮、平望鎮、黎里鎮、震澤鎮；嘉定縣有九市六鎮，分別是州橋市、新涇市、廣福市、真如市、婁塘橋市、封家浜市、紀王廟市、錢門塘市、九浦市和羅店鎮、南翔鎮、大場鎮、黃渡鎮、江灣鎮、清浦鎮；太倉州有十市四鎮，分別是諸涇市、半涇市、新市、璜涇市、隆市、甘草市、直塘市、吳公市、涂松市、陸河市和雙鳳鎮、沙頭鎮、新安鎮、茜涇鎮〔註32〕。這些市鎮顯然是在明初經濟發展的基礎上逐漸繁榮起來的，如吳江縣震澤鎮，明初市面蕭條，居民僅數十家〔註33〕；至明成化間，市廛繁榮，居民增至三四百家；弘治間，震澤鎮有「巡檢司，居民亦千百家，自成市井」〔註34〕。居民以植桑養蠶為業，鎮上收購其所產之絲，轉售四方，已然發展成為繁華的商業中心。

正德間松江府的市鎮經濟也很繁榮。據正德《松江府志》載，松江府所屬華亭縣有六市十六鎮，分別是鳳涇鎮、朱涇鎮、金澤鎮、小蒸鎮、鳳凰山鎮、

〔註31〕范毅軍：《明中葉以來江南市鎮的成長趨勢與擴張性質》，《歷史語言研究所集刊》第 73 卷，2002 年第 3 期，第 451 頁。

〔註32〕正德《姑蘇志》卷一八《鄉都》，《景印文淵閣四庫全書》第 493 冊，第 345～357 頁。

〔註33〕正德《姑蘇志》卷一八《鄉都》，《景印文淵閣四庫全書》第 493 冊，第 355 頁。

〔註34〕弘治《吳江縣志》卷二《市鎮》，弘治刊本。

亭林鎮、沙岡鎮、南橋鎮、蕭塘鎮、張涇堰鎮、小官鎮、柘林鎮、青村鎮、陶宅鎮、葉謝鎮、北七寶鎮和興塔市、楊巷市、呂巷市、泗涇市、北錢市、廣富林市；松江府上海縣有十一市十一鎮，分別是吳會鎮、烏泥涇鎮、新場鎮、周浦鎮、盤龍鎮、青龍鎮、唐行鎮、趙屯鎮、三林塘鎮、八團鎮和崧宅市、泰來稿市、杜村市、白鶴江市、楊林市、諸翟巷市、鶴坡市、東溝市、北蔡市、閔行市、高家行市。市鎮經濟的繁榮景象蔚為可觀，如新場鎮「四時海味不絕，歌樓酒肆、賈衒繁華」，青龍鎮「海舶輻輳，風牆浪楫，朝夕上下，富商巨賈、豪宗右姓之所會也。人號『小杭州』」，三林塘鎮，「雖非古鎮而民物豐戀，商賈鱗集」〔註35〕。

其三，南直隸應試舉子數量進一步增長，鄉試解額隨之穩定增長，官辦學校設施進一步得到改善，官辦書院數量進一步增長。

首先，南直隸地區應試人數不斷增加。正德時，文徵明在《三學上陸冢宰書》中寫道：「至於今日，開國百有五十年，承平日久，人材日多，生徒日盛。學校廩增，正額之外，所謂附學者不啻數倍……略以吾蘇一郡八州縣言之，大約千有五百人」〔註36〕。學校生員數額的增多，則鄉試應試人數勢必也增加，鄉試解額也隨之穩定增長，如該期南直隸地區鄉試額數穩定在一百三十五名。由此，南直隸地區進士錄取額數也自然增加。

其次，該期南直隸地區官辦學校設施進一步得到改善，官辦書院數量進一步增長，有力促進了南直隸地區科舉的發展。如金山衛儒學建於正統四年，弘治間，「指揮翁熊斥大繕葺，規制愈備……而後制科之士蒸蒸起矣」〔註37〕；正德五年，江南大水，松江府學宮遭浸，學舍殿宇遭到嚴重損壞。正德六年，松江府知府喻時主持修建，「自大成之殿，明倫之堂，殿之東、西廡，堂之左右四齋，尊經之閣，魁星之樓，崇德養賢之堂，旁之鄉賢之祠，講誦之號舍，遊息之亭館，禮器雅樂之藏……皆還於舊維新。有作者則仰高之坊，以冠於文廟云，偉哉皇乎！教授君身親厥功以其始末，走告於陸深，又以其弟子員王輔而下凡三百人，合詞曰『是功巨矣，何可忘！』願昭示來裔，深維皇朝建學遍

〔註35〕弘治《上海志》卷二《鎮市》，《天一閣藏明代方志選刊續編》第 7 冊，第 78～82 頁。

〔註36〕〔明〕文徵明著、周道振輯校：《文徵明集》，上海：上海古籍出版社，1985 年，第 584 頁。

〔註37〕〔明〕陳子龍：《安雅堂稿》卷七《金山衛重修儒學記》，《續修四庫全書》集部第 1388 冊，第 8 頁。

寓內，而輔理之才於是咸出。松之人才，嘗甲天下矣」〔註38〕。再如蘇州府儒學，以其規制宏備，非他郡可比，而人才輩出。明人記載：「三吳之地，其為郡學，恢弘尊顯，雄搆傑然，惟蘇為最。為成德，為達材，赫然聲稱，與學制衡抗而復過之，亦惟蘇之人材為最」〔註39〕；「吾蘇學宮，制度宏觀，為天下第一。人才輩出，歲奪魁首」〔註40〕；「今學宮遍海內，而吾郡獨以閎敞鉅麗，巋然為稱首，魁壘奇儁之才，豎駿鴻流由茲奮跡者，項背相望」〔註41〕。又如吳縣學，分別於弘治十年、正德元年、嘉靖元年、嘉靖五年先後四次重修〔註42〕。其他如長洲縣學、崑山縣學、常熟縣學、合肥縣學、常州府儒學、武進縣儒學、涇縣儒學的基本設施在此間也都相繼得到改善。

　　該期南直隸地區官辦書院數量進一步增長。據白新良《中國古代書院發展史》載，成化朝南直隸地區新建書院共有 5 所：分別是江陰延陵書院，休寧李溪書院，天長始興書院，石埭紫潭書院，青陽李白書院；弘治朝南直隸地區新建書院共有 7 所：分別是江浦石洞書院、養正書院，宜興東坡書院，常熟虞溪書院、東湖書院，盧州包公書院，霍山南嶽書院；正德朝南直隸地區新建書院共 15 所，分別是山陽仰止書院、忠孝書院，嘉定練川書院，上海仰高書院，武進道南書院，丹徒清風書院，無錫二泉書院，通志至聖書院；池州繡春書院，貴池翠微書院，祁門東山書院，歙縣紫陽書院，寧國西洋書院，蕪湖於湖書院，和州峨眉書院；嘉靖改元至嘉靖三十二年間南直隸地區新建書院共 51 所〔註43〕。新建書院的增長，無疑會促進南直隸地區人均教育資源和文化水平的提高，在科舉考試中的競爭力也會相應得到提高。

　　第三，嘉靖三十三年至崇禎十七年，該期南直隸大部分地區總體相對穩定，社會經濟繼續向前發展，官辦學校設施建設也一直處於不斷改善之中，官辦書院數量也進一步增長。

〔註38〕〔明〕陸深：《儼山集》卷五五《重修松江府學記》，《景印文淵閣四庫全書》第 1268 冊，第 344～345 頁。

〔註39〕〔明〕張袞：《張水南文集》卷一一《重修蘇州府學記》，《四庫全書存目叢書》集部第 76 冊，第 629 頁。

〔註40〕〔明〕王錡：《寓圃雜記》卷五《蘇學之盛》，第 42 頁。

〔註41〕〔明〕申時行：《賜閒堂集》卷九《重修蘇州府儒學誌序》，《四庫全書存目叢書》集部第 134 冊，第 194 頁。

〔註42〕崇禎《吳縣志》卷一三《學宮》，《天一閣藏明代方志選刊續編》第 16 冊，第 180～199 頁。

〔註43〕白新良：《中國古代書院發展史》，天津：天津大學出版社，1995 年，第 62～63、74、78 頁。

　　首先，該期處於明末，社會動盪，農民起義不斷，但對南直隸地區的社會破壞程度有限。如明末影響最大的李自成、張獻忠起義，轉戰千里，轉戰於陝西、河南、安徽、湖廣、四川、山西、甘肅等數省，除一度對南直隸鳳陽府、滁州等地區造成社會動盪外，南直隸大部分地區社會總體相對穩定。

　　其次，該期南直隸社會經濟持續向前發展。據范毅軍研究，自嘉靖三十年（1550 年）至康熙六十一年（1722 年），蘇州府市鎮增長了 128 個，松江府增長了 113 個〔註44〕。如果把市鎮經濟的繁榮放置到晚明的歷史時段中具體觀察，則會更加明顯。如蘇江府吳江縣，弘治間有三市四鎮，發展至嘉、隆之際，形成四鎮十市，新增加的七市分別是八斥市、雙楊市、嚴墓市、檀丘市、梅堰市、盛澤市和庄村市〔註45〕；至明末清初，在嘉、隆之際發展的基礎上，又新增了三個鎮：盛澤鎮、蘆墟鎮、章練塘鎮，遂形成十市七鎮的繁榮局面〔註46〕。再如嘉定縣，正德間有九市六鎮，發展至萬曆間，新增加了十一鎮，分別是婁塘鎮、新涇鎮、月浦鎮、外岡鎮、廣福鎮、真如鎮、楊家行鎮、徐家行鎮、安亭鎮、紀王鎮、葛隆鎮〔註47〕。值得注意的是，經濟的繁榮，促使一些市升級為鎮，如婁塘鎮由婁塘橋市發展而來，新涇鎮由新涇市發展而來，廣福鎮由廣福市發展而來，鎮如鎮由鎮如市發展而來，紀王鎮由紀王廟市發展而來。此外，還增加了類似「市」的「行」，共六個，分別是殷家行、陸家行、劉家行、吳家行、蔣家行、趙家行〔註48〕。

　　松江府市鎮的發展也很可觀。據崇禎《松江府志》載，崇禎時松江府市鎮共有六十一處，比正德時多出 17 處，其中華亭縣增加了陳家行市和莘莊鎮、龍華鎮〔註49〕；另據萬曆《青浦縣志》載，其餘 14 處市鎮歸萬曆元年新設的青浦縣所管轄，分別是王巷市、杜家角市和雙塔鎮、劉夏鎮、沈巷鎮、朱家角鎮、郏店鎮、艾祁鎮、古塘橋鎮、金家橋鎮、楊扇鎮、劉家角鎮、重固鎮、天

〔註44〕范毅軍：《明中葉以來江南市鎮的成長趨勢與擴張性質》，《歷史語言研究所集刊》第 73 卷，2002 年第 3 期，第 451 頁。

〔註45〕弘治《吳江縣志》卷二《市鎮》，明弘治元年刻本；嘉靖《吳江縣志》卷一《地理志・疆域》，《中國史學叢書三編》第四輯，臺北：臺灣學生書局，1987 年，第 99～100 頁。

〔註46〕康熙《吳江縣志》卷三《疆域》，康熙刊本。

〔註47〕萬曆《嘉定縣志》卷一《疆域考・市鎮》，《中國方志叢書・華中地方・第四二一號》，臺北：成文出版社有限公司，1983 年，第 124～127 頁。

〔註48〕萬曆《嘉定縣志》卷一《疆域考・市鎮》，第 127 頁。

〔註49〕崇禎《松江府志》卷三《鎮市》，《日本藏中國罕見地方志叢刊》第 23 冊，第 59～68 頁。

興莊鎮〔註50〕。市鎮經濟繁榮，例如青浦縣北七寶鎮，「為商賈必由之地……居民繁庶，文儒輩出，蓋邑之巨鎮」；黃渡鎮，「商販頗盛」；青龍鎮，「有巡司、稅務、酒務，為海舶輻輳之地，人稱『小杭州』」；隆、萬之際興起的青浦縣的朱家角鎮，「商賈湊聚，貿易花布，京省標客，往來不絕，今為巨鎮」〔註51〕。

其三，該期南直隸地區官辦學校設施建設也一直處於不斷改善之中。如金山衛儒學，自嘉靖十二年修葺後，「廟貌漸圮」，萬曆六年，郡大夫方採主持重修，面貌一新〔註52〕；再如長洲縣儒學，「歲既久，殿廡講舍漸陁靡」，萬曆十六年，巡撫都御史周公主持重修，「凡役若干日而竣用贖金七百兩有奇」，學宮面貌煥然一新，有力推動了當地科舉的發展。明人記載，「自吾學宮之修，而士之登於是者實蘙盛。是役也，文事其愈興乎？」〔註53〕。

該期南直隸地區官辦書院數量在原有的基礎上進一步增長。嘉靖三十三年至嘉靖四十五年南直隸地區新建官辦書院 36 所；隆慶朝南直隸地區新建書院 12 所；萬曆朝南直隸地區新建書院 38 所〔註54〕。

綜上，該期南直隸地區社會相對穩定，社會經濟繼續向前發展，官辦儒學設施也處於不斷改善之中，書院數量不斷增長，為科舉士子提供了良好的外部壞境和生活、學習條件，故該期南直隸地區進士額數也隨之增長。

第二節　明代南直隸進士群體地域分布特點與成因

一、明代南直隸進士群體的地域分布

（一）明代南直隸地區府、州、縣、衛所概況

據《明史·地理志》，明代南直隸地區共有 14 府 4 直隸州，分別是應天、鳳陽、淮安、揚州、蘇州、松江、常州、鎮江、廬州、安慶、太平、池州、寧國、徽州 14 府，還有徐州、滁州、和州、廣德 4 直隸州。其中，應天府所轄有上元、江寧、句容、溧陽、溧水、高淳、江浦、六合 8 直轄縣；鳳陽府所轄

〔註50〕萬曆《青浦縣志》卷二《鎮市》，萬曆刊本。
〔註51〕崇禎《松江府志》卷三《鎮市》，第 65～66 頁。
〔註52〕〔明〕陳子龍：《安雅堂稿》卷七《金山衛重修儒學記》，《續修四庫全書》第 1388 冊，第 8 頁。
〔註53〕〔明〕陶望齡：《歇菴集》卷八《重修長洲縣儒學碑記》，《續修四庫全書》集部第 1365 冊，第 318 頁。
〔註54〕白新良：《中國古代書院發展史》，第 78～79 頁。

有鳳陽、臨淮、懷遠、定遠、五河、虹縣 6 直轄縣，還轄有 4 屬州、7 州轄縣，
分別是壽州及所轄霍邱、蒙城 2 縣，泗州及所轄盱眙、天長 2 縣，宿州及所轄
靈璧縣，潁州及所轄潁上、太和 2 縣，亳州；淮安府所轄有山陽、清河、鹽城、
安東、桃源、沭陽 6 直轄縣，還轄有 2 屬州、3 州轄縣，分別是海州及所轄贛
榆縣，邳州及所轄宿遷、遂寧 2 縣；揚州府所轄有江都縣、泰興縣、儀真縣 3
直轄縣；還轄有 3 屬州、4 州轄縣，分別是高郵州及所轄寶應、興化 2 縣，泰
州及所轄如皋縣，通州及所轄海門縣；蘇州府所轄有吳縣、長洲、吳江、崑山、
常熟、嘉定 6 直轄縣，還轄有 1 屬州、1 州轄縣，即太倉州及所轄崇明縣；明
初松江府所轄有華亭、上海 2 直轄縣，嘉靖二十一年置青浦縣，三十二年廢為
青龍鎮，萬曆元年復置縣；常州府所轄有武進、無錫、宜興、江陰、靖江 5 直
轄縣；鎮江府所轄有丹徒、丹陽、金壇 3 直轄縣；盧州府所轄有合肥、舒城、
廬江 3 直轄縣，還轄有 2 屬州、3 州轄縣，分別是無為州及所轄巢縣，六安州
及所轄英山、霍山 2 縣；安慶府所轄有懷寧、桐城、潛山、太湖、宿松、望江
6 直轄縣；太平府所轄有當塗、蕪湖、繁昌 3 直轄縣；池州府所轄有貴池、青
陽、銅陵、石埭、建德、東流 6 直轄縣；寧國府所轄有宣城、南陵、涇縣、寧
國、旌德、太平 6 直轄縣；徽州府所轄有歙縣、休寧、祁門、黟縣、績溪、婺
源 6 直轄縣；徐州轄有蕭縣、沛縣、豐縣、碭山縣 4 州轄縣；滁州轄有全椒、
來安 2 州轄縣；和州轄有含山縣；廣德州轄有建平縣〔註55〕。

　　據《明一統志》和《明會典》卷一二四《職方清吏司‧都司衛所》，明代
南直隸境內的衛所分屬南京親軍衛、南京五軍都督府、北京中軍都督府、中都
留守司、河南都司管轄〔註56〕。

　　駐地在應天府境內的南京親軍衛所有南京金吾前衛、南京金吾後衛、南
京金吾左衛、南京金吾右衛、南京羽林左衛、南京羽林右衛、南京羽林前衛、
南京府軍衛、南京府軍左衛、南京府軍右衛、南京府軍後衛、南京虎賁左衛、
南京錦衣衛、南京旗手衛、南京江淮衛、南京濟川衛、南京孝陵衛、南京犧
牲所。

　　駐地在應天府境內隸屬於南京左軍都督府的衛有南京留守左衛、南京鎮
南衛、南京水軍左衛、南京驍騎右衛、南京龍虎衛、南京英武衛、南京龍虎左

〔註55〕〔清〕張廷玉：《明史》卷四十《地理志一》，北京：中華書局，1974 年，第
　　　　910～932 頁。
〔註56〕《明一統志》卷六至卷一八，《景印文淵閣四庫全書》第 472 冊，第 155～406
　　　　頁；《明會典》卷一二四《職方清吏司‧都司衛所》，第 640、644 頁。

－99－

衛、南京龍江右衛、南京瀋陽右衛、南京瀋陽左衛。駐地在應天府境內隸屬於南京右軍都督府的衛有南京虎賁右衛、南京留守右衛、南京水軍右衛、南京武德衛、南京廣武衛。駐地在應天府境內隸屬於南京中軍都督府的衛所有南京留守中衛、南京神策衛、南京廣洋衛、南京應天衛、南京和陽衛、南京牧馬千戶所。駐地在應天府境內隸屬於南京前軍都督府的衛有南京留守前衛、南京龍江左衛、南京龍驤衛、南京飛熊衛、南京天策衛、南京豹韜衛、南京豹韜左衛。駐地在應天府境內隸屬於南京後軍都督府的衛有南京留守後衛、南京橫海衛、南京鷹揚衛、南京興武衛、南京江陰衛。

直隸於北京中軍都督府的衛所有直隸蘇州衛、直隸太倉衛、直隸太倉衛吳淞江守禦千戶所、直隸太倉衛崇明守禦千戶所、直隸鎮海衛，駐地皆在蘇州府境內；直隸淮安衛、直隸淮安衛鹽城守禦千戶所、直隸淮安衛海州守禦千戶所、直隸淮安衛東海守禦千戶所、直隸大河衛、直隸邳州衛，駐地皆在淮安府；直隸揚州衛，駐地在揚州府；直隸揚州衛儀真守禦千戶所，駐地在揚州府儀真縣；直隸揚州衛泰州守禦千戶所，駐地在揚州府泰州；直隸揚州衛通州守禦千戶所，駐地在揚州府通州；直隸高郵衛，駐地在揚州府高郵州；直隸高郵衛興化守禦千戶所，駐地在揚州府高郵州興化縣；直隸鎮江守禦千戶所駐地在鎮江府；直隸泗州衛、直隸宿州守禦千戶所、直隸安豐守禦千戶所駐地分別在鳳陽府泗州、宿州、壽州；直隸廬州守禦千戶所、直隸六安守禦千戶所駐地皆在廬州府；直隸滁州守禦千戶所駐地在直隸滁州；直隸新安衛駐地在直隸徽州府歙縣；直隸安慶衛駐地在安慶府；直隸建陽衛駐地在太平府當塗縣；直隸金山衛、直隸吳淞江守禦千戶所駐地在松江府華亭縣；直隸武平衛駐地在鳳陽府亳州；直隸徐州衛駐地在徐州。

駐地在鳳陽府境內隸屬於中都留守司的衛有中都長淮衛、中都懷遠衛、中都鳳陽衛、中都留守左衛、中都留守右衛。

此外，還有隸屬於河南都司駐地在鳳陽府潁州的潁川衛和潁上守禦千戶所。

（二）明代南直隸進士群體的地域分布

依據上述南直隸地區府、州、縣、衛所概況，對本文考證出來的 3832 名南直隸進士屬地逐一進行分類和整理，則明代南直隸 3832 名進士的地域分布狀況顯示如下：

表5：明代南直隸進士地域分布表

<table>
<tr><td colspan="8" align="center">蘇州府</td></tr>
<tr><td>州、縣／衛所駐地</td><td>進士數</td><td>州、縣／衛所駐地</td><td>進士數</td><td>州、縣／衛所駐地</td><td>進士數</td><td>州、縣／衛所駐地</td><td>進士數</td></tr>
<tr><td>吳縣</td><td>149</td><td>吳江縣</td><td>83</td><td>崑山縣</td><td>157</td><td>常熟縣</td><td>165</td></tr>
<tr><td>長洲縣</td><td>168</td><td>太倉州／鎮海衛</td><td>106</td><td>崇明縣</td><td>1</td><td>嘉定縣</td><td>58</td></tr>
<tr><td colspan="8">小計：887</td></tr>
<tr><td colspan="8" align="center">常州府</td></tr>
<tr><td>武進縣</td><td>221</td><td>無錫縣</td><td>187</td><td>宜興縣</td><td>109</td><td>江陰縣</td><td>71</td></tr>
<tr><td>靖江縣</td><td>1</td><td></td><td></td><td></td><td></td><td></td><td></td></tr>
<tr><td colspan="8">小計：589</td></tr>
<tr><td colspan="8" align="center">松江府</td></tr>
<tr><td>華亭縣／金山衛</td><td>264</td><td>上海縣</td><td>126</td><td>青浦縣</td><td>21</td><td></td><td></td></tr>
<tr><td colspan="8">小計：411</td></tr>
<tr><td colspan="8" align="center">徽州府</td></tr>
<tr><td>歙縣／新安衛</td><td>146</td><td>休寧縣</td><td>35</td><td>祁門縣</td><td>40</td><td>黟縣</td><td>11</td></tr>
<tr><td>績溪縣</td><td>19</td><td>婺源縣</td><td>83</td><td></td><td></td><td></td><td></td></tr>
<tr><td colspan="8">小計：334</td></tr>
<tr><td colspan="8" align="center">應天府</td></tr>
<tr><td>上元縣</td><td>70</td><td>江寧縣</td><td>149</td><td>句容縣</td><td>31</td><td>溧陽縣</td><td>34</td></tr>
<tr><td>溧水縣</td><td>14</td><td>高淳縣</td><td>10</td><td>江浦縣／應天衛</td><td>13</td><td>六合縣</td><td>11</td></tr>
<tr><td colspan="8">小計：332</td></tr>
<tr><td colspan="8" align="center">揚州府</td></tr>
<tr><td>江都縣／揚州衛</td><td>64</td><td>泰興縣</td><td>13</td><td>儀真縣／儀真衛</td><td>11</td><td>高郵州／高郵衛</td><td>24</td></tr>
<tr><td>寶應縣</td><td>14</td><td>興化縣／興化千戶所</td><td>29</td><td>泰州／泰州守禦千戶所</td><td>36</td><td>如皋縣</td><td>13</td></tr>
<tr><td>通州／通州守禦千戶所</td><td>28</td><td>海門縣</td><td>5</td><td></td><td></td><td></td><td></td></tr>
<tr><td colspan="8">小計：237</td></tr>
</table>

鎮江府					
丹徒縣／鎮江衛	55	丹陽縣	30	金壇縣	71
小計：156					

安慶府					
懷寧縣／安慶衛	43	桐城縣	78	潛山縣	10	太湖縣	9
宿松縣	5	望江縣	5				
小計：150							

鳳陽府							
壽州／壽州衛	10	霍邱縣	6	蒙城縣	5	泗州／泗州衛	15
宿州／宿州衛	2	靈璧縣	9	盱眙縣	6	天長縣	4
潁州／潁川衛	25	潁上縣	3	太和縣	2	亳州／武平衛	7
臨淮縣／臨淮衛	9	懷遠縣	7	鳳陽縣	13	五河縣	7
定遠縣	14	虹縣	2				
小計：146							

寧國府							
宣城縣	60	南陵縣	11	涇縣	39	寧國縣	7
旌德縣	8	太平縣	11				
小計：136							

廬州府							
合肥縣／廬州衛	39	舒城縣	18	廬江縣	8	無為州	19
巢縣	8	六安州／六安衛	19	英山縣	2	霍山縣	3
小計：116							

淮安府							
山陽縣／大河衛／淮安衛	60	清河縣	3	鹽城縣	7	安東縣	2
桃源縣	2	沭陽縣	8	海州／海州千戶所	4	贛榆縣	2

邳州／邳州衛	3	宿遷縣	5	睢寧縣	2		
小計：98							
太平府							
當塗縣／建陽衛	57	蕪湖縣	13	繁昌縣	15		
小計：85							
池州府							
貴池縣	21	青陽縣	19	銅陵縣	4	石棣縣	6
建德縣	13	東流縣	3				
小計：66							
滁州直隸州							
滁州	17	全椒縣	11	來安縣	7		
小計：35							
廣德直隸州							
廣德州	20	建平縣	9				
小計：29							
和州直隸州							
和州	11	含山縣	3				
小計：14							
徐州直隸州							
徐州／徐州衛	8	碭山縣	2	蕭縣	2	沛縣	2
豐縣	0						
小計：14							
總計：3832							

　　上表統計了明代南直隸 88 科 89 榜 3832 名進士在南京所轄「十四府」和「四直隸州」18 個二級政區的地域分布，由多到少，其排序具體為：蘇州、常州、松江、應天、徽州、揚州、安慶、鎮江、鳳陽、寧國、廬州、淮安、太平、池州、滁州、廣德州，和州和徐州並列。「吳書」表 2-8《南畿各府進士分布表》關於明代南直隸進士地域分布，由多到少，其排序具體為：蘇州、常州、松江、徽州、應天、揚州、安慶、鎮江、寧國、鳳陽、廬州、淮安、太平、池州、滁州、廣德州、和州、徐州，此外，還有「其他」87 名進士未

計入上述地域分布〔註57〕。

本文與「吳書」統計明代南直隸進士地域分布的不同之處,具體表現有三:

一是本文使用了學術界關於明代南直隸進士總數迄今精度最高的結論,即分布於 18 個政區的明代南直隸進士共 89 榜 3832 名,而「吳書」則認為分布於 18 個政區的明代南直隸進士共 90 榜 3805 名;另有「其他」87 名進士:分別是南京光祿寺進士 1 名,南京錦衣衛進士 17 名,南京進士 61 名,南京諸衛進士 1 名,南京欽天監進士 4 名,南京太醫院進士 3 名〔註58〕。

二是明代南直隸進士的地域分布由多到少排序不完全一致。本文統計鳳陽府進士數位列第 9,寧國府進士數位列第 10,和州和徐州進士數並列第 17;而吳書統計寧國府進士數位列第 9,鳳陽府進士數位列第 10,和州進士數位列第 17,徐州進士數位列第 18。

三是南直隸 18 個政區各自進士的分布數皆不相同。為更直觀說明以上不同,特製表 6 顯示如下:

表6:本文表5與「吳書」《南畿各府進士分布表》相異對照表

府、州名稱	蘇州	常州	松江	徽州	應天	揚州	鎮江	安慶	鳳陽	寧國	廬州	淮安	太平	池州	滁州	廣德州	和州	徐州	總數
本文進士數	887	587	411	334	331	237	156	150	146	136	116	98	85	66	35	29	14	14	3832
「吳書」進士數	894	604	414	339	257	241	163	155	130	140	118	100	86	67	34	32	16	15	3805

如表 6 所示,本文與「吳書」《南畿各府進士分布表》的相異之處,以各府、州而論:本文統計蘇州進士總數為 887 人,少於「吳書」7 人;本文統計常州進士總數為 587 人,少於「吳書」17 人;本文統計松江進士總數為 411 人,少於「吳書」3 人;本文統計徽州進士總數為 334 人,少於「吳書」5 人;本文統計應天進士總數為 334 人,多於「吳書」74 人;本文統計揚州進士總數為 237 人,少於「吳書」4 人;本文統計鎮江進士總數為 156 人,少於「吳書」7 人;本文統計安慶進士總數為 150 人,少於「吳書」5 人;

〔註57〕吳宣德:《明代進士的地理分布》,第 69 頁。
〔註58〕吳宣德:《明代進士的地理分布》,第 259 頁。

本文統計鳳陽進士總數為 146 人，多於「吳書」16 人；本文統計寧國進士總數為 136 人，少於「吳書」4 人；本文統計廬州進士總數為 116 人，少於「吳書」2 人；本文統計淮安進士總數為 98 人，少於「吳書」2 人；本文統計太平進士總數為 85 人，少於「吳書」1 人；本文統計池州進士總數為 66 人，少於「吳書」1 人；本文統計滁州進士總數為 35 人，多於「吳書」1 人；本文統計廣德州進士總數為 29 人，少於「吳書」3 人；本文統計和州進士總數為 14 人，少於「吳書」2 人；本文統計徐州進士總數為 14 人，少於「吳書」1 人。

二、明代南直隸進士群體地域分布的特點

由表 5 可知，明代南直隸進士群體地域分布呈現以下特點：

首先是進士分布廣泛，表現在不僅南直隸 14 府和 4 直隸州皆有進士分布，而且北起沛縣、南至婺源，西起潁州、東至海門，西南起宿松、望江，東北至贛榆，西北起碭山、東南至華亭，除徐州豐縣外，南直隸其餘州、縣皆有進士分布。這反映出明代南直隸不僅是一個文化教育極其普及的地區，而且也是一個科舉應試之風廣泛盛行的地區。

其次是進士地域分布很不平衡。明代南直隸進士集中分佈在東、南部地區，並呈現出東南多、西北少的鮮明地域特徵。地處南直隸東部的揚州、鎮江、應天、常州、蘇州、松江共有進士 2614 人，占明代南直隸進士總數的 68.13%；地處南部的安慶、池州、寧國、徽州和廣德直隸州共有進士 722 人，占明代南直隸進士總數的 18.82%；與此形成鮮明對比的，則是地處西部和北部的廬州、鳳陽、淮安和徐州直隸州，共有進士 374 人，僅占明代南直隸進士總數的 9.75%。

三、明代南直隸進士群體地域分布特點的成因

造成上述分布特點的主要原因有哪些呢？就其進士地域分布的廣泛性來說，明代在南直隸各府、州、縣普遍設立的儒學並給予儒學生優厚的待遇，以及各地舉子普遍對科舉功名的熱衷與追逐，應是造成其進士地域分布廣泛性最主要的原因。洪武時，直隸地區共設 14 府、4 直隸州、11 散州、93 縣，同時對應設置 14 府學、15 州學、91 縣學，其中江寧、上元二縣因是京師附郭縣，按制不設學，其舉子俱入應天府學肄業，故直隸地區的設學率依制應為

100%〔註 59〕；生員著裝等級在平民之上，朝廷給予廩生免費伙食和給全體生員提供免費學習場所及「除本身外，戶內優免二丁差役」的優厚待遇〔註 60〕，這無疑會促進南直隸地區的應試科舉之風。在官本位社會，科舉成為下層平民乃至非貴族地主獲取政治身份躋身官紳階層的最主要途徑，以科舉考試博取身份特權，再以身份特權謀取經濟利益，成為當時社會流動的最主要方式，以致社會各階層對應試科舉都普遍熱衷和追逐。

就其進士地域分布不平衡而言，最主要的原因應是南直隸地區各府、州、縣科舉實力不均衡，而這又應是以下綜合因素作用而致。

首先是人口因素。科舉在明代被稱為「至公至慎」之典，在同等條件下，應試舉子基數越大，則中式率也就越高。萬曆《明會典》系統記載了萬曆六年南直隸 14 府 4 直隸州的人口數，以此為依據，特製下表：

萬曆六年明代南直隸 14 府 4 直隸州人口數及其排序

各府、州名稱	蘇州	鳳陽	應天	揚州	松江	安慶	廬州	寧國	徐州	淮安	常州	太平	鎮江	廣德州	池州	和州	徽州	滁州
人口數〔註61〕	204.8	93.1	71	65.6	62.7	60.6	48.6	37.1	35.4	23.7	22.8	17.3	17.1	12.7	6.9	6.7	6.5	4.9

如上表顯示，明代南直隸 14 府 4 直隸州中人口數最多的是蘇州府，而從上文可知明代進士數最多的府也是蘇州府，這說明各地的科舉實力確實與其擁有的人口數存在一定的聯繫。但從上表還可知，除蘇州府之外的其他 13 府 4 直隸州的人口數排序與其進士數排序又都發生了一定程度的錯位，如鳳陽府人口數位列南直隸第二，但其進士數卻位列第九；徽州府人口數位列第十七，但其進士數卻位列第四；徐州進士數位列第九，但其進士數卻最少。這又說明進士數與人口規模之間並非完全對應，人口規模並非具有科舉優勢的唯一條件，要把人口優勢真正變成科舉競爭優勢，還需具備其他條件。

其次是經濟因素。明代南直隸的經濟重心乃至全國的經濟重心無疑是地處東部的蘇、松二府，此外，徽商則是明代代表性的商人群體。蘇州府市鎮

〔註59〕郭培貴：《明代學校科舉與任官制度研究》，第 83 頁。
〔註60〕萬曆《明會典》卷七八《學校・儒學・風憲官提督》，第 454 頁。
〔註61〕此處人口數以每萬人計。

經濟發展顯著，至嘉靖二十九年，市鎮數量已增長了 102 個〔註62〕。其中，吳江縣盛澤鎮「舟楫塞港，街道肩摩，絲綢之利日擴，南北商賈咸萃。蕃阜氣象，諸鎮中推為第一」〔註63〕。明末時，松江府市鎮已發展至六十一個。其中，青浦縣朱家角鎮，「商賈湊聚，貿易花布，京省標客，往來不絕，今為巨鎮」〔註64〕，一舉成為青浦縣最繁華的市鎮。蘇、松二府地處平原，適合種植農業和棉、桑、豆多種經濟作物，進一步促進了商品經濟的發展。徽州府「山大抵居十之五，民鮮由田疇，以貨殖為恆產」〔註65〕，其人數眾多，催生了極具影響力的徽文化。上述三府所擁有的經濟優勢，無疑促進了當地科舉的發展，為其舉子應舉並在科舉競爭中保持優勢提供了必要的物質保障。因此，儘管徽州府在人口規模上不佔優勢，但其進士數卻位列第四。與此形成鮮明對比的是，鳳陽府「土曠人稀，人不經商」〔註66〕；盧州府「民眾不喜商旅，鮮事工商，專務稼穡」〔註67〕。因此，儘管上述二府具有人口規模的優勢，但其進士數卻分列第九、第十一。

其三是政治因素。在官本位社會，擁有政治資源及其帶來的其他教育和文化資源優勢，無疑也會促進當地科舉的發展。如應天府治上元、江寧二縣，共考出 219 名進士，占全府進士總數的 65.55%；松江府治華亭縣，共考出 264 名進士，占全府進士總數的 64.07%；太平府府治當塗縣，共考出 57 名進士，占全府進士總數的 67.06%；廣德州州治共考出 20 名進士，占全州進士總數的 68.97%；和州州治共考出 11 名進士，占全州進士總數的 78.57%；徐州州治共考出 8 名進士，占全州進士總數的 57.14%。所有這些，顯然與各府治作為一府的政治中心從而聚集的官學和文化資源最為集中有直接關係。

〔註62〕范毅軍：《明中葉以來江南市鎮的成長趨勢與擴張性質》，《歷史語言研究所集刊》第 73 卷，2002 年第 3 期，第 451 頁。
〔註63〕康熙《吳江縣志》卷一《市鎮》，光緒間抄本，轉引自王毓銓主編：《中國經濟通史·明代經濟卷》，北京：中國社會科學出版社，2007 年，第 623 頁。
〔註64〕崇禎《松江府志》卷三《鎮市》，第 65～66 頁。
〔註65〕嘉靖《徽州府志》卷二《風俗》，《北京圖書館古籍珍本叢刊》第 29 冊，第 66 頁。
〔註66〕康熙《鳳陽府志》卷四《風俗》，康熙二十三年刻本。
〔註67〕《續修盧州府志》卷八《風俗》，《中國方志叢書·華中地方·第八六號》，第 128 頁。

其四是地理因素。明代南直隸的地理位置優勢和交通發達之處無疑是地處東部的蘇、松、常、鎮、揚、應、太平七府，處於長江沿線，且有京杭大運河上下貫通，成為當地乃至全國的商品貨物集散地和交通樞紐，即「南北商賈爭赴。自金陵而下控故吳之墟，東引松、常，中為姑蘇，其民利魚稻之饒，極人工之巧」〔註68〕。如蘇州府滸墅關，乃交通要衝，「為十四省貨物輻輳之處，凡四方商賈皆販於此，商船往來，日以萬計」〔註69〕，蘇州常熟縣「居江海水陸之會」；太平府蕪湖縣，「瀕大江，據要衝，受廛而居鱗攢星聚，舟車之輻，貨貝之富，達官貴人之往來，悉倍他邑」，「以水路則為長江上下之衝，以陸路則為南北襟喉之所。以故五方之人雜處，於是而舟車輻輳，百貨鱗集」〔註70〕。而西部的廬州、鳳陽、徐州等府、州僻居內地，境內多山，交通不便，不利於經貿、信息往來，故該區域考中進士的數量自然也少。

其五教育因素。教育是傳承科舉考生之間核心競爭力——儒學文化素養的主要手段，而宏偉壯觀的官辦學校與輩出的人才是有機聯繫的。吳人王錡言：「吾蘇學宮，制度宏觀，為天下第一。人才輩出，歲奪魁首」〔註71〕。徐有貞則說：「蘇為郡甲天下，而其儒學之規制亦甲乎天下……吾蘇也，郡甲天下之郡，學甲天下之學，人才甲天下之人才，偉哉！」〔註72〕王鏊也說：「蘇學獨名天下……自宋以來科第往往取先天下，名臣碩輔亦多發跡於斯」〔註73〕。蘇州府擁有鼎甲進士數排序在南直隸名列第一，顯然得益於宏偉壯觀的官辦儒學規制帶來的物流、信息流等各種應試科舉的便利條件。

其六是文化積澱的因素。蘇州、常州、揚州、鎮江諸府自古就是東南都會，人文薈萃之地，其擁有的進士數在明代南直隸各府、州中位列前茅，就說明長期以來形成的文化積澱對其保持科舉競爭力也有促進作用。茲謹以康熙《江南通志》所載自隋唐以降，明代南直隸各府、州進士數作為依據，特製下表：

〔註68〕張瀚：《松窗夢語》卷四《商賈記》，上海：上海古籍出版社，1986年，第73～74頁。

〔註69〕嘉靖《滸墅關志》卷一六《藝文志》，嘉靖十六年刻本。

〔註70〕康熙《蕪湖縣志》卷一四《藝文記下》，康熙刻本。

〔註71〕〔明〕王錡：《寓圃雜記》卷五《蘇學之盛》，北京：中華書局，1984年，第42頁。

〔註72〕〔明〕錢穀：《吳都文粹續集》卷三《學校·蘇郡儒學興修記》，《景印文淵閣四庫全書》第1385冊，第71～72頁。

〔註73〕〔明〕王鏊：《震澤集》卷一三《蘇郡學誌序》，《景印文淵閣四庫全書》第1256冊，第273頁。

唐至元南直隸各府、州進士數

各府、州名稱	蘇州	常州	松江	徽州	應天	揚州	鎮江	安慶	鳳陽	寧國	盧州	淮安	太平	池州	滁州	廣德州	和州	徐州
唐代	66	9	-	7	7	4	18	2	2	6	1	3	3	12	2	-	1	6
五代十國	-	3	-	4	1	-	-	-	1	1	-	-	-	4	-	-	-	3
宋代	652	842	99	586	154	265	248	11	23	183	96	13	112	75	16	80	83	25
元代	7	14	2	7	15	9	2	8	5	8	3	5	-	9	1	4	-	12
進士總數	725	868	101	604	177	278	268	21	31	198	100	21	115	100	19	84	84	46

　　由上表可知，自唐至元，地處南直隸東南地區的常州府以考出 868 名進士的數量位居第一，蘇州府次之；其次則為徽州府、揚州府、鎮江府。明代蘇州府、常州府、揚州府、鎮江府進士數量位居前茅，明顯就與自唐以來深厚的文化積澱具有密切的關係。值得一提的是，徽州府雖然地處南直隸地區最南部，但從上表可知，自唐以來徽州府擁有的進士數位居南直隸所屬府、州縣的第三位，明朝時，徽州府位列蘇州、常州、松江三府之後，其自身蘊含的深厚的文化積澱無疑起著十分重要的作用。

　　最後是科舉氛圍因素。科舉氛圍的差異是影響各府州縣科舉競爭力的重要原因。應天、蘇州、常州、松江四府民眾好讀詩書，「歷代師儒之傳述，家弦戶誦，風氣開先，拔幟匪難，奪標自易」〔註74〕。這種「家弦戶誦」的習俗由來已久，蔚然成風；崑山、常熟、武進三縣民眾尤其熱衷科舉，皆以科舉為首業。如崑山縣「人好學而知禮，家知讀書」〔註75〕。常熟縣「士之習詩書者，誦讀之聲比屋相聞」〔註76〕。武進縣「人崇詩書，敦禮讓，弦誦聲比屋而是，故科第蟬聯，人文甲天下」〔註77〕。正是由於人們視科舉為首業，並由此營造出濃厚的科舉氛圍，激勵士子們不斷投身科舉，才創造了蘇州、常州、松江、

〔註74〕〔清〕陳夔龍：《夢蕉亭雜記》卷二，北京：北京古籍出版社，1982 年，第 102 頁。

〔註75〕萬曆《重修崑山縣志》卷一《風俗》，《中國方志叢書・華中地方・第四三三號》，第 43 頁。

〔註76〕康熙《常熟縣志》卷九《風俗》，康熙刊本。

〔註77〕乾隆《武進縣志》卷一《風俗》，乾隆刊本。

應天四府分別居南直隸各府擁有進士數第一、二、三、五名的輝煌。與此形成
強烈對比的是，鳳陽、盧州二府民眾「皆呰窳輕诊，多游手遊食」〔註78〕。可
見，不同地區的科舉氛圍差異會對其考出進士數的多寡產生重要影響。

〔註78〕〔明〕張瀚：《松窗夢語》卷四《商賈記》，上海：上海古籍出版社，1986年，
　　　　第74頁。

第三章　明代南直隸進士群體戶類與本經分布

　　明代南直隸進士戶類分布具有廣泛性，其中民籍進士在南直隸進士群體中佔據主體地位，在社會環境、文化素養、應考能力、經濟條件大致相當的前提下，各戶類人口數成為決定南直隸各戶類進士數最基本的因素。明代南直隸進士的本經分布具有不平衡性和廣泛性的特點，這是由各地經師授經、家族內部傳經、士子自主擇經、各地習經風氣和受當地提學官影響等綜合因素導致的結果。

第一節　明代南直隸進士群體戶類分布特點及其成因

　　明代的戶類大致有民、軍、匠、灶、站、儒等不同的類型，代表著不同的職業，同時也意味著有向官府承擔相應差役的義務。按制明代的制度，世代承襲，在未經官府許可的前提下，嚴禁私自改籍。明代舉子在應考科舉時需填報自己的籍貫，這凸顯了役籍在科舉制度中的重要性；明王朝的統治者在制定這項制度時，首先考慮的是如何利用這一制度最大限度的維護社會的穩定。故而，研究明代南直隸進士群體的戶類，不僅對促進該領域的科舉研究而且對推動明代政治史、社會史的研究都具有積極意義。

一、明代南直隸進士群體的戶類分布

　　系統記載明代南直隸進士群體的戶類，首選史料無疑是《進士登科錄》，其次為《碑錄》。需指出的是，明代共舉行 88 科 89 榜殿試，但洪武十八年、二十一年、二十四年、二十七年、三十年春、夏榜，永樂二年、四年、永樂十

六年、十九年、二十二年，宣德二年 11 科南直隸進士的戶類，因無存世的《進士登科錄》，且《碑錄》對上述科次進士的戶類信息闕載，因此，茲謹以明代《進士登科錄》和《碑錄》的相關記載，對 77 科共計 3547 名南直隸進士的戶類進行了逐科、逐人的確認和統計，統計結果如下表所示：

明代南直隸各府、州進士戶類統計表

蘇州府	民籍	軍籍〔註1〕	匠籍	官籍	灶籍〔註2〕	醫籍	儒籍	商籍	廚籍	總計
數　量	626	124	63	15	1	5	2	0	0	836
占　比	74.97%	14.85%	7.55%	1.80%	0.12%	0.48%	0.24%	0	0	100%
常州府	民籍	軍籍	匠籍	官籍	灶籍	醫籍	儒籍	商籍	廚籍	總計
數　量	423	101	12	25	0	4	3	0	0	568
占　比	74.34%	17.93%	2.11%	4.39%	0	0.70%	0.53%	0	0	100%
松江府	民籍	軍籍	匠籍	官籍	灶籍	醫籍	儒籍	商籍	廚籍	總計
數　量	262	52	22	6	32	4	0	0	0	378
占　比	69.31%	13.76%	5.82%	1.59%	8.47%	1.06%	0	0	0	100%
徽州府	民籍	軍籍	匠籍	官籍	灶籍	醫籍	儒籍	商籍	廚籍	總計
數　量	272	38	8	0	0	0	1	0	0	319
占　比	85.27%	11.91%	2.51%	0	0	0	0.31%	0	0	100%
應天府	民籍	軍籍	匠籍	官籍	灶籍	醫籍	儒籍	商籍	廚籍	總計
數　量	137	109	32	14	0	4	2	0	1	299
占　比	45.82%	36.45%	10.70%	4.68%	0	1.34%	0.67%	0	0.33%	100%
揚州府	民籍	軍籍	匠籍	官籍	灶籍	醫籍	儒籍	商籍	廚籍	總計
數　量	117	77	7	0	8	1	0	1	0	211
占　比	55.45%	36.49%	3.32%	0	3.79%	0.47%	0	0.47%	0	100%
鎮江府	民籍	軍籍	匠籍	官籍	灶籍	醫籍	儒籍	商籍	廚籍	總計
數　量	94	37	8	2	0	2	0	0	0	143
占　比	65.73%	25.87%	5.59%	1.40%	0	1.40%	0	0	0	100%

〔註 1〕包括衛官籍、旗籍、軍匠籍、校尉籍、錦衣衛女戶籍。
〔註 2〕亦稱「鹽籍」。

安慶府	民籍	軍籍	匠籍	官籍	灶籍	醫籍	儒籍	商籍	廚籍	總計
數　量	93	30	10	4	0	4	0	0	0	141
占　比	65.96%	21.28%	7.09%	2.84%	0	2.84%	0	0	0	100%
鳳陽府	民籍	軍籍	匠籍	官籍	灶籍	醫籍	儒籍	商籍	廚籍	總計
數　量	69	53	2	3	0	0	0	0	0	127
占　比	54.33%	41.73%	1.57%	2.36%	0	0	0	0	0	100%
寧國府	民籍	軍籍	匠籍	官籍	灶籍	醫籍	儒籍	商籍	廚籍	總計
數　量	81	34	7	0	0	0	8	0	0	130
占　比	62.31%	26.15%	5.38%	0	0	0	6.15%	0	0	100%
廬州府	民籍	軍籍	匠籍	官籍	灶籍	醫籍	儒籍	商籍	廚籍	總計
數　量	54	34	6	0	0	1	0	0	0	95
占　比	56.84%	35.79%	6.32%	0	0	1.05%	0	0	0	100%
淮安府	民籍	軍籍	匠籍	官籍	灶籍	醫籍	儒籍	商籍	廚籍	總計
數　量	56	32	2	2	1	0	0	0	0	93
占　比	60.22%	34.41%	2.15%	2.15%	1.08%	0	0	0	0	100%
太平府	民籍	軍籍	匠籍	官籍	灶籍	醫籍	儒籍	商籍	廚籍	總計
數　量	39	25	2	2	1	0	0	0	0	67
占　比	58.21%	37.31%	2.99%	2.99%	1.49%	0	0	0	0	100%
池州府	民籍	軍籍	匠籍	官籍	灶籍	醫籍	儒籍	商籍	廚籍	總計
數　量	46	9	3	0	0	1	0	0	0	59
占　比	77.97%	15.25%	5.08%	0	0	1.69%	0	0	0	100%
滁州府	民籍	軍籍	匠籍	官籍	灶籍	醫籍	儒籍	商籍	廚籍	總計
數　量	16	13	0	2	0	0	0	0	0	33
占　比	48.48%	39.39%	0	6.06%	0	0	0	0	0	100%
廣德州	民籍	軍籍	匠籍	官籍	灶籍	醫籍	儒籍	商籍	廚籍	總計
數　量	18	6	0	0	0	0	0	0	0	24
占　比	75%	25%	0	0	0	0	0	0	0	100%
徐　州	民籍	軍籍	匠籍	官籍	灶籍	醫籍	儒籍	商籍	廚籍	總計
數　量	10	3	0	0	0	0	0	0	0	13
占　比	76.92%	23.08%	0	0	0	0	0	0	0	100%
和　州	民籍	軍籍	匠籍	官籍	灶籍	醫籍	儒籍	商籍	廚籍	總計
數　量	8	3	0	0	0	0	0	0	0	11
占　比	72.73%	27.27%	0	0	0	0	0	0	0	100%

由上表可知，明代南直隸進士群體可確認的戶類，分別是民、軍、匠、官、灶、醫、儒、商、廚，共 9 個類別。蘇州府可確認戶類的進士共 836 名，其中民籍進士 626 名，占總數的 74.97%；軍籍進士 124 名，占總數的 14.85%；匠籍進士 63 名，占總數的 7.55%；官籍進士 15 名，占總數的 1.80%；灶籍進士 1 名，占總數的 0.12%；醫籍進士 5 名，占總數的 0.48%；儒籍進士 2 名，占總數的 0.24%；蘇州府無商、廚籍進士。

常州府可確認戶類的進士共 568 名，其中民籍進士 423 名，占總數的 74.34%；軍籍進士 101 名，占總數的 17.93%；匠籍進士 12 名，占總數的 2.11%；官籍進士 25 名，占總數的 4.39%；醫籍進士 4 名，占總數的 0.70%；儒籍進士 3 名，占總數的 0.53%；常州府無灶、商、廚籍進士。

松江府可確認戶類的進士共 378 名，其中民籍進士 262 名，占總數的 69.31%；軍籍進士 52 名，占總數的 13.76%；匠籍進士 22 名，占總數的 5.82%；官籍進士 6 名，占總數的 1.59%；灶籍進士 32 名，占總數的 8.47%；醫籍進士 4 名，占總數的 1.06%；松江府無儒、商、廚籍進士。

徽州府可確認戶類的進士共 319 名，其中民籍進士 272 名，占總數的 85.27%；軍籍進士 38 名，占總數的 11.91%；匠籍進士 8 名，占總數的 2.51%；儒籍進士 1 名，占總數的 0.31%；徽州府無官、灶、醫、商、廚籍進士。

應天府可確認戶類的進士共 299 名，其中民籍進士 137 名，占總數的 45.82%；軍籍進士 109 名，占總數的 36.45%；匠籍進士 32 名，占總數的 10.70%；官籍進士 14 名，占總數的 4.68%；醫籍進士 4 名，占總數的 1.34%；儒籍進士 2 名，占總數的 0.67%；廚籍進士 1 名，占總數的 1.33%；應天府無無灶、商籍進士。

揚州府可確認戶類的進士共 211 名，其中民籍進士 117 名，占總數的 55.45%；軍籍進士 77 名，占總數的 36.49%；匠籍進士 7 名，占總數的 3.32%；灶籍進士 8 名，占總數的 3.79%；醫籍、商籍進士各 1 名，皆占總數的 0.47%；揚州府無官、儒、廚籍進士。

鎮江府可確認戶類的進士共 143 名，其中民籍進士 94 名，占總數的 65.73%；軍籍進士 37 名，占總數的 25.87%；匠籍進士 8 名，占總數的 5.59%；官籍、醫籍進士各 2 名，皆占總數的 1.40%；鎮江府無灶、儒、商、廚籍進士。

安慶府可確認戶類的進士共 141 名，其中民籍進士 93 名，占總數的 65.96%；軍籍進士 30 名，占總數的 21.28%；匠籍進士 10 名，占總數的 7.09%；

官籍、醫籍進士各 4 名，皆占總數的 2.84%；安慶府無灶、儒、商、廚籍進士。

　　鳳陽府可確認戶類的進士共 127 名，其中民籍進士 69 名，占總數的 54.33%；軍籍進士 53 名，占總數的 41.73%；匠籍進士 2 名，占總數的 1.57%；官籍進士 3 名，占總數的 2.36%；鳳陽府無灶、醫、儒、商、廚籍進士。

　　寧國府可確認戶類的進士共 130 名，其中民籍進士 81 名，占總數的 62.31%；軍籍進士 34 名，占總數的 26.15%；匠籍進士 7 名，占總數的 5.38%；儒籍進士 8 名，占總數的 6.15%；寧國府無官、灶、醫、商、廚籍進士。

　　盧州府可確認戶類的進士共 95 名，其中民籍進士 54 名，占總數的 56.84%；軍籍進士 34 名，占總數的 35.79%；匠籍進士 6 名，占總數的 6.32%；醫籍進士 1 名，占總數的 1.05%；盧州府無官、灶、儒、商、廚籍進士。

　　淮安府可確認戶類的進士共 93 名，其中民籍進士 56 名，占總數的 60.22%；軍籍進士 32 名，占總數的 34.41%；匠籍、官籍進士各 2 名，皆占總數的 2.15%；灶籍進士 1 名，占總數的 1.08%；淮安府無醫、儒、商、廚籍進士。

　　太平府可確認戶類的進士共 67 名，其中民籍進士 39 名，占總數的 58.21%；軍籍進士 25 名，占總數的 37.31%；匠籍、官籍進士各 2 名，占總數的 2.99%；灶籍進士 1 名，占總數的 1.49%；太平府無醫、儒、商、廚籍進士。

　　池州府可確認戶類的進士共 59 名，其中民籍進士 46 名，占總數的 77.97%；軍籍進士 9 名，占總數的 15.25%；匠籍進士 3 名，占總數的 5.08%；醫籍進士 1 名，占總數的 1.69%；池州府無官、灶、儒、商、廚籍進士。

　　滁州可確認戶類的進士共 33 名，其中民籍進士 16 名，占總數的 48.48%；軍籍進士 13 名，占總數的 39.39%；官籍進士 2 名，占總數的 6.06%；滁州無匠、灶、醫、儒、商、廚籍進士。

　　廣德州可確認戶類的進士共 24 名，其中民籍進士 18 名，占總數的 75%；軍籍進士 6 名，占總數的 25%；廣德州無官、匠、灶、醫、儒、商、廚籍進士。

　　徐州可確認戶類的進士共 13 名，其中民籍進士共 10 名，占總數的 76.92%；軍籍進士 3 名，占總數的 23.08%；徐州無官、匠、灶、醫、儒、商、廚籍進士。

　　和州可確認進士戶類的進士共 11 名，其中民籍進士 8 名，占總數的 72.73%；軍籍進士 3 名，占總數的 27.27%；和州無官、匠、灶、醫、儒、商、廚籍進士。

二、明代南直隸進士群體戶類分布特點及其成因

為更直觀的顯示明代南直隸進士群體戶類的分布特點，特製下表：

明代 77 科南直隸進士戶類統計表

戶　　類	民籍	軍籍	匠籍	官籍	灶籍	儒籍	醫籍	商籍	廚籍	總計
進士數	2421	780	184	75	42	17	16	1	1	3547
占　　比	68.24	22.01%	5.19%	2.11%	1.18%	0.45%	0.45%	0.03%	0.03%	100%

由上表可知，明代南直隸進士群體分別來自民、軍、匠、官、灶、醫、儒、商、廚共 9 個類別，顯示出南直隸進士群體戶類的廣泛性。其中民籍進士在南直隸進士群體中佔據主體地位，所佔比重為 68.24%；軍籍次之，所佔比重為 22.01%；其後依次為匠、官、灶、醫、儒、商、廚，不同戶類的南直隸進士數排序與各戶類在總戶類中的排序大致相符，這說明在社會環境、文化素養、應考能力、經濟條件大致相當的前提下，各戶類人口數成為決定南直隸各戶類進士數最基本的因素。明代南直隸進士各戶類呈現出上述特點，應主要取決於明初各戶類人口數的分布。永樂二年都察院左都御史陳瑛向永樂皇帝奏述：「以天下通計，人民不下一千萬戶，官軍不下二百萬家」〔註3〕，也即民籍人數最多，軍籍人數次之，軍戶大致占著籍戶的 20%；此外，據陳詩啟研究，「明代屬於匠籍的工匠，經常在三十萬人作右」〔註4〕，以一匠戶出一名工匠計，則匠戶在著籍戶中所佔比重大致為 3%。值得注意的是，南直隸軍籍進士在南直隸進士群體中所佔比重比明朝軍戶在總人戶中所佔比重高 2.01 個百分點；南直隸匠籍進士在南直隸進士群體中所佔比重比明朝匠戶在總人戶中所佔比重高 2.19 個百分點；因軍、匠戶承擔更為繁重的差役，其所面臨的應舉環境也更為惡劣，故軍、匠戶能在激烈的科舉競爭中脫穎而出且在南直隸進士群體中所佔比重具有明顯優勢，這表明軍、匠籍進士在應舉過程中所付出更為艱辛的努力，同時也從側面反映出南直隸軍、匠戶具有較強的應考能力。

以上是明代南直隸進士群體戶類地域分布的總體情況，在不同時期的分布狀況則如下表所示：

〔註3〕《明太宗實錄》卷三三「永樂二年八月庚寅」，第 589 頁。

〔註4〕陳詩啟：《從明代官手工業到中國近代海關史研究》，廈門：廈門大學出版社，2004 年，第 35 頁。

明代不同時期各戶類科均南直隸進士人數統計表

時　　期	洪武四年至正統十年	正統十三年至成化十四年	成化十七年至正德六年	正德九年至嘉靖二十三年	嘉靖二十六年至萬曆五年	萬曆八年至萬曆三十八年	萬曆四十一年至崇禎十六年	合計
科　　數	11	11	11	11	11	11	11	77
民籍數	152	245	357	335	391	395	546	2421
科均數	13.82	22.27	32.45	30.45	35.55	35.91	50.09	31.44
軍籍數	32	130	163	149	117	130	59	780
科均數	2.91	11.73	14.82	12.82	10.73	11.82	5.36	10.14
匠籍數	4	31	36	33	35	23	22	184
科均數	0.36	2.82	3.27	3	3.18	2.09	2	2.39
官籍數	2	36	14	10	4	5	4	75
科均數	0.18	3.27	1.27	0.82	0.36	0.45	0.36	0.97
灶籍數	1	4	5	8	9	8	7	42
科均數	0.09	0.36	0.45	0.55	0.82	0.73	0.64	0.55
醫籍數	1	8	10	3	2	0	2	26
科均數	0.09	0.73	0.91	0.27	0.18	0	0.18	0.34
儒籍數	2	2	4	2	3	1	3	17
科均數	0.18	0.18	0.36	0.18	0.27	0.09	0.27	0.22
廚籍數	0	1	0	0	0	0	0	1
科均數	0	0.09	0	0	0	0	0	0.01
商籍數	0	0	0	0	0	1	0	1
科均數	0	0	0	0	0	0.09	0	0.01

　　由上表可知，明代不同時期各戶類科均南直隸進士人數變化具有以下特點：

　　首先，南直隸民籍進士的科均人數，洪武至正統十年為 13.82 人，正統十三年至成化十四年增長至 22.27 人，成化十七年至正德六年增長至 32.35 人，正德九年至嘉靖二十三年為 30.35 人，比前一時期雖低，但較第一、二時期而言，仍呈增長趨勢，嘉靖二十六年至萬曆五年又增長至 35.55 人，此後不斷呈增長趨勢，萬曆八年至萬曆三十八年科均人數為 35.91 人，萬曆四十一年至崇禎十六年科均人數為 50.09 人，比上一期的科均人數增長了 14.18 人，即呈不斷增長的趨勢。這一變化主要是因非民籍進士的科舉競爭力持續下降引起的。

如成化十七年至正德六年軍籍進士科均人數為 14.82 人，嘉靖二十六年至萬曆五年降至 10.73 人，萬曆四十一年至崇禎十六年又降至 5.36 人，降至最低點；成化十七年至正德六年匠籍進士科均人數為 3.27 人，嘉靖二十六年至萬曆五年降至 3.18 人，萬曆八年至萬曆三十八年降至 2.09 人，萬曆四十一年至崇禎十六年又降至 2 人，降至最低點；正統十三年至成化十四年官籍進士科均人數為 3.27 人，成化十七至正德六年降至 1.27 人，嘉靖二十六年至萬曆五年降至 0.36 人，中間經過稍微提升，萬曆四十一年至崇禎十六年又降至 0.36 人；嘉靖二十六年至萬曆五年灶籍進士科均人數為 0.82 人，萬曆八年至萬曆三十八年降至 0.73 人，萬曆四十一年至崇禎十六年又降至 0.64 人。

其次，南直隸軍籍進士作為南直隸非民籍進士的主體，其科均人數經歷了自明前期不斷提升、成化十七年至正德六年達到高峰、此後又持續下降（萬曆八年至萬曆三十八年偶然有回升）、萬曆四十一年至崇禎十六年最終跌至最低點的過程。這一變化的成因主要是：明朝初期，由於戰亂頻仍，軍戶既需承擔沉重的經濟負擔，且用來讀書應舉的時間也不寬裕，故洪武四年至正統十年間軍籍進士科均人數處於最低水平 2.19 人也就十分自然。宣德、正統後，明朝社會秩序日漸穩定，社會經濟迅速發展，對於軍戶而言，其經濟和軍役負擔明顯減輕，讀書應舉所必需的經濟條件和時間、精力都日漸寬裕。在此背景下，正統十三年至成化十四年軍籍進士科均人數增至 11.73 人，是上一時期的 4.03 倍；此後持續增長，成化十七年至正德六年增至 14.82 人，達到最高峰，是洪武四年至正統十年期間的 6.77 倍；正德、嘉靖間南直隸軍籍進士科均人數逐漸呈下降趨勢，主要是因「明中後期軍戶數量呈持續下降趨勢」造成的〔註5〕，而這又是由於明中後期大量軍戶逃亡和改籍引起的。如直隸徽州府，洪武四年軍戶為「六千六百八十一戶」，洪武九年為「八千八百八十三戶」，至弘治五年則下降為「四千三百九十二戶」〔註6〕。由此可知，弘治五年直隸徽州府軍戶數量比洪武四年減少了 2289 戶，占原有軍戶的 34%，比洪武九年軍戶數量減少了 4554 戶，占原有軍戶的 51.26%，由此可窺見明中後期軍戶逃亡數量是大的。此外，南直隸軍戶改籍現象也十分常見。如弘治六年進士周昶為「直隸松江府華亭縣軍籍」〔註7〕，《萬曆十一年進士登科錄》載其孫周子文為「直隸蘇

〔註 5〕萬明主編：《晚明社會變遷問題與研究》，北京：商務印書館，2005 年，第 425 頁。
〔註 6〕弘治《徽州府志》卷二《戶口》，《天一閣藏明代方志選刊》第 29 冊，上海古籍出版社 1961 年影印本，第 35、36、39 頁。
〔註 7〕《弘治六年進士登科錄》，第 59 頁。

州府長洲縣民籍」〔註8〕；弘治十八年進士張寬為「直隸蘇州府太倉州軍籍」
〔註9〕，而《萬曆五年進士登科錄》載其孫張棟為「直隸蘇州府太倉州民籍」
〔註10〕；嘉靖二年進士盛應陽為「直隸蘇州府吳江縣軍籍」，其孫盛王贊中崇
禎十年進士〔註11〕，而《碑錄》載盛王贊為「直隸蘇州府吳江縣民籍」〔註12〕；
嘉靖十一年進士許如綸為「直隸太倉衛軍籍」，其孫許國榮中天啟五年進士
〔註13〕，而《碑錄》載許國榮為「直隸蘇州府太倉州民籍」〔註14〕；嘉靖二十
六年進士朱大韶為「直隸松江府華亭縣軍籍」〔註15〕，其孫朱積中崇禎十六年
進士〔註16〕，而《碑錄》載朱積為「直隸松江府華亭縣民籍」〔註17〕；萬曆十
四年進士方大美為「直隸安慶府桐城縣軍籍」〔註18〕，其子方拱乾中崇禎元年
進士〔註19〕，而《碑錄》載方拱乾為「直隸安慶府桐城縣民籍」〔註20〕；萬曆
三十五年進士吳暘為「直隸常州府武進縣軍籍」〔註21〕，其子吳伯尚中崇禎十
六年進士〔註22〕，而《碑錄》載吳伯尚為「直隸常州府武進縣民籍」〔註23〕；
萬曆四十四年進士方孔炤為「直隸安慶府桐城縣軍籍」〔註24〕，其子方以智
中崇禎十三年進士〔註25〕，而《碑錄》載方以智為「直隸安慶府桐城縣民籍」
〔註26〕。特別是明後期社會動盪不安，戰事不斷，朝廷徵調軍戶子弟投入到平

〔註8〕《萬曆十一年進士登科錄》，第35頁。
〔註9〕《弘治十八年進士登科錄》，《明代進士登科錄彙編》第5冊，臺北：學生書局
    1969年影印本，第2557頁。
〔註10〕《萬曆五年進士登科錄》，第26頁。
〔註11〕《崇禎十年進士履歷便覽》，寧波：寧波出版社2010年影印本。
〔註12〕《碑錄》，第1306頁。
〔註13〕《類姓登科考》，第616頁。
〔註14〕《碑錄》，第1232頁。
〔註15〕《嘉靖二十六年進士登科錄》，第75頁。
〔註16〕《類姓登科考》，第374頁。
〔註17〕《碑錄》，第1346頁。
〔註18〕《萬曆十四年進士同年總錄》，《明代進士登科錄彙編》第20冊，臺北：學生
    書局1969年影印本，第10931頁。
〔註19〕《類姓登科考》，第472頁。
〔註20〕《碑錄》，第1245頁。
〔註21〕《萬曆三十五年進士登科錄》，《中國科舉錄彙編》第9冊，第328頁。
〔註22〕《類姓登科考》，第392頁。
〔註23〕《碑錄》，第1364頁。
〔註24〕《碑錄》，第1172頁。
〔註25〕《類姓登科考》，第472頁。
〔註26〕《碑錄》，第1318頁。

定戰亂之中，其自然無暇顧及應舉，故萬曆四十一年至崇禎十六年南直隸軍籍進士科均人數急劇下降至 5.36 人也就不難理解。

其三，南直隸匠籍進士呈現出明初科均人數少，集中分佈在正統後期至萬曆初期，萬曆中後期至明末平穩下降的特點。明初南直隸匠籍進士科均人數為 0.36 人，正統十三年至成化十四年迅速增長，科均人數為 2.82 人，成化十七年至正德六年又增長至 3.27 人，達到最高值；正德九年至萬曆初期科均人數大致持平，萬曆八年至萬曆三十八年、萬曆四十一年至崇禎十六年兩個時期平穩下降。這一變化的成因應是：明初大規模的工役接連不斷，匠戶在承擔沉重的匠役負擔的同時無暇讀書應舉；正統後，朝廷大規模的工役已結束，且商品經濟發展迅速，特別是成化二十一年，明廷下令：「輪班工匠有願出銀價者，每名每月，南匠出銀九錢，免赴京」〔註27〕，嘉靖四十一年，明廷題准：「自本年春季為始，將該年班匠通行徵銀類解，不許私自赴部投當」〔註28〕，也即所有工匠皆以銀代役。由此，則匠戶子弟有更多的餘力讀書應舉；明後期南直隸匠籍進士科均人數下降，主要是由南直隸民籍進士強勁的科舉競爭力引起的。

其四，南直隸官籍進士呈現出集中分佈在明中期，明前期和後期分布少的特點。具體言之，洪武四年至正統十年南直隸官籍進士科均人數為 0.18 人，正統十三年至成化十四年迅速增長至 3.27 人，成化十七年至正德六年降至 1.27 人，正德九年至嘉靖二十三年為 0.82 人，嘉靖二十六年至萬曆五年、萬曆八年至萬曆三十八年、萬曆四十一年至崇禎十六年間三個時期的科均人數分別為 0.36 人、0.45 人、0.36 人，大致持平，這說明隨著時間的推移，南直隸官籍進士科舉競爭力是不斷下降的；南直隸灶籍進士在明初分布極少，集中分布於明中後期，洪武四年至正統十年科均人數僅為 0.09 人，正統十三年至成化十四年增長至 0.36 人，成化十七年至正德六年增長至 0.45 人，正德九年至嘉靖二十三年為 0.55 人，嘉靖二十六年至萬曆五年達到最高值，為 0.82 人，萬曆八年至萬曆三十八年為 0.73 人，萬曆四十一年至崇禎十六年為 0.64 人，可見隨著時間的推移，南直隸灶籍進士依然保持者一定程度的科舉競爭力；南直隸醫籍進士集中分佈在正統十三年至成化十四年、成化十七年至正德六年兩個時期，零星分布於其餘 5 個時期，洪武四年至正統十年科均人數僅為 0.09 人，正統十三年至成化十四年科均人數為 0.73 人，成化十七年至正德六年科

〔註27〕《明會典》卷一八九《工部九》，北京：中華書局，1989 年，第 951 頁。
〔註28〕《明會典》卷一八九《工部九》，第 952 頁。

均人數為 0.91 人，達到最高值，此後陡然下降，正德九年至嘉靖二十三年為 0.27 人，嘉靖二十六年至萬曆五年、萬曆四十一年至崇禎十六年兩個時期皆為 0.18 人，萬曆八年至萬曆三十八年南直隸無醫籍進士，其科均人數達到最低點，可見隨著時間的推移，南直隸醫籍進士的科舉競爭力日益下降；南直隸儒籍進士呈現出在各個時期均勻分布的特點，洪武四年至正統十年科均人數為 0.18 人，正統十三年至成化十四年科均人數也為 0.18 人，成化十七年至正德六年科均人數為.36 人，達到最高值，正德九年至嘉靖二十三年為 0.18 人，嘉靖二十六年至萬曆五年為 0.27 人，萬曆八年至萬曆三十八年為 0.09 人，萬曆四十一年至崇禎十六年為 0.27 人，說明南直隸儒籍進士在應考科舉方面尚有一定的競爭力；南直隸還有廚籍、商籍進士各 1 人，即成化八年三甲第 75 名進士朱福和萬曆三十五年三甲第 6 名進士鄭茂華，分別為南京光祿寺廚籍和直隸揚州府江都縣商籍。

第二節　明代南直隸進士群體本經分布特點及其成因

洪武十七年，朝廷頒布《科舉程序》，其中規定：鄉、會試初場，試《經》義四道，每道三百字以上。其中出題及答題依據，《易》主程、朱《傳》《義》；《書》主蔡氏《傳》及古注疏；《詩》主《朱子集傳》；《春秋》主左氏、公羊、穀梁、胡氏、張洽《傳》；《禮記》主古注疏〔註29〕。永樂後又規定統一以《四書五經大全》和《性理大全》為宗。明代舉子參加鄉試和會試考試時，選擇五《經》中的一種作為答題的經典，即其「本經」。五《經》指《易》《詩》《尚書》《春秋》《禮記》五種經典，考生只需選擇其中的一個經典作答，若全部作答，則屬違制。探討南直隸進士群體本經的分布，不僅可以管窺南直隸各地區士子習經的風氣和文化的差異，也有利於更一步認識南直隸進士群體的特徵。

一、明代南直隸進士群體的本經分布

系統記載明代南直隸進士群體本經分布的史料，首選無疑是《進士登科錄》，緣此，茲謹以洪武四年、宣德五年、八年、正統四年、七年、十年、十三年、景泰二年、五年、天順四年、八年、成化二年、五年、十一年、十四年、十七年、二十三年，弘治三年、六年、十五年、十八年、正德六年、十

〔註29〕〔明〕王世貞：《弇山堂別集》卷八一《科試考一》，北京：中華書局，1985 年，第 1543 頁。

二年、嘉靖二年、八年、十一年、十四年、十七年、二十年、二十三年、二十六年、二十九年、三十二年、三十五年、三十八年、四十一年、四十四年、隆慶五年、萬曆二年、五年、十一年《進士登科錄》；建文二年、永樂十年、天順元年、成化八年、弘治九年、正德十六年、隆慶二年、萬曆八年《進士登科錄》〔註30〕；永樂九年、正統元年、弘治十二年、萬曆二十六年、三十二年《進士登科錄》〔註31〕；正德三年、萬曆二十九年、三十五年《進士科舉錄》〔註32〕；《萬曆三十八年進士登科錄》〔註33〕，共 58 科《進士登科錄》作為統計依據；需指出的是，士子在參加鄉、會試乃至殿試時，通常情況下都會連續選擇一種本經作為經典來答題，如直隸蘇州府長洲縣籍進士顧源，《成化四年應天府鄉試錄》載：「第一百二十三名顧源，長洲縣學生，書」〔註34〕，後顧源參加成化十七年會試並中式，故《成化十七年會試錄》又載：「第一百名顧源，直隸長洲縣人，監生，書」〔註35〕，《成化十七年進士登科錄》也載：「顧源，貫直隸蘇州府長洲縣民籍，國子生，治書經」〔註36〕。因此，對無現存《進士登科錄》的科次，如正德九年、嘉靖五年、萬曆十四年、十七年、二十年、二十三年、三十八年、四十一年、四十四年、四十七年、天啟二年、五年、崇禎元年、四年、七年、十年、十三年等 18 科次的南直隸進士本經的狀況，俱以《會試錄》《進士同年總錄》《序齒錄》《進士履歷便覽》《南國賢書》所載為準〔註37〕。茲謹據上述科舉文獻所載，對明代 74 科 3407 名南直隸進士本經的分布狀況進行逐一的確認和統計，列表顯示如下：

〔註30〕《明代登科錄彙編》，臺北：臺灣學生書局 1969 年影印本。

〔註31〕上海圖書館藏本。

〔註32〕《中國科舉錄彙編》，北京：全國圖書館文獻微縮複製中心 2010 年影印本。

〔註33〕臺北「傅斯年圖書館」藏本。

〔註34〕《成化四年應天府鄉試錄》，寧波出版社 2010 年影印本。

〔註35〕《成化十七年會試錄》，寧波出版社 2007 年影印本，第 22 頁。

〔註36〕《成化十七年進士登科錄》，第 27 頁。

〔註37〕如《正德九年會試錄》《嘉靖五年會試錄》（寧波出版社 2007 年影印本）；《萬曆十四年進士同年總錄》（《明代登科錄彙編》第 20 冊，臺灣學生書局 1969 年影印本）；《萬曆十七年進士履歷便覽》《萬曆二十年進士履歷便覽》《萬曆二十三年進士履歷便覽》《萬曆二十六年進士履歷便覽》《崇禎四年進士履歷便覽》《崇禎七年進士履歷便覽》《崇禎十年進士履歷便覽》《崇禎十三年進士履歷便覽》（寧波出版社 2006 年影印本）；《萬曆三十八年庚戌科序齒錄》（《明代進士登科錄彙編》第 21 冊，臺灣學生書局 1969 年影印本）；萬曆四十一年、四十四年、四十七年、天啟二年、五年等 5 科的南直隸進士本經狀況，俱以《南國賢書》所載中式者本經為準。

明代南直隸進士群體本經分布一覽表

蘇州府	詩	書	易	春　秋	禮　記	總　計
可考本經進士總數	208	116	391	61	43	819
占比（％）	25.40	14.16	47.74	7.45	5.25	100
常州府	詩	書	易	春　秋	禮　記	總　計
可考本經進士總數	273	191	41	15	26	546
占比（％）	50.09	34.92	7.50	2.74	4.75	100
松江府	詩	書	易	春　秋	禮　記	總　計
可考本經進士總數	184	104	25	22	14	349
占比（％）	52.72	29.80	7.16	6.30	4.01	100
徽州府	詩	書	易	春　秋	禮　記	總　計
可考本經進士總數	61	91	49	89	26	316
占比（％）	19.30	28.80	15.51	28.16	8.23	100
應天府	詩	書	易	春　秋	禮　記	總　計
可考本經進士總數	84	81	93	15	14	287
占比（％）	29.27	28.22	32.40	5.23	4.88	100
揚州府	詩	書	易	春　秋	禮　記	總　計
可考本經進士總數	97	18	63	4	20	202
占比（％）	48.02	8.91	31.19	1.98	9.90	100
鎮江府	詩	書	易	春　秋	禮　記	總　計
可考本經進士總數	18	69	32	15	7	141
占比（％）	12.77	48.93	22.70	10.64	4.96	100
安慶府	詩	書	易	春　秋	禮　記	總　計
可考本經進士總數	48	26	43	12	4	133
占比（％）	36.09	19.55	32.33	9.02	3.01	100
鳳陽府	詩	書	易	春　秋	禮　記	總　計
可考本經進士總數	54	10	22	14	15	115
占比（％）	46.96	8.70	19.13	12.17	13.04	100
寧國府	詩	書	易	春　秋	禮　記	總　計
可考本經進士總數	63	10	46	3	4	126
占比（％）	50	7.94	36.51	2.38	3.17	100

廬州府	詩	書	易	春 秋	禮 記	總 計
可考本經進士總數	22	47	14	6	4	93
占比（%）	23.66	50.54	15.05	6.45	4.30	100
淮安府	詩	書	易	春 秋	禮 記	總 計
可考本經進士總數	35	13	6	3	30	87
占比（%）	40.23	14.94	6.90	3.45	34.48	100
太平府	詩	書	易	春 秋	禮 記	總 計
可考本經進士總數	33	12	15	1	1	62
占比（%）	53.23	19.36	24.19	1.61	1.61	100
池州府	詩	書	易	春 秋	禮 記	總 計
可考本經進士總數	39	4	5	7	1	56
占比（%）	69.64	7.14	8.93	12.50	1.79	100
滁州府	詩	書	易	春 秋	禮 記	總 計
可考本經進士總數	10	1	15	3	0	29
占比（%）	34.48	3.46	51.72	10.34	0	100
廣德州	詩	書	易	春 秋	禮 記	總 計
可考本經進士總數	2	1	4	1	15	23
占比（%）	8.70	4.35	17.39	4.35	65.21	100
徐州	詩	書	易	春 秋	禮 記	總 計
可考本經進士總數	9	2	1	0	1	13
占比（%）	69.23	15.38	7.69	0	7.69	100
和州	詩	書	易	春 秋	禮 記	總 計
可考本經進士總數	8	2	0	0	1	11
占比（%）	72.73	18.18	0	0	9.09	100

　　如上表所示，蘇州府可考本經進士總數為 819 人。其中，選擇《詩》作為本經的進士共 208 人，占可考本經進士總數的 25.40%；選擇《書》作為本經的進士共 116 人，占可考本經進士總數的 14.16%；選擇《易》作為本經的進士共 391 人，占可考本經進士總數的 47.74%；選擇《春秋》作為本經的進士共 61 人，占可考本經進士總數的 7.45%；選擇《禮記》作為本經的進士共 43 人，占可考本經進士總數的 5.25%。

　　常州府可考本經進士總數為 546 人。其中，選擇《詩》作為本經的進士共 273 人，占可考本經進士總數的 50.09%；選擇《書》作為本經的進士共 191 人，占可考本經進士總數的 34.92%；選擇《易》作為本經的進士共 41 人，占可考

本經進士總數的 7.50%；選擇《春秋》作為本經的進士共 15 人，占可考本經進士總數的 2.74%；選擇《禮記》作為本經的進士共 26 人，占可考本經進士總數的 4.75%。

松江府可考本經進士總數為 349 人。其中，選擇《詩》作為本經的進士共 184 人，占可考本經進士總數的 52.72%；選擇《書》作為本經的進士共 104 人，占可考本經進士總數的 29.80%；選擇《易》作為本經的進士共 25 人，占可考本經進士總數的 7.16%；選擇《春秋》作為本經的進士共 22 人，占可考本經進士總數的 6.30%；選擇《禮記》作為本經的進士共 14 人，占可考本經進士總數的 4.01%。

徽州府可考本經進士總數為 316 人。其中，選擇《詩》作為本經的進士共 61 人，占可考本經進士總數的 19.30%；選擇《書》作為本經的進士共 91 人，占可考本經進士總數的 28.80%；選擇《易》作為本經的進士共 49 人，占可考本經進士總數的 15.51%；選擇《春秋》作為本經的進士共 89 人，占可考本經進士總數的 28.16%；選擇《禮記》作為本經的進士共 26 人，占可考本經進士總數的 8.23%。

應天府可考本經進士總數為 287 人。其中，選擇《詩》作為本經的進士共 84 人，占可考本經進士總數的 29.27%；選擇《書》作為本經的進士共 81 人，占可考本經進士總數的 28.22%；選擇《易》作為本經的進士共 93 人，占可考本經進士總數的 32.40%；選擇《春秋》作為本經的進士共 15 人，占可考本經進士總數的 5.23%；選擇《禮記》作為本經的進士共 14 人，占可考本經進士總數的 4.88%。

揚州府可考本經進士總數為 202 人。其中，選擇《詩》作為本經的進士共 97 人，占可考本經進士總數的 48.02%；選擇《書》作為本經的進士共 18 人，占可考本經進士總數的 8.91%；選擇《易》作為本經的進士共 63 人，占可考本經進士總數的 31.19%；選擇《春秋》作為本經的進士共 4 人，占可考本經進士總數的 1.98%；選擇《禮記》作為本經的進士共 20 人，占可考本經進士總數的 9.90%。

鎮江府可考本經進士總數為 141 人。其中，選擇《詩》作為本經的進士共 18 人，占可考本經進士總數的 12.77%；選擇《書》作為本經的進士共 69 人，占可考本經進士總數的 48.93%；選擇《易》作為本經的進士共 32 人，占可考本經進士總數的 22.70%；選擇《春秋》作為本經的進士共 15 人，占可考本經

進士總數的 10.64%；選擇《禮記》作為本經的進士共 7 人，占可考本經進士總數的 4.96%。

安慶府可考本經進士總數為 133 人。其中，選擇《詩》作為本經的進士共 48 人，占可考本經進士總數的 36.09%；選擇《書》作為本經的進士共 26 人，占可考本經進士總數的 19.55%；選擇《易》作為本經的進士共 43 人，占可考本經進士總數的 32.33%；選擇《春秋》作為本經的進士共 12 人，占可考本經進士總數的 9.02%；選擇《禮記》作為本經的進士共 4 人，占可考本經進士總數的 3.01%。

鳳陽府可考本經進士總數為 115 人。其中，選擇《詩》作為本經的進士共 54 人，占可考本經進士總數的 46.96%；選擇《書》作為本經的進士共 10 人，占可考本經進士總數的 8.70%；選擇《易》作為本經的進士共 22 人，占可考本經進士總數的 19.13%；選擇《春秋》作為本經的進士共 14 人，占可考本經進士總數的 12.17%；選擇《禮記》作為本經的進士共 15 人，占可考本經進士總數的 13.04%。

寧國府可考本經進士總數為 126 人。其中，選擇《詩》作為本經的進士共 63 人，占可考本經進士總數的 50%；選擇《書》作為本經的進士共 10 人，占可考本經進士總數的 7.94%；選擇《易》作為本經的進士共 46 人，占可考本經進士總數的 36.51%；選擇《春秋》作為本經的進士共 3 人，占可考本經進士總數的 2.38%；選擇《禮記》作為本經的進士共 4 人，占可考本經進士總數的 3.17%。

廬州府可考本經進士總數為 93 人。其中，選擇《詩》作為本經的進士共 22 人，占可考本經進士總數的 23.66%；選擇《書》作為本經的進士共 47 人，占可考本經進士總數的 50.54%；選擇《易》作為本經的進士共 14 人，占可考本經進士總數的 15.05%；選擇《春秋》作為本經的進士共 6 人，占可考本經進士總數的 6.45%；選擇《禮記》作為本經的進士共 4 人，占可考本經進士總數的 4.30%。

淮安府可考本經進士總數為 87 人。其中，選擇《詩》作為本經的進士共 35 人，占可考本經進士總數的 40.23%；選擇《書》作為本經的進士共 13 人，占可考本經進士總數的 14.94%；選擇《易》作為本經的進士共 6 人，占可考本經進士總數的 6.90%；選擇《春秋》作為本經的進士共 3 人，占可考本經進士總數的 3.45%；選擇《禮記》作為本經的進士共 30 人，占可考本經進士總數的 34.48%。

太平府可考本經進士總數為 62 人。其中，選擇《詩》作為本經的進士共 33 人，占可考本經進士總數的 53.23%；選擇《書》作為本經的進士共 12 人，占可考本經進士總數的 19.36%；選擇《易》作為本經的進士共 15 人，占可考本經進士總數的 24.19%；選擇《春秋》《禮記》作為本經的進士各 1 人，各占可考本經進士總數的 28.16%。

池州府可考本經進士總數為 56 人。其中，選擇《詩》作為本經的進士共 39 人，占可考本經進士總數的 69.64%；選擇《書》作為本經的進士共 4 人，占可考本經進士總數的 7.14%；選擇《易》作為本經的進士共 5 人，占可考本經進士總數的 8.93%；選擇《春秋》作為本經的進士共 7 人，占可考本經進士總數的 12.50%；選擇《禮記》作為本經的進士僅 1 人，占可考本經進士總數的 1.79%。

滁州可考本經進士總數為 29 人。其中，選擇《詩》作為本經的進士共 10 人，占可考本經進士總數的 34.48%；選擇《書》作為本經的進士僅 1 人，占可考本經進士總數的 3.46%；選擇《易》作為本經的進士共 15 人，占可考本經進士總數的 51.72%；選擇《春秋》作為本經的進士共 3 人，占可考本經進士總數的 10.34%；值得注意的是，滁州無選擇《禮記》作為本經的進士。

廣德州可考本經進士總數為 23 人。其中，選擇《詩》作為本經的進士共 2 人，占可考本經進士總數的 8.70%；選擇《書》《春秋》作為本經的進士各 1 人，各占可考本經進士總數的 4.35%；選擇《易》作為本經的進士共 4 人，占可考本經進士總數的 17.39%；選擇《禮記》作為本經的進士共 15 人，占可考本經進士總數的 65.21%。

徐州可考本經進士總數為 13 人。其中，選擇《詩》作為本經的進士共 9 人，占可考本經進士總數的 69.23%；選擇《書》作為本經的進士共 2 人，占可考本經進士總數的 15.38%；選擇《易》《禮記》作為本經的進士各 1 人，占可考本經進士總數的 7.69%；徐州無選擇《春秋》作為本經的進士。

和州可考本經進士總數為 11 人。其中，選擇《詩》作為本經的進士共 8 人，占可考本經進士總數的 72.73%；選擇《書》作為本經的進士共 2 人，占可考本經進士總數的 18.18%；選擇《禮記》作為本經的進士僅 1 人，占可考本經進士總數的 9.09%；和州無選擇《易》《春秋》作為本經的進士。

二、明代南直隸進士群體本經分布特點及其成因

為更直觀地顯示明代南直隸進士群體的本經分布特點，特製下表：

明代南直隸進士群體研究

明代南直隸進士群體本經分布表（註38）

府、州名稱	蘇州	常州	松江	徽州	應天	揚州	鎮江	安慶	鳳陽	寧國	廬州	淮安	太平	池州	滁州	廣德州	徐州	和州	總計
詩經	208	273	184	61	84	97	18	48	54	63	22	35	33	39	10	2	9	8	1247
可考習經數	819	546	349	316	287	202	141	133	115	126	93	87	62	56	29	23	13	11	3408
占比（%）	25.40	50.09	52.72	19.30	29.27	48.02	12.77	36.09	46.96	50	23.66	40.23	53.23	69.64	34.48	8.70	69.23	72.73	36.62
書經	116	191	104	91	81	18	69	26	10	10	47	13	12	4	1	1	2	2	798
可考習經數	819	546	349	316	287	202	141	133	115	126	93	87	62	56	29	23	13	11	3408
占比（%）	14.16	34.92	29.80	28.80	28.22	8.91	48.94	19.55	8.70	7.94	50.54	14.94	19.35	7.12	3.45	4.35	15.38	18.18	23.42
易經	391	41	25	49	93	63	32	43	22	46	14	6	15	5	15	4	1	0	865
可考習經數	819	546	349	316	287	202	141	133	115	126	93	87	62	56	29	23	13	11	3408
占比（%）	47.74	7.50	7.16	15.51	32.40	31.19	22.70	32.33	19.13	36.51	15.05	6.90	24.19	8.93	51.72	17.39	7.69	0	25.38

（註38）該表數據係據現存明代《登科錄》《會試錄》《鄉試錄》《閩省賢書》等科舉文獻統計確認而得，表格中習經數指可考的南直隸進士習經人數。

－128－

春秋	61	15	22	89	15	4	15	12	14	3	6	3	1	7	3	1	0	0	271
可考習經數	819	546	349	316	287	202	141	133	115	126	93	87	62	56	29	23	13	11	3408
占比（%）	7.45	2.74	6.30	28.16	5.23	1.98	10.64	9.02	12.17	2.38	6.45	3.45	1.61	12.50	10.34	4.35	0	0	7.95
禮記	43	26	14	26	14	20	7	4	15	4	4	30	1	1	0	15	1	1	226
可考習經數	819	546	349	316	287	202	141	133	115	126	93	87	62	56	29	23	13	11	3408
占比（%）	5.25	4.75	4.01	8.23	4.88	9.90	4.96	3.01	13.04	3.17	4.30	34.48	1.61	1.79	0	65.21	7.69	9.09	6.63

　　由上表可知，明代南直隸進士本經分布具有不平衡性和廣泛性的特點：

　　首先，南直隸可考進士習經總數為 3408 名，其中選擇《詩》作為本經的進士總數為 1247 名，占南直隸可考進士本經總數的 36.62%；選擇《書》作為本經的進士總數為 798 名，占南直隸可考進士本經總數的 23.42%；選擇《易》作為本經的進士總數為 865 名，占南直隸可考進士本經總數的 25.38%；也即 85% 的南直隸進士選擇《詩》《書》《易》作為本經應舉。這與明代全國進士選擇本經應舉所佔的比例十分接近〔註 39〕，說明南直隸進士與明代全國進士一樣偏愛《詩》《書》《易》三經，而自主選擇其為本經應舉。南直隸進士選擇《春秋》《禮記》者所佔比重較少，選擇《春秋》者為 271 人，占南直隸可考進士總數的 7.95%；選擇《易》者為 226 人，占南直隸可考進士總數的 6.63%，這說明極少數的南直隸進士選擇《春秋》《禮記》作為本經。

　　其次，選擇《詩》作為本經的南直隸各府、州進士可分為三個層次：第一，常州、松江、寧國、太平、池州、徐州、和州等 5 府 2 直隸州的進士皆超過半數者選擇《詩》作為本經；第二，揚州、鳳陽、淮安 3 府的進士接近半數者選擇《詩》作為本經；第三，蘇州、徽州、應天、鎮江、安慶、盧州、滁州、廣德州等 6 府 2 直隸州少數進士選擇《詩》作為本經。

　　第三，盧州府半數的進士選擇《書》作為本經；其次是鎮江府接近半數的進士選擇《書》作為本經；選擇《書》作為本經的進士人數在 20%～40% 之間浮動的南直隸所屬府、州有常州、松江、徽州、應天等 4 府；選擇《書》作為本經的進士人數在 1%～20% 之間浮動的南直隸所屬府、州有蘇州、揚州、安慶、鳳陽、寧國、淮安、太平、池州、滁州、廣德州、徐州、和州等 8 府 4 直隸州。

　　第四，滁州府超過半數的進士選擇《易》作為本經；其次是蘇州府接近半數的進士選擇《易》作為本經；選擇《易》作為本經的進士人數在 20%～40% 之間浮動的南直隸所屬府、州有應天、揚州、安慶、寧國、太平等 5 府；選擇《易》作為本經的進士人數在 1%～20% 之間浮動的南直隸所屬府、州有常州、松江、徽州、鎮江、盧州、鳳陽、淮安、池州、廣德州、徐州等 8 府 2 直隸州，和州無選擇《易》作為本經的進士。

　　第五，徽州府選擇《春秋》作為本經的進士所佔比重為 28.16%，占比最高；選擇《春秋》作為本經的進士人數在 10%～15% 之間浮動的南直隸所屬府、

〔註39〕 吳宣德、王紅春《明代會試試經考略》，《教育學報》2011 年第 1 期。

州有鎮江、鳳陽、池州、滁州等 3 府 1 直隸州；選擇《春秋》作為本經的進士
人數在 5%～10%之間浮動的南直隸所屬府、州有蘇州、松江、應天、安慶、
盧州等 5 府；選擇《春秋》作為本經的進士人數在 1%～5%之間浮動的南直隸
所屬府、州有常州、揚州、寧國、淮安、太平、廣德州等 5 府 1 直隸州；徐州、
和州 2 直隸州無選擇《春秋》作為本經的進士。

　　第六，廣德州選擇《禮記》作為本經的進士所佔比重為 65.21%，占比最
高；其次是淮安府，占比為 34.38%；選擇《禮記》作為本經的進士人數在 5%
～10%之間浮動的南直隸所屬府、州有蘇州、徽州、揚州、徐州、和州等 3 府
2 直隸州；選擇《禮記》作為本經的進士人數在 1%～5%之間浮動的南直隸所
屬府、州有常州、松江、應天、鎮江、安慶、寧國、盧州、太平、池州等 9 府，
滁州無選擇《禮記》作為本經的進士。

　　明代南直隸進士本經分布呈現不平衡性和廣泛性的原因，應由以下綜合
因素而造成：

　　首先，經師授《經》。例如蘇州府治《易》者占比為 47.74%，在蘇州府可
考進士選擇的本經中所佔比重最高，這與當地經師傳授《易》經有密切關係。
吳寬《家藏集》載：「《易》，則吾蘇而已。蘇之《易》，始於顧順中先生，一時
遊其門者，出則取科第，以其經轉相傳授。歲久，師弟子益眾，延及他郡，莫
非出顧氏……先生諱巽，順中其字，嘗登永樂甲辰進士第。」〔註40〕可知，永
樂二十二年吳縣籍進士顧巽就曾作為《易》經師在蘇州傳經；隆慶《長洲縣志》
也載：「顧巽，字順中，受《易》於鄉儒周博。當時從巽受經者甚眾，而賀廉、
孔友諒、顧恂輩皆鍾魁選。吳中《易》學，實始於巽」〔註41〕。賀廉從顧恂處
習得《易》經，「以《易》學魁應天解試，歷官□江學訓，福建按察知事，以
剛直不能隨時，告歸，授徒吳中。今吳中易學最盛，其淵源蓋有自云」〔註42〕。
可見，賀廉在吳中傳授《易》經，使得吳中《易》學大盛。蘇州府既有經師傳
經，自然也不乏學成登第者。如蘇州府吳縣籍人陳儓，「從里師鄭鏐受周易，
晝夜講誦，弗怠……景泰元年應應天府鄉試，以第十四人薦，司文衡者且錄其

─────────

〔註40〕〔明〕吳寬：《家藏集》卷三四《三辰堂記》，《景印文淵閣四庫全書》第 1255
　　　　冊，第 285～286 頁。
〔註41〕隆慶《長洲縣志》卷一四《人物》，《天一閣藏明代方志選刊續編》第 31 冊，
　　　　上海：上海書店影印本，1990 年，第 449 頁。
〔註42〕〔明〕王鏊：《震澤集》卷三十《亞中大夫雲南按察司副使賀公墓誌銘》，《景
　　　　印文淵閣四庫全書》第 1256 冊，第 451 頁。

程文一通，以傳四方。二年，中禮部試，遂登進士第」〔註43〕，查《景泰二年進士登科錄》，陳儹正是以《易》中進士〔註44〕；又如蘇州府崑山縣籍人吳瑞，「承父訓從經師授易，雖由指授而義理之精多所自得，補儒學生，弟子從遊多所造就，取科第官通顯者相望，崑山易學必推首焉」〔註45〕，瑞以《易》中成化十一年進士；蘇州府崑山縣籍人王偉，「年二十始從師受周易，往往發師旨所未發」〔註46〕，偉以《易》中成化十四年進士；蘇州府長洲縣籍人蔣廷貴，「未冠，通舉子義，學《易》於進士奚君元啟」〔註47〕，廷貴以《易》中成化十四年進士；蘇州府吳縣籍人毛珵，「從學張僉憲企翔，既而卒業於賀恩先生。賀以《易》學發解南畿，聲稱甚藉，從遊者恒數十人，獨許公善學」〔註48〕，毛珵以《易》中成化二十三年進士；蘇州府吳縣籍人盧襄，「受易於提學君（盧雍），既而卒業於高安令周君振之，已，又為都御史徐公仲山所知，徐公撫山東，遂攜以往，比歸，又遊王文恪之門。游道既廣，造詣日深……遂中高科，有司錄其經義以傳，嘉靖癸未登進士」〔註49〕。查《嘉靖二年進士登科錄》，盧襄以《易》中進士。

值得注意的是，徽州府進士選擇《春秋》作為本經應舉者在南直隸進士中占比最高，這與該地區經師傳授《春秋》密不可分，著名的《春秋》經師有黃汝濟、汪芳等人。黃汝濟，徽州府祁門縣人，「永樂癸未以春秋領鄉薦……仕至南京國子監助教，以老辭歸。築室學旁，執經門下者甚眾。國初祁門儒風久不振，自汝濟及汪芳而後，春秋之學始盛，科目亦自汝濟始」〔註50〕；汪芳，徽州府祁門縣人，「弱冠補邑庠生，中宣德己酉鄉試春秋第一人。時康汝芳、

〔註43〕〔明〕吳寬：《家藏集》卷五八《四川等處提刑按察司僉事陳君行狀》，《景印文淵閣四庫全書》第 1255 冊，第 536 頁。

〔註44〕《景泰二年進士登科錄》，第 21 頁。

〔註45〕〔明〕焦竑：《國朝獻徵錄》卷五一《吳郎中瑞墓誌銘》，《續修四庫全書》史部第 527 冊，第 661 頁。

〔註46〕〔明〕王鏊：《震澤集》卷二三《通議大夫南京兵部右侍郎王公神道碑》，《景印文淵閣四庫全書》第 1256 冊，第 368 頁。

〔註47〕〔明〕李東陽：《懷麓堂集》卷四七《樂亭知縣蔣原用墓誌銘》，《景印文淵閣四庫全書》第 1250 冊，第 507 頁。

〔註48〕〔明〕文徵明：《文徵明集》卷二六《明故嘉議大夫都察院右副都御史毛公行狀》，上海：上海古籍出版社，1997 年，第 605 頁。

〔註49〕〔明〕文徵明：《文徵明集》卷三四《陝西布政使司左參議盧君墓表》，第 769 頁。

〔註50〕弘治《徽州府志》卷八《人物志》，《天一閣藏明代方志選刊續編》第 21 冊，第 34 頁。

汪回顯輩多出其門，遠近學者多執經叩問，祁門春秋得名自芳始」〔註51〕。可見黃汝濟、汪芳二人在徽州府傳授《春秋》對徽州府士子選擇《春秋》為本經應舉影響深遠。

其次，家族內部「一經傳家」，以蘇州府為例。蘇州府進士多選擇治《易》，這與家族內部的「一經傳家」有密切關係。如蘇州府長洲縣籍進士顧巽治《易》經，子顧確也以《易》中正統元年進士〔註52〕；蘇州府長洲縣籍人孔友諒，從顧巽處受《易》，以《易》經中永樂十六年進士，子孔鏞亦以《易》中景泰五年進士〔註53〕；蘇州府嘉定縣籍人徐瑄治《易》，中正統十年進士〔註54〕，子徐旱也選擇《易》為本經應舉，中成化五年進士〔註55〕；蘇州府崑山縣籍人孫瓊治《易》，中正統十三年進士〔註56〕，子孫裕中成化十一年進士，中式本經為《易》〔註57〕；蘇州府吳縣籍人賀元忠治《易》，中成化八年進士〔註58〕，子賀泰中弘治十二年進士，中式本經為《易》〔註59〕；蘇州府崑山縣籍人姜昂治《易》，中成化八年進士〔註60〕，子姜龍中正德三年進士，中式本經為《易》〔註61〕；蘇州府崑山縣籍人吳瑞治《易》，中成化十一年進士〔註62〕，子吳蘭中弘治十二年進士，中式本經為《易》〔註63〕。

吳寬《三辰堂記》又載：「維皇明以經術取士，士之明於經者，或專於一邑，若莆田之書、常熟之詩」〔註64〕。可見蘇州府常熟縣士子多以《詩》作為本經應舉。據筆者統計，直隸蘇州府常熟縣共考取 165 名進士，其中以《詩》

〔註51〕弘治《徽州府志》卷八《人物志》，第 42 頁。
〔註52〕《正統元年進士登科錄》，上海圖書館藏本。
〔註53〕《景泰五年進士登科錄》，第 48 頁。
〔註54〕《正統十年進士登科錄》，第 18 名。
〔註55〕《成化五年進士登科錄》，第 14 頁。
〔註56〕《正統十三年進士登科錄》，第 41 頁。
〔註57〕《成化十一年進士登科錄》，第 15 頁。
〔註58〕《成化八年進士登科錄》，《明代登科錄彙編》第 3 冊，臺北：學生書局 1969 年影印本，第 1192 頁。
〔註59〕《弘治十二年進士登科錄》，上海圖書館藏本。
〔註60〕《成化八年進士登科錄》，《明代登科錄彙編》第 3 冊，第 1252 頁。
〔註61〕《正德三年進士登科錄》，北京：全國圖書館文獻微縮複製中心，2010 年，第 67 頁。
〔註62〕《成化十一年進士登科錄》，第 24 頁。
〔註63〕《弘治十二年進士登科錄》，上海圖書館藏本。
〔註64〕〔明〕吳寬：《家藏集》卷三四《三辰堂記》，《景印文淵閣四庫全書》第 1255 冊，第 285～286 頁。

作為本經中式者共 107 名，占常熟縣進士總數的 64.85%。《詩》經集中分佈在常熟縣，家族間的內部傳經無疑起著十分重要的作用。如蘇州府常熟縣籍人周木治《詩》，中成化十一年進士〔註65〕，子周炯中弘治三年進士，中式本經依然為《詩》〔註66〕；蘇州府常熟縣籍人郁容治《詩》，中成化二十年進士〔註67〕，子郁勳中弘治九年進士，中式本經依然為《詩》〔註68〕；蘇州府常熟縣籍人湯琛治《詩》，中天順元年進士〔註69〕，孫湯繼文中正德六年進士，中式本經依然為《詩》〔註70〕；蘇州府常熟縣籍人沈海治《詩》，中成化二年進士〔註71〕，子沈韓中嘉靖二年進士，中式本經依然為《詩》〔註72〕。可見家族間內部「一經傳家」是造成南直隸進士本經集中分布從而形成不平衡性局面的重要原因。

第三，在經師和家族內部傳經不常見的背景下，以登科為前提的自主選擇。如蘇州府進士選擇《書》作為本經的比例為 14.16%，占比不高。在蘇州府傳授《書》經的經師和家族內部傳授《書》經的情況也不多見的背景下，不乏自主選擇《書》經作為本經應舉者，如正統十年進士葉茂，「自少博學強記，下筆驚人。同邑知名士張和見其所業文曰：『此其志不可量』，因勸遊邑庠，遂駸駸有成矣」〔註73〕，葉茂以《書》中正統十年進士；蘇州府進士選擇《春秋》作為本經的比例只有 7.45%，在蘇州府傳授《春秋》的經師和家族內部傳授《春秋》的情況也不多見的背景下，不乏自主選擇《春秋》作為本經應舉者，永樂九年蘇州府長洲縣籍進士陳祚，「自幼不群，篤學尚氣，治《春秋》，補郡庠生。永樂五年以楷書選至京，六年，應天府鄉試中式，七年中禮部會試，九年殿試，賜進士出身」〔註74〕，最終以《春秋》中進士；蘇州府進士選擇《禮記》作為

〔註65〕《成化十一年進士登科錄》，第 49 頁。

〔註66〕《弘治三年進士登科錄》，第 24 頁。

〔註67〕《成化二十年會試錄》，寧波：寧波出版社 2007 年影印本，第 17 頁。

〔註68〕《弘治九年進士登科錄》，《明代登科錄》彙編第 4 冊，臺北：學生書局 1969 年影印本，第 1998 頁。

〔註69〕《天順元年進士登科錄》，《明代登科錄》彙編第 2 冊，臺北：學生書局 1969 年影印本，第 553 頁。

〔註70〕《正德六年進士登科錄》，第 14 頁。

〔註71〕《成化二年進士登科錄》，第 64 頁。

〔註72〕《嘉靖二年進士登科錄》，第 25 頁。

〔註73〕〔明〕程敏政：《明文衡》卷七九《侍郎葉文莊公神道碑》，《景印文淵閣四庫全書》第 1374 冊，第 580 頁。

〔註74〕〔明〕錢穀：《吳都文粹續集》卷一六《直道陳公祠記》，《景印文淵閣四庫全書》第 1385 冊，第 412 頁。

本經的比例為 5.25%，在不受經師傳經和家族傳經的影響下，其中不乏自主選擇《禮記》者，如弘治十八年蘇州府常熟縣籍進士張文麟，「十五則已為諸生，善屬文有聲。前令楊名甫使從博士受三禮，親為供饋而久之。公遂以明經薦應天，冠諸能言《禮》者，時年二十三。明年乙丑舉進士」〔註75〕，張文麟最終以《禮記》中進士；揚州府進士選擇《書》作為本經的比例僅為 8.91%，而揚州府江都縣籍進士朱嘉會，「少甫知學……年十九以《尚書》薦於鄉……壬戌登進士」〔註76〕，可見在不受經師傳經和家族內部傳經的情況下，以《尚書》作為本經應是朱嘉會自己的選擇。

此外，蘇州府 25.40% 的進士選擇《書》和 7.45%、5.25% 的進士分別選擇《春秋》《禮記》作為本經；常州府 7.50% 的進士選擇《易》和 2.74%、4.75% 的進士分別選擇《春秋》《禮記》作為本經；松江府 7.16% 的進士選擇《易》和 4.01% 的進士選擇《禮記》作為本經；徽州府 8.23% 的進士選擇《禮記》作為本經；應天府 5.23% 和 4.88% 的進士分別選擇《春秋》《禮記》作為本經；揚州府 8.91% 的進士選擇《書》和 1.98%、9.90% 的進士分別選擇《春秋》《禮記》作為本經；鎮江府 12.77% 的進士選擇《詩》和 10.64%、4.96% 的進士分別選擇《春秋》《禮記》作為本經；安慶府 19.55% 的進士選擇《書》和 9.02%、3.01% 的進士分別選擇《春秋》《禮記》作為本經；鳳陽府 8.70%、19.13% 的進士分別選擇《書》《易》和 12.17%、13.04% 的進士分別選擇《春秋》《禮記》作為本經；寧國府 7.94% 的進士選擇《書》和 2.38%、3.17% 的進士分別選擇《春秋》《禮記》作為本經；廬州府 23.66%、15.05% 的進士分別選擇《詩》《易》和 6.45%、4.30% 的進士分別選擇《春秋》《禮記》作為本經；淮安府 14.94% 的進士選擇《詩》和 6.90%、3.45% 的進士分別選擇《易》《春秋》作為本經；太平府 19.35%、24.19% 的進士分別選擇《書》《易》和各有 1.61% 的進士選擇《春秋》《禮記》作為本經；池州府 7.12%、8.93% 的進士分別選擇《書》《易》和 12.50%、1.79% 的進士分別選擇《春秋》《禮記》作為本經；滁州 3.45% 和 10.34% 的進士分別選擇《書》《春秋》作為本經；廣德州 8.70%、4.35% 的進士分別選擇《詩》《書》和 17.39%、4.35% 的進士選擇《易》《春秋》作為本經；徐州 15.38% 的進士選

〔註75〕〔明〕王世貞：《弇州四部稿》卷八七《故建寧守張公墓誌銘》，《景印文淵閣四庫全書》第 1280 冊，第 433 頁。

〔註76〕〔明〕朱應登：《凌溪先生集》卷一六《有明中憲大夫湖廣按察司副使朱君行狀》，《四庫全書存目叢書》集部第 51 冊，第 485 頁。

擇《書》和各有 7.69% 的進士選擇《易》《禮記》作為本經；和州 18.18% 和 9.09% 的進士分別選擇《書》《禮記》作為本經；上述情況無疑大部分是在該地區經師和家族內部傳經不常見的情況下且在能登科的前提下的自主選擇。

第四，當地習經的偏好和風氣。據筆者統計，松江府進士選擇《詩》作為本經者共 184 名進士，占松江府可考進士本經總數的 52.72%；選擇《書》作為本經的進士共 104 人，占可考本經進士總數的 29.80%；選擇《易》作為本經的進士共 25 人，占可考本經進士總數的 7.16%；選擇《春秋》作為本經的進士共 22 人，占可考本經進士總數的 6.30%；選擇《禮記》作為本經的進士共 14 人，占可考本經進士總數的 4.01%，這就與松江府士子習經的偏好和風氣有關。如何三畏《雲間志略》載：「（嘉靖）時吾松諸生習詩者十之七，習易、習書者十之三，習春秋、禮經者蓋百不得一焉」〔註77〕。由此亦可知，常州府 50.09% 和 34.92% 的進士分別選擇《詩》《書》作為本經；應天府 32.40% 的進士選擇《易》作為本經；揚州府 48.02% 的進士選擇《詩》作為本經；鎮江府 48.94% 的進士選擇《書》作為本經；安慶府 36.09% 的進士選擇《詩》作為本經；鳳陽府 46.96% 的進士選擇《詩》作為本經；寧國府 50% 的進士選擇《詩》作為本經；盧州府 50.54% 的進士選擇《書》作為本經；淮安府 40.23% 的進士選擇《詩》作為本經和 34.48% 的進士選擇《禮記》作為本經；太平府 53.23% 的進士選擇《詩》作為本經；池州府 69.64% 的進士選擇《詩》作為本經；滁州 51.72% 的進士選擇《易》作為本經；廣德州 65.21% 的進士選擇《禮記》作為本經；徐州 69.23% 的進士選擇《詩》作為本經；和州 72.73% 的進士選擇《詩》作為本經；上述局面應是在當地舉子習經的偏好的影響下形成的。

第五，《春秋》和《禮記》經義難以肄習。明人顧起元說：「學以通經為難，而通《春秋》為尤難，故博士家言以經義為難，而以《春秋》義為尤難。蓋《春秋》為聖人史外傳心之要典，其微辭奧指在文字語言之表……博士為經義，其命題一出於經文，亡他繆巧，而《春秋》獨於經題外有所謂傳題者，傳題又有所謂合題者、比題者，擬議以出之，揣摩以中之，上如藏鬮，下如射覆，自非得傳之宗旨，而究其指歸，方且童而習之，白首紛如，求其至當，免於臆強傳之誚，可易言哉！」〔註78〕天啟二年狀元、明末著名的《春秋》經學者文震孟

〔註77〕〔明〕何三畏《雲間志略》卷一四《夏給諫陽衢公傳》，《明代傳記叢刊》第 146 冊，臺北：明文書局，1991 年，第 349 頁。

〔註78〕〔明〕顧起元：《遯園漫稿》己未《春秋正意序》，《四庫禁燬書叢刊》集部第 104 冊，北京：北京出版社，1997 年，第 155～156 頁。

也曾談到《春秋》經之難，據《麟經捷旨序》記載：「《春秋》之為旨也，其體局類龍門之史，其秘密類黃石之藏，其印證類曹溪之衣鉢。無家傳不能私曉暢其旨，無神授不能曲旁通其解，無奇穎超塵、慧珠照乘不能摳衣升孔之室，登左之壇」〔註79〕。不僅如此，至明中後期經義出題被割裂、截題的情況屢見不鮮，進一步增加了答題的難度。如天啟元年禮科給事中汪慶百條陳科場事宜，談及《春秋》經在出題方面需「隱僻宜裁，麟經命題必吻合經傳，勿任意附會」〔註80〕。

　　如同《春秋》經一樣，《禮記》經義也難以肄習。嘉靖十四年常州府武進縣籍進士薛應旂曾談到：「某少業《禮經》，嘗歷考諸家訓釋，每苦其說之浩繁，而畫蛇非馬之談則又各逞其縱橫辯駁，歧途殊軌，莫或適從……後學病於浩博，難於師傳，誦而習者比之諸經為類頗寡」〔註81〕。可見，薛應旂認為《禮記》經義不僅「歧途殊軌，莫或適從」，且「病於浩博，難於師傳」，以故習《禮記》者人少而成為孤經。無獨有偶，萬曆二十五年舉人湖廣黃岡縣人陳鴻恩也說：「《禮記》何以號孤經也？曰：『篇帙繁也。』夫以其繁如此，重之傳注，而訓詁家更欲自傳注推演之，且其得者既無取於相明，而其失者復不足以相正。有識之士乃厭棄焉」〔註82〕。

　　第六，受當地提學官的影響。如嘉靖二十年進士陸樹聲所撰《吏科給事中陽衢夏公墓誌銘》載，夏時「受《詩》外傳，業制舉，稍見奇。年十六而試有司，督學使者臨川章公擇諸生中茂異者，使從博士受《春秋》，予（陸樹聲）與君皆在選。《春秋》學鮮師承，君驟而通其指要，復以其學師授，名籍籍起，試諸生輒高等」〔註83〕。可見，陸樹聲和夏時之所以選擇《春秋》作為本經，乃是受當地提學官的影響。

〔註79〕沈津：《美國哈佛大學哈佛燕京圖書館藏中文善本書志・經部》第1冊，「明天啟刻本麟書捷旨」條，第134頁。轉引自陳時龍：《明代的科舉與經學》，北京：中國社會科學出版社，2018年，第99頁。

〔註80〕《明熹宗實錄》卷九「天啟元年四月壬辰」條，臺灣中研院「史語所」校印本，1962年，第467頁。

〔註81〕〔明〕薛應旂：《方山先生文錄》卷九《代禮記正蒙序》，《四庫全書存目叢書》集部第102冊，第312頁。

〔註82〕〔明〕陳鴻恩：《禮記手說》，《四庫全書存目叢書》經部第94冊，第1頁。

〔註83〕〔明〕陸樹聲：《陸文定公集》卷六《吏科給事中陽衢夏公墓誌銘》，《明別集叢刊》第2輯第88冊，合肥：黃山書社，2013年，第329頁。

第四章　明代南直隸進士群體的中式身份

　　明代南直隸進士群體的中式身份來源廣泛，具體包括府州縣儒學生員、都司衛所儒學生員、國子監生、京衛武學生、儒士、教官、典史、太醫院醫生和欽天監天文生等 9 種類別，反映出明代科舉具有開放性和包容性特徵。由於官辦學校和教育固有的優勢及其在發展中的內在張力，國子監生和府州縣儒學生員成為該群體中式身份的主要來源，並在不同階段此消彼長。

第一節　生員身份

　　生員是南直隸進士中式身份的主體，具體包括府州縣儒學生員、都司衛所儒學生員和監生三大類。

一、府州縣儒學生員

　　府州縣儒學生員是指在以府、州、縣為單位設立的官辦儒學肄業的生員。洪武二年十月，明太祖令天下府州縣各建儒學，並規定：「府學設教授一員，訓導四員，生員四十人；州學設學正一員，訓導三員，生員三十人；縣學設教諭一員，訓導二員，生員二十人」〔註1〕。宣德三年三月，定天下府州縣增廣生員額數：在京府學六十名，在外府學四十名，州學三十名，縣學二十名〔註2〕。

〔註1〕《明太祖實錄》卷四六「洪武二年十月辛卯」，第 925 頁。
〔註2〕《明宣宗實錄》卷四〇「宣德三年三月戊戌」，第 980 頁。

正統十二年，三月，鳳陽府知府楊瓚言：「我朝府學額設廩、增生員八十名，州學六十名，縣學四十名。此外，聰明之士不得與者入學寄名……乞敕該部通行天下學校，今後增廣生員不拘額數，但係本土人民子弟自願入學讀書，聽府州縣正官公同考選……從之」〔註3〕，此即明代府州縣增設「附學」生員之始。

　　系統考察明代南直隸進士的中式身份，首先史料無疑是《進士登科錄》。《進士登科錄》明確記載了進士登第時的中式身份，如《宣德五年進士登科錄》載：「程憲，貫直隸徽州府婺源縣民籍，縣學生」〔註4〕，則程憲中進士時的身份就為「縣學生」。

　　洪武四年、洪武十八年、二十一年、二十四年、二十七年、三十年春榜、永樂二年、四年、十三年、十六年、十九年、二十二年、宣德二年等13科297名南直隸進士的中式身份，由於無現存科次的明代《進士登科錄》及文獻闕載〔註5〕，故不詳。

　　無現存及未佔有《進士登科錄》的科次，考察南直隸進士的中式身份時，則可以使用《會試錄》，因按明代制度，參加會試後應須參加當年的殿試，而殿試免黜落，故《會試錄》所載中式身份也就是進士登第後的中式身份，如《正德九年會試錄》載：「唐皋，直隸徽州府學生」〔註6〕，唐皋中正德九年進士，則其中式身份就為「直隸徽州府學生」；《進士同年總錄》《序齒錄》等科舉文獻也會記載進士登第時的中式身份，如《萬曆十四年進士同年總錄》載：「沈瓚，貫直隸蘇州府吳江縣軍籍，國子生」〔註7〕，《萬曆三十八年庚戌科序齒錄》載：「侯震暘，直隸蘇州府嘉定縣民籍，學生」〔註8〕。

　　未佔有或無現存《登科錄》《會試錄》《同年錄》的科次，如嘉靖五年、萬曆十七年、二十年、二十三年、二十六年、四十一年、四十四年、四十七年、天啟二年、四年、七年、崇禎元年、四年、七年、十年、十三年、十六年等17科南直隸進士的中式身份，由於文獻闕載的緣故，就不能從整體科次予以考察。原因是：若該進士是鄉、會、殿試連捷者，則其進士中式身份和中舉身份一樣，未發生變化，如《南國賢書》載直隸徽州府婺源縣（籍）人汪以時以「婺

〔註3〕《明英宗實錄》卷一五一「正統十二年三月癸酉」，第2959～2960頁。
〔註4〕《宣德五年進士登科錄》，第10頁。
〔註5〕天一閣藏本《洪武四年進士登科錄》闕載該科全部進士的中式身份。
〔註6〕《正德九年會試錄》，寧波出版社2007年影印天一閣藏本，第17頁。
〔註7〕《萬曆十四年進士同年總錄》，《明代登科錄彙編》第20冊，第11004頁。
〔註8〕《萬曆三十八年庚戌科序齒錄》，《明代登科錄彙編》第21冊，第11778頁。

源縣學增廣生」中萬曆十六年應天府鄉試〔註9〕，萬曆十七年中進士，為鄉、會、殿試連捷者，則其中進士時的身份依舊為「婺源縣學增廣生」。若該進士中舉時的身份為監生，則其中進士時的身份也應為監生。如直隸蘇州府府吳縣（籍）人王孝以「監生」中萬曆十三年應天府鄉試〔註10〕，則其中萬曆十七年進士時中式身份依然為「監生」。若該進士並非鄉、會、殿試連捷者，且中舉時的身份也並非監生，則其中進士時的身份就不能按照《南國賢書》所載其中舉時的身份。因其進士中式身份有兩種可能：一是會試下第舉人按制入國子監，則其中式身份就變為監生。如直隸揚州府泰州縣（籍）人儲洵以「泰州學生」中正德二年應大府鄉試〔註11〕，正德三年會試下第後按制入監，以「國子生」中正德六年進士〔註12〕；二是會試下第舉人未按制入監，其中式身份未變，依舊是中舉身份。如直隸松江府華亭縣（籍）人錢龍錫以「松江府學附學生」中萬曆二十八年應天府鄉試〔註13〕，萬曆二十九年會試下第後並未按制入監，萬曆三十五年中進士時的身份依舊是「松江府學附學生」〔註14〕。上述17科南直隸進士的中式身份由於文獻闕載的緣故，還有不詳待考者，如直隸蘇州府太倉州（籍）人王士騏以「蘇州府學生」中萬曆十年應天府鄉試〔註15〕，中萬曆十七年進士，其中式身份不詳。因王士騏並非鄉、會、殿試連捷者，其有可能按制入監成為「監生」，也有可能未按制入監，其身份依舊為「蘇州府學生」。

　　茲謹據現存明代《登科錄》《會試錄》《同年錄》的相關記載，對建文二年至萬曆三十八年59科南直隸進士以府州縣儒學生員中式情況進行逐科、逐人的確認和統計，統計科次占明代科舉總科次的68.18%，統計南直隸進士中式身份可考人數2591人，占明代南直隸進士總數的67.51%。庶可從整體上反映明代南直隸進士以府州縣儒學生員中式者在各科次的具體分布狀況。考證確認和統計結果如下表所示：

〔註 9〕　《南國賢書》，第669頁。

〔註10〕　《南國賢書》，第661頁。

〔註11〕　《正德二年應天府鄉試錄》，寧波出版社2010年影印本。

〔註12〕　《正德六年進士登科錄》，第94頁。

〔註13〕　〔明〕張朝瑞輯、許天敍增補：《南國賢書》五卷《萬曆二十八年應天府鄉試》，第717頁。

〔註14〕　《萬曆三十五年進士登科錄》，北京：全國圖書館文獻微縮複製中心，2010年，第220頁。

〔註15〕　〔明〕張朝瑞輯、許天敍增補：《南國賢書》五卷《萬曆十年應天府鄉試》，第643頁。

明代南直隸進士以府州縣儒學生員中式狀況分科統計表

科　次	南直隸進士以府州縣儒學生員中式者	南直隸進士中式身份可考人數	占比〔註16〕（%）	科　次	南直隸進士以府州縣儒學生員中式者	南直隸進士中式身份可考人數	占比（%）
建文二年	18	26	69.23	永樂九年	2	8	25
永樂十年	8	18	44.44	宣德五年	9	12	75
宣德八年	4	9	44.44	正統元年	10	15	66.67
正統四年	15	16	93.75	正統七年	11	13	84.62
正統十年	18	29	62.07	正統十三年	16	35	45.71
景泰二年	23	36	63.89	景泰五年	30	59	50.85
天順元年	15	40	37.5	天順四年	13	27	48.15
天順八年	5	23	21.74	成化二年	20	56	35.71
成化五年	11	45	24.44	成化八年	9	41	21.95
成化十一年	14	50	28	成化十四年	3	53	5.66
成化十七年	9	46	19.57	成化二十年	12	53	22.64
成化二十三年	13	61	21.31	弘治三年	13	43	30.23
弘治六年	16	48	33.33	弘治九年	27	73	37.5
弘治十二年	5	48	10.42	弘治十五年	20	46	43.48
弘治十八年	16	53	30.19	正德三年	20	62	32.26
正德六年	24	58	41.38	正德九年	16	50	32
正德十二年	16	55	29.09	正德十六年	20	49	40.82
嘉靖二年	19	69	27.54	嘉靖八年	24	56	42.86
嘉靖十一年	15	44	34.09	嘉靖十四年	16	41	39.02
嘉靖十七年	6	36	16.67	嘉靖二十年	16	46	34.78
嘉靖二十三年	14	50	28	嘉靖二十六年	20	48	41.67
嘉靖二十九年	13	42	30.95	嘉靖三十二年	20	61	32.79
嘉靖三十五年	16	36	44.44	嘉靖三十八年	27	48	56.25
嘉靖四十一年	13	34	38.24	嘉靖四十四年	36	61	59.02
隆慶二年	43	61	70.49	隆慶五年	34	69	49.28
萬曆二年	34	53	64.15	萬曆五年	15	47	31.91
萬曆八年	20	44	45.45	萬曆十一年	15	46	32.61

〔註16〕指南直隸進士以府州縣儒學生員中式者占該科南直隸進士中式身份可考人數的比重。

萬曆十四年	27	55	49.09	萬曆二十九年	34	47	72.34
萬曆三十二年	31	55	56.36	萬曆三十五年	39	47	82.98
萬曆三十八年	31	39	79.49	總計	1059	2591	40.87

　　由上表可知，建文二年至萬曆三十八年 59 科南直隸進士以府州縣儒學生員中式者共 1059 人，占南直隸進士中式身份可考人數的 40.87%。其中，建文二年南直隸進士以府州縣儒學生員中式者共 18 人，占該科南直隸進士中式身份可考人數的 69.23%；永樂九年南直隸進士以府州縣儒學生員中式者共 2 人，占該科南直隸進士中式身份可考人數的 25%；永樂十年南直隸進士以府州縣儒學生員中式者共 8 人，占該科南直隸進士中式身份可考人數的 44.44%；宣德五年南直隸進士以府州縣儒學生員中式者共 9 人，占該科南直隸進士中式身份可考人數的 75%；宣德八年南直隸進士以府州縣儒學生員中式者共 4 人，占該科南直隸進士中式身份可考人數的 44.44%；正統元年南直隸進士以府州縣儒學生員中式者共 10 人，占該科南直隸進士中式身份可考人數的 66.67%；正統四年南直隸進士以府州縣儒學生員中式者共 15 人，占該科南直隸進士中式身份可考人數的 93.75%；正統七年南直隸進士以府州縣儒學生員中式者共 11 人，占該科南直隸進士中式身份可考人數的 84.62%；正統十年南直隸進士以府州縣儒學生員中式者共 18 人，占該科南直隸進士中式身份可考人數的 62.07%；正統十三年南直隸進士以府州縣儒學生員中式者共 16 人，占該科南直隸進士中式身份可考人數的 45.71%；景泰二年南直隸進士以府州縣儒學生員中式者共 23 人，占該科南直隸進士中式身份可考人數的 63.89%；景泰五年南直隸進士以府州縣儒學生員中式者共 30 人，占該科南直隸進士中式身份可考人數的 50.85%；天順元年南直隸進士以府州縣儒學生員中式者共 15 人，占該科南直隸進士中式身份可考人數的 37.5%；天順四年南直隸進士以府州縣儒學生員中式者共 13 人，占該科南直隸進士中式身份可考人數的 48.15%；天順八年南直隸進士以府州縣儒學生員中式者共 5 人，占該科南直隸進士中式身份可考人數的 21.74%；成化二年南直隸進士以府州縣儒學生員中式者共 20 人，占該科南直隸進士中式身份可考人數的 35.71%；成化五年南直隸進士以府州縣儒學生員中式者共 11 人，占該科南直隸進士中式身份可考人數的 24.44%；成化八年南直隸進士以府州縣儒學生員中式者共 9 人，占該科南直隸進士中式身份可考人數的 21.95%；成化十一年南直隸進士以府州縣儒學生員中式者共 14 人，占該科南直隸進士中式身

份可考人數的 28%；成化十四年南直隸進士以府州縣儒學生員中式者共 3 人，占該科南直隸進士中式身份可考人數的 5.66%；成化十七年南直隸進士以府州縣儒學生員中式者共 9 人，占該科南直隸進士中式身份可考人數的 19.57%；成化二十年南直隸進士以府州縣儒學生員中式者共 12 人，占該科南直隸進士中式身份可考人數的 22.64%；成化二十三年南直隸進士以府州縣儒學生員中式者共 13 人，占該科南直隸進士中式身份可考人數的 21.31%；弘治三年南直隸進士以府州縣儒學生員中式者共 13 人，占該科南直隸進士中式身份可考人數的 30.23%；弘治六年南直隸進士以府州縣儒學生員中式者共 16 人，占該科南直隸進士中式身份可考人數的 33.33%；弘治九年南直隸進士以府州縣儒學生員中式者共 27 人，占該科南直隸進士中式身份可考人數的 37.5%；弘治十二年南直隸進士以府州縣儒學生員中式者共 5 人，占該科南直隸進士中式身份可考人數的 10.42%；弘治十五年南直隸進士以府州縣儒學生員中式者共 20 人，占該科南直隸進士中式身份可考人數的 43.48%；弘治十八年南直隸進士以府州縣儒學生員中式者共 16 人，占該科南直隸進士中式身份可考人數的 30.19%；正德三年南直隸進士以府州縣儒學生員中式者共 20 人，占該科南直隸進士中式身份可考人數的 32.26%；正德六年南直隸進士以府州縣儒學生員中式者共 24 人，占該科南直隸進士中式身份可考人數的 41.38%；正德九年南直隸進士以府州縣儒學生員中式者共 16 人，占該科南直隸進士中式身份可考人數的 32%；正德十二年南直隸進士以府州縣儒學生員中式者共 16 人，占該科南直隸進士中式身份可考人數的 29.09%；正德十六年南直隸進士以府州縣儒學生員中式者共 20 人，占該科南直隸進士中式身份可考人數的 40.82%；嘉靖二年南直隸進士以府州縣儒學生員中式者共 19 人，占該科南直隸進士中式身份可考人數的 27.54%；嘉靖八年南直隸進士以府州縣儒學生員中式者共 24 人，占該科南直隸進士中式身份可考人數的 42.86%；嘉靖十一年南直隸進士以府州縣儒學生員中式者共 15 人，占該科南直隸進士中式身份可考人數的 34.09%；嘉靖十四年南直隸進士以府州縣儒學生員中式者共 16 人，占該科南直隸進士中式身份可考人數的 39.02%；嘉靖十七年南直隸進士以府州縣儒學生員中式者共 6 人，占該科南直隸進士中式身份可考人數的 16.67%；嘉靖二十年南直隸進士以府州縣儒學生員中式者共 16 人，占該科南直隸進士中式身份可考人數的 34.78%；嘉靖

二十三年南直隸進士以府州縣儒學生員中式者共 16 人，占該科南直隸進士中式身份可考人數的 34.78%；嘉靖二十六年南直隸進士以府州縣儒學生員中式者共 20 人，占該科南直隸進士中式身份可考人數的 41.67%；嘉靖二十九年南直隸進士以府州縣儒學生員中式者共 13 人，占該科南直隸進士中式身份可考人數的 30.95%；嘉靖三十二年南直隸進士以府州縣儒學生員中式者共 20 人，占該科南直隸進士中式身份可考人數的 32.79%；嘉靖三十五年南直隸進士以府州縣儒學生員中式者共 16 人，占該科南直隸進士中式身份可考人數的 44.44%；嘉靖三十八年南直隸進士以府州縣儒學生員中式者共 27 人，占該科南直隸進士中式身份可考人數的 56.25%；嘉靖四十一年南直隸進士以府州縣儒學生員中式者共 13 人，占該科南直隸進士中式身份可考人數的 38.24%；嘉靖四十四年南直隸進士以府州縣儒學生員中式者共 36 人，占該科南直隸進士中式身份可考人數的 59.02%；隆慶二年南直隸進士以府州縣儒學生員中式者共 43 人，占該科南直隸進士中式身份可考人數的 70.49%；隆慶五年南直隸進士以府州縣儒學生員中式者共 34 人，占該科南直隸進士中式身份可考人數的 49.28%；萬曆二年南直隸進士以府州縣儒學生員中式者共 34 人，占該科南直隸進士中式身份可考人數的 64.15%；萬曆五年南直隸進士以府州縣儒學生員中式者共 15 人，占該科南直隸進士中式身份可考人數的 32.61%；萬曆八年南直隸進士以府州縣儒學生員中式者共 20 人，占該科南直隸進士中式身份可考人數的 45.45%；萬曆十一年南直隸進士以府州縣儒學生員中式者共 15 人，占該科南直隸進士中式身份可考人數的 32.61%；萬曆十四年南直隸進士以府州縣儒學生員中式者共 27 人，占該科南直隸進士中式身份可考人數的 49.09%；萬曆二十九年南直隸進士以府州縣儒學生員中式者共 34 人，占該科南直隸進士中式身份可考人數的 72.34%；萬曆三十二年南直隸進士以府州縣儒學生員中式者共 31 人，占該科南直隸進士中式身份可考人數的 56.36%；萬曆三十五年南直隸進士以府州縣儒學生員中式者共 39 人，占該科南直隸進士中式身份可考人數的 82.98%；萬曆三十八年南直隸進士以府州縣儒學生員中式者共 31 人，占該科南直隸進士中式身份可考人數的 79.49%。

為更直觀地顯示南直隸進士以府州縣儒學生員中式者在不同時期的分布狀況，則形成下表：

明代不同時期南直隸進士以府州縣儒學生員中式者科均人數統計表

時　　期	科數	南直隸進士以府州縣儒學生員中式者人數	科均數
建文二年至正統十年	9	95	10.56
正統十三年至成化十一年	10	156	15.6
成化十四年至弘治十八年	10	134	13.4
正德三年至嘉靖十七年	10	176	17.6
嘉靖二十年至隆慶二年	10	218	21.8
隆慶五年至萬曆三十八年	10	280	28

由上表可知，建文二年至正統十年南直隸進士以府州縣儒學生員中式者共 95 人，科均人數為 10.56 人；正統十三年至成化十一年南直隸進士以府州縣儒學生員中式者共 156 人，科均人數為 15.6 人；成化十四年至弘治十八年南直隸進士以府州縣儒學生員中式者共 134 人，科均人數為 13.4 人；正德三年至嘉靖十七年南直隸進士以府州縣儒學生員中式者共 176 人，科均人數為 17.6 人；嘉靖二十年至隆慶二年南直隸進士以府州縣儒學生員中式者共 218 人，科均人數為 21.8 人；隆慶五年至萬曆三十八年南直隸進士以府州縣儒學生員中式者共 280 人，科均人數為 28 人。

二、都司衛所儒學生員

都司衛所儒學生員，是指在以都指揮使司、衛或千戶所為單位設立的官辦儒學肄業的生員。明代南直隸地區設立的都司衛所儒學只有兩所，一是設立於正統元年的鎮海太倉衛儒學，位於直隸鎮海衛〔註17〕；另外是設立於正統四年的直隸金山衛儒學，位於直隸金山衛〔註18〕。明代南直隸進士以都司衛所儒學生員中式者就是在鎮海、太倉衛儒學和金山衛儒學肄業並以鎮海太倉衛儒學生員和金山衛儒學生員中進士者。

茲謹據現存明代《登科錄》《會試錄》《同年錄》的相關記載，對建文二年至萬曆三十八年 59 科南直隸進士以都司衛所儒學生員中式情況進行逐科、逐人的確認和統計，統計科次占明代科舉總科次的 68.18%，統計南直隸進士中

〔註17〕〔明〕錢穀：《吳都文粹續集》卷七《新建鎮海太倉衛學記》，《景印文淵閣四庫全書》第 1385 冊，第 172 頁。

〔註18〕正德《松江府志》卷一三《學校下》，《中國方志叢書‧華中地方‧第四五五號》，臺北：成文出版社，1983 年影印本，第 569 頁；《江南通志》卷八八《學校志》，《景印文淵閣四庫全書》第 509 冊，第 467 頁。

式身份可考人數 2591 人，占明代南直隸進士總數的 67.51%。庶可從整體上反映明代南直隸進士以都司衛所儒學生員中式者在各科次的具體分布狀況。考證確認和統計結果如下表所示：

明代南直隸進士以都司衛所儒學生員中式狀況分科統計表

科　次	南直隸進士以都司衛所儒學生員中式者	南直隸進士中式身份可考人數	占比〔註19〕（%）	科　次	南直隸進士以都司衛所儒學生員中式者	南直隸進士中式身份可考人數	占比（%）
建文二年	0	26	0	永樂九年	0	8	0
永樂十年	0	18	0	宣德五年	0	12	0
宣德八年	0	9	0	正統元年	0	15	0
正統四年	0	16	0	正統七年	0	13	0
正統十年	1	29	3.45	正統十三年	1	35	2.86
景泰二年	0	36	0	景泰五年	1	59	1.69
天順元年	0	40	0	天順四年	1	27	3.70
天順八年	3	23	13.04	成化二年	0	56	0
成化五年	0	45	0	成化八年	1	41	2.44
成化十一年	0	50	0	成化十四年	0	53	0
成化十七年	0	46	0	成化二十年	0	53	0
成化二十三年	0	61	0	弘治三年	0	43	0
弘治六年	0	48	0	弘治九年	0	73	0
弘治十二年	0	48	0	弘治十五年	0	46	0
弘治十八年	0	53	0	正德三年	0	62	0
正德六年	0	58	0	正德九年	0	50	0
正德十二年	0	55	0	正德十六年	0	49	0
嘉靖二年	0	69	0	嘉靖八年	0	56	0
嘉靖十一年	0	44	0	嘉靖十四年	0	41	0
嘉靖十七年	0	36	0	嘉靖二十年	0	46	0

〔註19〕指南直隸進士以都司衛所儒學生員中式者占該科南直隸進士中式身份可考人數的比重。

嘉靖二十三年	0	50	0	嘉靖二十六年	0	48	0
嘉靖二十九年	0	42	0	嘉靖三十二年	0	61	0
嘉靖三十五年	0	36	0	嘉靖三十八年	0	48	0
嘉靖四十一年	0	34	0	嘉靖四十四年	0	61	0
隆慶二年	0	61	0	隆慶五年	0	69	0
萬曆二年	0	53	0	萬曆五年	0	47	0
萬曆八年	0	44	0	萬曆十一年	0	46	0
萬曆十四年	0	55	0	萬曆二十九年	0	47	0
萬曆三十二年	3	55	5.45	萬曆三十五年	0	47	0
萬曆三十八年	0	39	0	總計	11	2591	0.42

由上表可知，建文二年至萬曆三十八年 59 科南直隸進士以都司衛所儒學生員中式者共 11 人，占南直隸進士中式身份可考人數的 0.42%。其中，建文二年，永樂九年、十年，宣德五年、八年，正統元年、四年、七年，景泰二年，天順元年，成化二年、五年、十一年、十四年、十七年、二十年、二十三年，弘治三年、六年、九年、十二年、十五年、十八年，正德三年、六年、九年、十二年、十六年，嘉靖二年、八年、十一年、十四年、十七年、二十年、二十三年、二十六年、二十九年、三十二年、三十五年、三十八年、四十一年、四十四年，隆慶二年、五年，萬曆二年、五年、八年、十一年、十四年、二十九年、三十五年、三十八年共 52 科南直隸進士，皆無以都司衛所儒學生員中式者；正統十年南直隸進士以都司衛所儒學生員中式者 1 人，占該科南直隸進士中式身份可考人數的 3.45%；正統十三年南直隸進士以都司衛所儒學生員中式者 1 人，占該科南直隸進士中式身份可考人數的 2.86%；景泰五年南直隸進士以都司衛所儒學生員中式者 1 人，占該科南直隸進士中式身份可考人數的 1.69%；天順四年南直隸進士以都司衛所儒學生員中式者 1 人，占該科南直隸進士中式身份可考人數的 3.70%；天順八年南直隸進士以都司衛所儒學生員中式者 3 人，占該科南直隸進士中式身份可考人數的 13.04%；成化八年南直隸進士以都司衛所儒學生員中式者 1 人，占該科南直隸進士中式身份可考人數的 2.44%；萬曆三十二年南直隸進士以都司衛所儒學生員中式者 3 人，占該科南直隸進士中式身份可考人數的 5.45%。

為更直觀地顯示南直隸進士以都司衛所儒學生員中式者在不同時期的分布狀況，則形成下表：

明代不同時期南直隸進士以都司衛所儒學生員中式者科均人數統計表

時　　期	科數	南直隸進士以都司衛所儒學生員中式者人數	科均數
建文二年至正統十年	9	1	0.11
正統十三年至成化十一年	10	7	0.7
成化十四年至弘治十八年	10	0	0
正德三年至嘉靖十七年	10	0	0
嘉靖二十年至隆慶二年	10	0	0
隆慶五年至萬曆三十八年	10	3	0.3

　　由上表可知，建文二年至正統十年南直隸進士以都司衛所儒學生員中式者僅 1 人，科均人數為 0.11 人；正統十三年至成化十一年南直隸進士以都司衛所儒學生員中式者共 7 人，科均人數為 0.7 人；成化十四年至弘治十八年、正德三年至嘉靖十七年、嘉靖二十年至隆慶二年三個時期，南直隸進士皆無以都司衛所儒學生員中式者；隆慶五年至萬曆三十八年南直隸進士以都司衛所儒學生員中式者共 3 人，科均人數為 0.3 人。

三、監生

　　監生是指在南京國子監和北京國子監肄業的生員。南京國子監始設於元至正二十五年（乙巳年，1364）〔註20〕，初稱國子學，洪武十五年改稱國子監；北京國子監始設於永樂元年（1403）〔註21〕，乃以京師（南京）國子監為南京國子監，監生有南京國子監和北京國子監之分。

　　茲謹據現存明代《登科錄》《會試錄》《同年錄》的相關記載，對建文二年至萬曆三十八年 59 科南直隸進士以監生中式情況進行逐科、逐人的確認和統計，統計科次占明代科舉總科次的 68.18%，統計南直隸進士中式身份可考人數 2591 人，占明代南直隸進士總數的 67.51%。庶可從整體上反映明代南直隸進士以監生中式者在各科次的具體分布狀況。考證確認和統計結果如下表所示：

〔註20〕《明太祖實錄》卷一七「乙巳年九月丙辰朔」，第 239 頁。
〔註21〕《明史》卷六九《選舉志一》，第 1678 頁。

明代南直隸進士以監生中式狀況分科統計表

科　次	南直隸進士以監生中式者	南直隸進士中式身份可考人數	占比〔註22〕（%）	科　次	南直隸進士以監生中式者	南直隸進士中式身份可考人數	占比（%）
建文二年	6	26	23.08	永樂九年	6	8	75
永樂十年	10	18	55.56	宣德五年	2	12	16.67
宣德八年	5	9	55.56	正統元年	5	15	33.33
正統四年	0	16	0	正統七年	2	13	15.38
正統十年	9	29	31.03	正統十三年	17	35	48.57
景泰二年	12	36	33.33	景泰五年	23	59	38.98
天順元年	25	40	62.5	天順四年	13	27	48.15
天順八年	14	23	60.87	成化二年	34	56	60.71
成化五年	32	45	71.11	成化八年	30	41	73.17
成化十一年	36	50	72	成化十四年	50	53	94.34
成化十七年	35	46	76.09	成化二十年	38	53	71.70
成化二十三年	47	61	77.05	弘治三年	30	43	69.77
弘治六年	30	48	62.50	弘治九年	44	73	61.11
弘治十二年	40	48	83.33	弘治十五年	25	46	54.35
弘治十八年	35	53	66.04	正德三年	40	62	64.52
正德六年	33	58	56.90	正德九年	34	50	68
正德十二年	39	55	70.91	正德十六年	29	49	59.18
嘉靖二年	50	69	72.46	嘉靖八年	32	56	57.14
嘉靖十一年	29	44	65.91	嘉靖十四年	25	41	60.98
嘉靖十七年	30	36	83.33	嘉靖二十年	28	46	60.87
嘉靖二十三年	35	50	70%	嘉靖二十六年	28	48	58.33
嘉靖二十九年	29	42	69.05	嘉靖三十二年	41	61	67.21
嘉靖三十五年	19	36	52.78	嘉靖三十八年	21	48	43.75
嘉靖四十一年	21	34	48.84	嘉靖四十四年	25	61	40.98
隆慶二年	17	61	27.87	隆慶五年	35	69	50.72
萬曆二年	19	53	35.85	萬曆五年	32	47	68.09
萬曆八年	24	44	54.55	萬曆十一年	30	46	65.22

〔註22〕指南直隸進士以監生中式者占該科南直隸進士中式身份可考人數的比重。

萬曆十四年	28	55	50.91	萬曆二十九年	11	47	23.40
萬曆三十二年	20	55	36.36	萬曆三十五年	7	47	14.89
萬曆三十八年	8	39	20.51	總計	1474	2591	56.89

由上表可知，建文二年至萬曆三十八年 59 科南直隸進士以監生中式者共1474 人，占統計南直隸進士人數的 56.89%。其中，建文二年南直隸進士以監生中式者共 6 人，占該科南直隸進士中式身份可考人數的 23.08%；永樂九年南直隸進士以監生中式者共 6 人，占該科南直隸進士中式身份可考人數的75%；永樂十年南直隸進士以監生中式者共 10 人，占該科南直隸進士中式身份可考人數的 55.56%；宣德五年南直隸進十以監生中式者共 2 人，占該科南直隸進士中式身份可考人數的 16.67%；宣德八年南直隸進士以監生中式者共5 人，占該科南直隸進士中式身份可考人數的 55.56%；正統元年南直隸進士以監生中式者共 5 人，占該科南直隸進士中式身份可考人數的 33.33%；正統四年南直隸進士無以監生中式者；正統七年南直隸進士以監生中式者共 2 人，占該科南直隸進士中式身份可考人數的 15.38%；正統十年南直隸進士以監生中式者共 9 人，占該科南直隸進士中式身份可考人數的 31.03%；正統十三年南直隸進士以監生中式者共 17 人，占該科南直隸進士中式身份可考人數的48.57%；景泰二年南直隸進士以監生中式者共 12 人，占該科南直隸進士中式身份可考人數的 33.33%；景泰五年南直隸進士以監生中式者共 23 人，占該科南直隸進士中式身份可考人數的 38.98%；天順元年南直隸進士以監生中式者共 25 人，占該科南直隸進士中式身份可考人數的 62.5%；天順四年南直隸進士以監生中式者共 13 人，占該科南直隸進士中式身份可考人數的 48.15%；天順八年南直隸進士以監生中式者共 14 人，占該科南直隸進士中式身份可考人數的 60.87%；成化二年南直隸進士以監生中式者共 34 人，占該科南直隸進士中式身份可考人數的 60.71%；成化五年南直隸進士以監生中式者共 32 人，占該科南直隸進士中式身份可考人數的 71.11%；成化八年南直隸進士以監生中式者共 30 人，占該科南直隸進士中式身份可考人數的 73.17%；成化十一年南直隸進士以監生中式者共 36 人，占該科南直隸進士中式身份可考人數的 72%；成化十四年南直隸進士以監生中式者共 50 人，占該科南直隸進士中式身份可考人數的 94.34%；成化十七年南直隸進士以監生中式者共 35 人，占該科南直隸進士中式身份可考人數的 76.09%；成化二十年南直隸進士以監生中式者共38 人，占該科南直隸進士中式身份可考人數的 71.70%；成化二十三年南直隸

進士以監生中式者共 47 人，占該科南直隸進士中式身份可考人數的 77.05%；弘治三年南直隸進士以監生中式者共 30 人，占該科南直隸進士中式身份可考人數的 69.77%；弘治六年南直隸進士以監生中式者共 30 人，占該科南直隸進士中式身份可考人數的 62.50%；弘治九年南直隸進士以監生中式者共 44 人，占該科南直隸進士中式身份可考人數的 61.11%；弘治十二年南直隸進士以監生中式者共 40 人，占該科南直隸進士中式身份可考人數的 83.33%；弘治十五年南直隸進士以監生中式者共 25 人，占該科南直隸進士中式身份可考人數的 54.35%；弘治十八年南直隸進士以監生中式者共 35 人，占該科南直隸進士中式身份可考人數的 66.04%；正德三年南直隸進士以監生中式者共 40 人，占該科南直隸進士中式身份可考人數的 64.52%；正德六年南直隸進士以監生中式者共 33 人，占該科南直隸進士中式身份可考人數的 56.90%；正德九年南直隸進士以監生中式者共 34 人，占該科南直隸進士中式身份可考人數的 68%；正德十二年南直隸進士以監生中式者共 39 人，占該科南直隸進士中式身份可考人數的 70.91%；正德十六年南直隸進士以監生中式者共 29 人，占該科南直隸進士中式身份可考人數的 59.18%；嘉靖二年南直隸進士以監生中式者共 50 人，占該科南直隸進士中式身份可考人數的 72.46%；嘉靖八年南直隸進士以監生中式者共 32 人，占該科南直隸進士中式身份可考人數的 57.14%；嘉靖十一年南直隸進士以監生中式者共 29 人，占該科南直隸進士中式身份可考人數的 65.91%；嘉靖十四年南直隸進士以監生中式者共 25 人，占該科南直隸進士中式身份可考人數的 60.98%；嘉靖十七年南直隸進士以監生中式者共 30 人，占該科南直隸進士中式身份可考人數的 83.33%；嘉靖二十年南直隸進士以監生中式者共 28 人，占該科南直隸進士中式身份可考人數的 60.87%；嘉靖二十三年南直隸進士以監生中式者共 35 人，占該科南直隸進士中式身份可考人數的 70%；嘉靖二十六年南直隸進士以監生中式者共 28 人，占該科南直隸進士中式身份可考人數的 58.33%；嘉靖二十九年南直隸進士以監生中式者共 29 人，占該科南直隸進士中式身份可考人數的 69.05%；嘉靖三十二年南直隸進士以監生中式者共 41 人，占該科南直隸進士中式身份可考人數的 67.21%；嘉靖三十五年南直隸進士以監生中式者共 19 人，占該科南直隸進士中式身份可考人數的 52.78%；嘉靖三十八年南直隸進士以監生中式者共 21 人，占該科南直隸進士中式身份可考人數的 43.75%；嘉靖四十一年南直隸進士以監生中式者共 21 人，占該科南直隸進士中式身份可考人數的 48.84%；嘉靖四十四年南直隸

進士以監生中式者共 25 人，占該科南直隸進士中式身份可考人數的 40.98%；隆慶二年南直隸進士以監生中式者共 17 人，占該科南直隸進士中式身份可考人數的 27.87%；隆慶五年南直隸進士以監生中式者共 35 人，占該科南直隸進士中式身份可考人數的 50.72%；萬曆二年南直隸進士以監生中式者共 19 人，占該科南直隸進士中式身份可考人數的 35.85%；萬曆五年南直隸進士以監生中式者共 32 人，占該科南直隸進士中式身份可考人數的 68.09%；萬曆八年南直隸進士以監生中式者共 24 人，占該科南直隸進士中式身份可考人數的 54.55%；萬曆十一年南直隸進士以監生中式者共 30 人，占該科南直隸進士中式身份可考人數的 65.22%；萬曆十四年南直隸進士以監生中式者共 28 人，占該科南直隸進士中式身份可考人數的 50.91%；萬曆二十九年南直隸進士以監生中式者共 11 人，占該科南直隸進士中式身份可考人數的 23.40%；萬曆三十二年南直隸進士以監生中式者共 20 人，占該科南直隸進士中式身份可考人數的 36.36%；萬曆三十五年南直隸進士以監生中式者共 7 人，占該科南直隸進士中式身份可考人數的 14.89%；萬曆三十八年南直隸進士以監生中式者共 8 人，占該科南直隸進士中式身份可考人數的 20.51%。

　　為更直觀地顯示南直隸進士以監生中式者在不同時期的分布狀況，則形成下表：

明代不同時期南直隸進士以監生中式者科均人數統計表

時　　期	科　　數	南直隸進士以監生中式者人數	科均數
建文二年至正統十年	9	45	5
正統十三年至成化十一年	10	236	23.6
成化十四年至弘治十八年	10	374	37.4
正德三年至嘉靖十七年	10	341	34.1
嘉靖二十年至隆慶二年	10	264	26.4
隆慶五年至萬曆三十八年	10	214	21.4

　　由上表可知，建文二年至正統十年南直隸進士以監生中式者共 45 人，科均人數為 5 人；正統十三年至成化十一年南直隸進士以監生中式者共 236 人，科均人數為 23.6 人；成化十四年至弘治十八年南直隸進士以監生中式者共 374 人，科均人數為 37.4 人；正德三年至嘉靖十七年南直隸進士以監生中式者共 341 人，科均人數為 34.1 人；嘉靖二十年至隆慶二年南直隸進士以監生中式者

共 261 人，科均人數為 26.4 人；隆慶五年至萬曆三十八年南直隸進士以監生中式者共 214 人，科均人數為 21.4 人。

四、京衛武學生

正統間，兩京並設京衛武學，但當時尚未對京衛武學生應試科舉作出規定。成化元年，明廷頒布兩京武學學規，明確規定「都督以下子弟中間文學優長有志科舉者，聽於京闈鄉試」〔註23〕。也即允許兩京武學生可分別參加順天或應天鄉試。嘉靖七年明廷又規定，「兩京武學，凡遇科舉之年，有願入試者，聽兵部考送順天、應天府應試」〔註24〕。

茲謹據現存明代《登科錄》《會試錄》《同年錄》的相關記載，對建文二年至萬曆三十八年 59 科南直隸進士以京衛武學生中式情況進行逐科、逐人的確認和統計，統計科次占明代科舉總科次的 68.18%，統計南直隸進士中式身份可考人數 2591 人，占明代南直隸進士總數的 67.51%。庶可從整體上反映明代南直隸進士以京衛武學生中式者在各科次的具體分布狀況。考證確認和統計結果如下表所示：

明代南直隸進士以京衛武學生中式者分科統計表

科　次	南直隸進士以京衛武學生中式者	南直隸進士中式身份可考人數	占比〔註25〕（%）	科　次	南直隸進士以京衛武學生中式者	南直隸進士中式身份可考人數	占比（%）
建文二年	0	26	0	永樂九年	0	8	0
永樂十年	0	18	0	宣德五年	0	12	0
宣德八年	0	9	0	正統元年	0	15	0
正統四年	0	16	0	正統七年	0	13	0
正統十年	0	29	0	正統十三年	0	35	0
景泰二年	0	36	0	景泰五年	0	59	0
天順元年	0	40	0	天順四年	0	27	0
天順八年	0	23	0	成化二年	0	56	0

〔註23〕《明憲宗實錄》卷一六「成化元年夏四月庚寅」，第 350 頁。
〔註24〕萬曆《明會典》卷七七《科舉·鄉試》，第 450 頁。
〔註25〕指南直隸進士以京衛武學生中式者占該科南直隸進士中式身份可考人數的比重。

成化五年	0	45	0	成化八年	0	41	0
成化十一年	0	50	0	成化十四年	0	53	0
成化十七年	0	46	0	成化二十年	0	53	0
成化二十三年	0	61	0	弘治三年	0	43	0
弘治六年	0	48	0	弘治九年	0	73	0
弘治十二年	0	48	0	弘治十五年	0	46	0
弘治十八年	0	53	0	正德三年	0	62	0
正德六年	0	58	0	正德九年	0	50	0
正德十二年	0	55	0	正德十六年	0	49	0
嘉靖二年	0	69	0	嘉靖八年	0	56	0
嘉靖十一年	0	44	0	嘉靖十四年	0	41	0
嘉靖十七年	0	36	0	嘉靖二十年	0	46	0
嘉靖二十三年	1	50	2	嘉靖二十六年	0	48	0
嘉靖二十九年	0	42	0	嘉靖三十二年	0	61	0
嘉靖三十五年	0	36	0	嘉靖三十八年	0	48	0
嘉靖四十一年	0	34	0	嘉靖四十四年	0	61	0
隆慶二年	0	61	0	隆慶五年	0	69	0
萬曆二年	0	53	0	萬曆五年	0	47	0
萬曆八年	0	44	0	萬曆十一年	0	46	0
萬曆十四年	0	55	0	萬曆二十九年	0	47	0
萬曆三十二年	0	55	0	萬曆三十五年	0	47	0
萬曆三十八年	0	39	0	總計	1	2951	0.03

由上表可知，明代南直隸進士以京衛武學生中式者僅 1 人，占南直隸進士中式身份可考數的 0.03%。其中，嘉靖二十三年南直隸進士以京衛武學生中式者 1 人，占該科南直隸進士中式身份可考數的 2%；建文二年，永樂九年、十年，宣德五年、八年，正統元年、四年、七年、十年、十三年，景泰二年、五年，天順元年、四年、八年，成化二年、五年、八年、十一年、十四年、十七年、二十年、二十三年，弘治三年、六年、九年、十二年、十五年、十八年，正德三年、六年、九年、十二年、十六年，嘉靖二年、八年、十一年、十四年、十七年、二十年、二十六年、二十九年、三十二年、三十五年、三十八年、四十一年、四十四年，隆慶二年、五年，萬曆二年、五年、

八年、十一年、十四年、二十九年、三十二年、三十五年、三十八年等 58 科
南直隸進士，皆無以京衛武學生中式者。

第二節　非生員身份

明代南直隸進士非生員的中式身份，有儒士、教官、典史、太醫院醫生、
欽天監天文生等五類。

一、儒士

明代科舉儒士是指「既未入學成為生員、又未入官府服役成為吏員、更未
入仕成為官員的存在於社會上以『通經』有文為特徵的良民」〔註26〕。科舉儒
士是一種身份，這一身份的獲取需要經過官府的認定。

顧炎武《日知錄》載：「國初，有以儒士而入科場者，謂之儒士科舉」
〔註27〕。景泰間閣臣陳循也回憶云：「四十年前在鄉邑時，士有未遊學校，而
以讀書通經可應鄉闈試者，恒十數輩。每遇大比之歲，輒與學校之士偕應試於
所司。」〔註28〕當時朝廷規定「儒士之未仕者」由「有司保舉其性資敦厚、文
行可稱者」參加鄉試。而這些「士有未遊學校」即以「儒士」身份「與學校之
士偕應試於所司」者，就是由地方有司保舉應鄉試的。但地方有司保舉缺乏
客觀的標準，弊端日顯。如宣德七年，宣宗皇帝就說：「應舉之人皆憑學校、
有司保送，其人果孝悌忠信而又博通古今，科目取之足為世用？」〔註29〕正
統九年，朝廷確立「科考」制度〔註30〕，情況發生根本改變。「儒童未入學
者，自度文已憂通，報名於督學道考試，拔其尤者，準應鄉試，謂之儒士觀
場。」〔註31〕不僅確立完備的程序，且確認方式更加公正、客觀。即「儒童未
入學者」自認為「文已優通」，就可以向提學官報名考試，「拔其尤者」即可以

〔註26〕郭培貴：《中國科舉通史‧明代卷》，第 93 頁。

〔註27〕〔清〕顧炎武著，黃汝成集釋：《日知錄集釋》卷一七《生員額數》，上海：上
　　　　海古籍出版社，2006 年，第 966 頁。

〔註28〕〔明〕陳循：《芳洲文集》卷四《送劉城之赴廣東按察司僉事序》，《四庫全書
　　　　存目叢書》集部第 31 冊，第 149 頁。

〔註29〕〔明〕俞汝楫：《禮部志稿》卷三《聖訓‧選舉之訓》，《景印文淵閣四庫全書》
　　　　第 597 冊，第 60 頁。

〔註30〕郭培貴：《中國科舉制度通史‧明代卷》，第 41 頁。

〔註31〕〔明〕王夫之：《識小錄》，《船山全書》第 12 冊，長沙：嶽麓書社，2011 年，
　　　　第 615 頁。

「儒士」身份應鄉試。如龐尚鵬，「二十一歲試儒士，邑令方公大樂、太守胡公凰、督學林公云同俱置第一，應本省鄉試。」〔註 32〕費元祿，「二十歲，甲午，自粵歸試，維楊邑侯鶴野袁公取第二，宣承郡丞斗山馮公取第一，武林督學虞皋查公亦取第一，即以儒士觀場，蓋異數也。」〔註 33〕王九霞，「嘉靖甲午，年十七，督學使者拔公置第一人，以儒士應鄉試。」〔註 34〕楊道賓，「歲丙子，胡二溪先生蒞閩，以古學倡諸生。得公文，亟拔之，以儒士應省試，遂領解額。」〔註 35〕亢思謙，「日與閩名士遊，閩士以為弗如也。癸巳秋，間關歸晉，適郡、邑校士，俱第一……而督學及御史試又第一，甲午以儒士領山西鄉薦第一。」〔註 36〕也有考生以「科舉儒士」身份應舉不合格者，如徐師曾，「嘉靖庚午……郡守馬公以儒士首選，上御史試，復被放，人皆惜之。」〔註 37〕由於「科考」沒通過，因此朝廷也就不予以確認其科舉儒士身份。以上史料透露出重要的信息：科舉儒士的身份確認由原來地方有司保舉轉變為自正統九年後取決於提學官主持的「科考」，即以「儒士」身份應舉者須通過「科考」後才能使「科舉儒士」身份合法化。「科考」不僅是確認考生參加鄉試資格的考試，而且也是確認「科舉儒士」身份的考試。

明代科舉儒士的特徵是「通經」有文。其不由官辦儒學作養，那麼科舉儒士是如何做到「通經」呢？主要是通過自學、或受業於經師、或由家傳、或結社「會課」，互相交流學習經驗。

自學。如弘治十二年直隸揚州府高郵州寶應縣籍儒士進士朱應登〔註 38〕，「十五盡通經史百家言。其父江陵公者異之，然懼其踰也，約之古。凌溪悟，

〔註 32〕〔清〕黃宗羲：《明文海》卷四五〇《都察院左副都御史惺庵龐公行狀》，《景印文淵閣四庫全書》第 1458 冊，第 512 頁。

〔註 33〕〔明〕費元祿：《甲秀園集》卷四五《文部・訓字八十六條》，《四庫禁燬書叢刊》集部第 62 冊，北京：北京出版社，1997 年，第 645 頁。

〔註 34〕〔明〕何三畏：《雲間志略》卷一六《王憲使九霞公傳》，《明代傳記叢刊》第 146 冊，臺北：明文書局，1991 年，第 507 頁。

〔註 35〕〔明〕葉向高：《蒼霞續草》卷一一《通議大夫禮部左侍郎兼翰林院侍讀學士贈禮部尚書謚文恪荊岩楊公暨元配翁氏合葬墓誌銘》，《四庫禁燬書叢刊》集部第 125 冊，第 124 頁。

〔註 36〕〔明〕王祖嫡：《師竹堂集》卷二十《通議大夫四川布政使司左布政使水陽亢先生行狀》，《四庫未收書輯刊》第 5 輯 23 冊，北京：北京出版社，1997 年，第 227 頁。

〔註 37〕〔清〕黃宗羲：《明文海》卷四三七《徐魯庵先生墓表》，《景印文淵閣四庫全書》第 1458 冊，第 307 頁。

〔註 38〕《弘治十二年進士登科錄》，上海圖書館藏本。

乃著申臆賦以見志，而力殫於淵學，於是⋯⋯樹聲藝林矣。年二十舉進士」〔註39〕，即由自學而「通經」有文。

受業於經師。如正統四年直隸常州府無錫縣籍儒士進士成始終〔註40〕，由著名經師張思安授業，「登第歸，乘騎拜其師。五往，弗出。後徒步往，始出見。張公可謂能師，成公亦能盡弟子之職者哉」〔註41〕；景泰二年直隸蘇州府吳縣籍儒士進士陳僎〔註42〕，由經師鄭鏐授業，「晝夜講誦弗怠。學既就緒，郡邑將援例薦於上，適監察御史廬陵孫先生以提學至，聞之曰：『是子秀異，當自取科第以世其家。奈何憑藉氣力去作官耶？』寢其事而從與之學。君感激奮勵，益探索於經史諸書。景泰元年應應天府鄉試，以第十四人薦，司文衡者且錄其程文一通，以傳四方。二年中禮部試，遂登進士第」〔註43〕。

家傳。永樂十六年儒士進士習嘉言，「從其伯父國子學錄懷清受《詩》經，已而，侍其父湘潭，改學《春秋》，日夜刻苦自勵。永樂丁酉（十五年），以儒士中湖廣鄉試，魁其經，明年登進士第」〔註44〕；嘉靖二十三年儒士進士譚綸〔註45〕，「十八歲，隨父歸安教諭任，與茅鹿門諸生共課文藝，二十四歲舉於鄉，二十五歲成進士」〔註46〕；隆慶二年直隸寧國府太平縣籍儒士進士焦玄鑑〔註47〕，由其父督導受業，「執本業程，督之無虛日。公性故敏且沉思精研絕出流輩，時自負其智為無前。有司校士，贈公欲大成之，令無試。公前往試，輒第一⋯⋯公下帷舍中，蚤夜不輟業。庚子，督學使者楊公裁庵拔儒士第一人應試，試則列鄉書高等矣」〔註48〕。

〔註39〕〔明〕李夢陽《空同集》卷四七《凌溪先生墓誌銘》，《景印文淵閣四庫全書》第 1262 冊，第 428～429 頁。

〔註40〕《正統四年進士登科錄》，第 29 頁。

〔註41〕〔明〕談修：《無錫縣筆記》卷三，轉引自陳時龍《明代的科舉與經學》，北京：中國社會科學出版社，2018 年，第 240 頁。

〔註42〕《景泰二年進士登科錄》，第 21 頁。

〔註43〕〔明〕吳寬：《家藏集》卷五八《四川等處提刑按察司僉事陳君行狀》，《景印文淵閣四庫全書》第 1255 冊，第 535～536 頁。

〔註44〕〔明〕焦竑：《國朝獻徵錄》卷一八《習詹事嘉言傳》，《續修四庫全書》史部第 525 冊，第 740 頁。

〔註45〕《嘉靖二十三年進士登科錄》，第 25 頁。

〔註46〕《譚襄敏公年譜》，《北京圖書館藏珍本年譜叢刊》第 49 冊，北京：北京圖書館出版社，2001 年，第 757 頁。

〔註47〕《隆慶二年進士登科錄》，《明代登科錄彙編》第 17 冊，第 8888 頁。

〔註48〕〔明〕焦竑：《焦氏澹園集》卷三一《兵部職方清吏司主事洪譚焦公墓誌銘》，《四庫禁燬書叢刊》集部第 61 冊，第 368 頁。

結社「會課」，互相交流學習經驗。文人結社，定期集會，研習功課，傳觀所作文字，謂之「會課」。楊繼盛曾訓其子云：「又必擇好朋友，日日會講切磋，則舉業不患不成矣」〔註49〕。文會，文社由來已久，亦多種多樣，如講學會，詩文社等，並非創自習舉士子，亦非專為習舉而備。明嘉靖以後，習舉士子日眾，又多散出於鄉野山林，乏學校之教，於是志同道合者相率立會結社，相互砥礪，習舉子業〔註50〕。如成化二十年儒士進士陳雍，「二十六歲，會課，二十七歲，會課，三十歲，應試。是歲，道學胡公榮來校科舉，公以儒士入試」〔註51〕；再如焦玄鑑，「偕余師文穆許公、毅齋查公、念渠、拙齋兩蕭公，結社台山，每一義必七易草乃出，其精審如此，戊辰成進士」〔註52〕。可見結社會課，互相交流學問對提高科舉儒士的舉業大有裨益。

茲謹據現存明代《登科錄》《會試錄》《同年錄》以及明代各種文集、人物傳記、墓誌銘、行狀的相關記載，對建文二年至萬曆三十八年 59 科南直隸進士進行逐科、逐人的確認和統計，統計科次占明代科舉總科次的 68.18%，統計南直隸進士中式身份可考人數 2591 人，占明代南直隸進士總數的 67.51%。庶可從整體上反映明代南直隸儒士進士在各科次的具體分布狀況。考證確認和統計結果如下表所示：

明代南直隸儒士進士分科統計表

科　次	南直隸儒士進士	南直隸進士中式身份可考人數	占比〔註53〕（%）	科　次	南直隸儒士進士	南直隸進士中式身份可考人數	占比（%）
建文二年	1	26	3.85	永樂九年	0	8	0
永樂十年	1	19	5.56	宣德五年	1	12	8.33
宣德八年	0	9	0	正統元年	0	15	0

〔註49〕〔明〕楊繼盛：《椒山先生自著年譜》，《北京圖書館藏珍本年譜叢刊》第 49 冊，北京：北京圖書館出版社，2001 年，第 499 頁。

〔註50〕吳恩榮：《明代科舉士子備考研究》，東北師範大學碩士論文，2011 年，第 141 頁。

〔註51〕〔明〕陳墫：《明南京工部尚書進階榮祿大夫簡庵陳公年譜》，《北京圖書館藏珍本年譜叢刊》第 41 冊，第 669～671 頁。

〔註52〕焦竑：《焦氏澹園集》卷三一《兵部職方清吏司主事洪譚焦公墓誌銘》，《四庫禁燬書叢刊》集部第 61 冊，北京：北京出版社，1997 年，第 368 頁。

〔註53〕指南直隸儒士進士占該科南直隸進士人數的比重。

正統四年	1	16	6.25	正統七年	0	13	0
正統十年	1	29	3.45	正統十三年	0	35	0
景泰二年	1	36	2.78	景泰五年	2	59	3.39
天順元年	0	40	0	天順四年	0	27	0
天順八年	0	23	0	成化二年	2	56	3.57
成化五年	2	45	4.44	成化八年	1	41	2.44
成化十一年	0	50	0	成化十四年	0	53	0
成化十七年	2	46	4.35	成化二十年	2	53	3.77
成化二十三年	0	61	0	弘治三年	0	43	0
弘治六年	1	48	2.08	弘治九年	2	73	2.74
弘治十二年	2	48	4.17	弘治十五年	1	46	2.17
弘治十八年	2	53	3.77	正德三年	1	62	1.61
正德六年	1	58	1.72	正德九年	0	50	0
正德十二年	0	55	0	正德十六年	0	49	0
嘉靖二年	0	69	0	嘉靖八年	0	56	0
嘉靖十一年	0	44	0	嘉靖十四年	0	41	0
嘉靖十七年	0	36	0	嘉靖二十年	0	46	0
嘉靖二十三年	0	50	0	嘉靖二十六年	0	48	0
嘉靖二十九年	0	42	0	嘉靖三十二年	0	61	0
嘉靖三十五年	0	36	0	嘉靖三十八年	0	48	0
嘉靖四十一年	0	34	0	嘉靖四十四年	0	61	0
隆慶二年	1	61	1.64	隆慶五年	0	69	0
萬曆二年	0	53	0	萬曆五年	0	47	0
萬曆八年	0	44	0	萬曆十一年	0	46	0
萬曆十四年	0	55	0	萬曆二十九年	0	47	0
萬曆三十二年	0	55	0	萬曆三十五年	0	47	0
萬曆三十八年	0	39	0	總計	28	2592	1.08

由上表可知，建文二年至萬曆三十八年 59 科南直隸儒士進士共 28 人，占統計南直隸進士人數的 1.08%。其中，永樂九年，宣德八年，正統元年、七年、十三年，天順元年、四年、八年，成化十一年、十四年、二十三年，弘治三年，正德九年、十二年、十六年，嘉靖二年、八年、十一年、十四年、十七年、二十年、二十三年、二十六年、二十九年、三十二年、三十五年、三十八年、四十一年、四十四年，隆慶五年，萬曆二年、五年、八年、十一年、十四年、二十九年、三十五年、三十八年共 38 科南直隸進士，皆無儒士中式者；

永樂二年南直隸有 1 名儒士進士，占該科南直隸進士中式身份可考人數的 3.85%；永樂十年南直隸有 1 名儒士進士，占該科南直隸進士中式身份可考人數的 5.56%；宣德五年南直隸有 1 名儒士進士，占該科南直隸進士中式身份可考人數的 8.33%；正統四年南直隸有 1 名儒士進士，占該科南直隸進士中式身份可考人數的 6.25%；正統十年南直隸有 1 名儒士進士，占該科南直隸進士中式身份可考人數的 3.45%；景泰二年南直隸有 1 名儒士進士，占該科南直隸進士中式身份可考人數的 2.78%；景泰五年南直隸有 2 名儒士進士，占該科南直隸進士中式身份可考人數的 3.39%；成化二年南直隸有 2 名儒士進士，占該科南直隸進士中式身份可考人數的 3.57%；成化五年南直隸有 2 名儒士進士，占該科南直隸進士中式身份可考人數的 4.44%；成化八年南直隸有 1 名儒士進士，占該科南直隸進士中式身份可考人數的 2.44%；成化十七年南直隸有 2 名儒士進士，占該科南直隸進士中式身份可考人數的 4.35%；成化二十年南直隸有 2 名儒士進士，占該科南直隸進士中式身份可考人數的 3.77%；弘治六年南直隸有 1 名儒士進士，占該科南直隸進士中式身份可考人數的 2.08%；弘治九年南直隸有 2 名儒士進士，占該科南直隸進士中式身份可考人數的 2.74%；弘治十二年南直隸有 2 名儒士進士，占該科南直隸進士中式身份可考人數的 4.17%；弘治十五年南直隸有 1 名儒士進士，占該科南直隸進士中式身份可考人數的 2.17%；弘治十八年南直隸有 2 名儒士進士，占該科南直隸進士中式身份可考人數的 3.77%；正德三年南直隸有 1 名儒士進士，占該科南直隸進士中式身份可考人數的 1.61%；正德六年南直隸有 1 名儒士進士，占該科南直隸進士中式身份可考人數的 1.72%；隆慶二年南直隸有 1 名儒士進士，占該科南直隸進士中式身份可考人數的 1.64%。

為更直觀地顯示南直隸儒士進士在不同時期的分布狀況，則形成下表：

明代不同時期南直隸儒士進士科均人數統計表

時　　期	科　　數	南直隸儒士進士人數	科均數
建文二年至正統十年	9	5	0.56
正統十三年至成化十一年	10	8	0.8
成化十四年至弘治十八年	10	12	1.2
正德三年至嘉靖十七年	10	2	0.2
嘉靖二十年至隆慶二年	10	1	0.1
隆慶五年至萬曆三十八年	10	0	0

由上表可知，建文二年至正統十年南直隸儒士進士共 4 人，科均人數為 0.56 人；正統十三年至成化十一年南直隸儒士進士共 8 人，科均人數為 0.8 人；成化十四年至弘治十八年南直隸儒士進士共 10 人，科均人數為 1.2 人；正德三年至嘉靖十七年南直隸儒士進士共 2 人，科均人數為 0.2 人；嘉靖二十年至隆慶二年南直隸儒士進士僅 1 人，科均人數為 0.1 人；隆慶五年至萬曆三十八年南直隸無儒士進士。

二、教官

洪武二年規定，天下府、州、縣學分別設置教授、學正、教諭各一員，以教訓生徒。洪武十七年明廷頒布《科舉成式》，規定「學校訓導專教生徒……不許入試」〔註54〕，在制度上禁止「教官」參加科舉考試。天順八年，明廷開始有條件的允許舉人教官參加會試；嘉靖六年，明廷始允許歲貢教官「就見任地方入試」，但附有四項基本條件：一是「授教職三年」，二是「教有成效」，三是經「提學官考試」，「文學優長者」方可入試，四是「每省毋過五人」〔註55〕。可見，嘉靖六年以前，明廷在制度上是不允許「教官」參加科舉考試的。但是，實際上仍有「教官」參加科舉考試的現象，如浙江寧波府鄞縣人張得中，「永樂改元，徵茂才，奉敕往山西以教民樹藝為務……適當大比，因以訓導就試，中第，尋登曾棨榜進士」〔註56〕。張得中是明朝首個以「訓導」中舉繼而中進士的教官。此外，江西饒州府浮梁縣人戴瑞以「浙江嘉興府學訓導」中正統元年進士〔註57〕。以上是嘉靖六年以前明廷禁止教官參加科舉考試的兩個特殊案例。

茲謹據現存明代《登科錄》《會試錄》《同年錄》的相關記載，對建文二年至萬曆三十八年 59 科南直隸進士進行逐科、逐人的確認和統計，統計科次占明代科舉總科次的 68.18%，統計南直隸進士中式身份可考人數 2591 人，占明代南直隸進士總數的 67.51%。庶可從整體上反映明代南直隸教官進士在各科次的具體分布狀況。考證確認和統計結果如下表所示：

〔註54〕《明太祖實錄》卷一六○「洪武十七年三月戊戌朔」，第 2468 頁。
〔註55〕《明世宗實錄》卷七七「嘉靖六年六月戊午」，第 1718～1719 頁。
〔註56〕成化《寧波郡志》卷八《人物志》，《北京圖書館古籍珍本叢刊》史部第 28 冊，北京：書目文獻出版社，1998 年，第 157 頁。
〔註57〕《正統元年進士登科錄》，上海圖書館藏本。

明代南直隸教官進士分科統計表

科　次	南直隸教官進士	南直隸進士中式身份可考人數	占比〔註58〕（%）	科　次	南直隸教官進士	南直隸進士中式身份可考人數	占比（%）
建文二年	0	26	0	永樂九年	0	8	0
永樂十年	0	18	0	宣德五年	0	12	0
宣德八年	0	9	0	正統元年	0	15	0
正統四年	0	16	0	正統七年	0	13	0
正統十年	0	29	0	正統十三年	0	35	0
景泰二年	0	36	0	景泰五年	0	59	0
天順元年	0	40	0	天順四年	0	27	0
天順八年	0	23	0	成化二年	0	56	0
成化五年	0	45	0	成化八年	0	41	0
成化十一年	0	50	0	成化十四年	0	53	0
成化十七年	0	46	0	成化二十年	1	53	1.89
成化二十三年	0	61	0	弘治三年	0	43	0
弘治六年	1	48	2.08	弘治九年	0	73	0
弘治十二年	0	48	0	弘治十五年	0	46	0
弘治十八年	0	53	0	正德三年	1	62	1.61
正德六年	0	58	0	正德九年	0	50	0
正德十二年	0	55	0	正德十六年	0	49	0
嘉靖二年	0	69	0	嘉靖八年	0	56	0
嘉靖十一年	0	44	0	嘉靖十四年	0	41	0
嘉靖十七年	0	36	0	嘉靖二十年	2	46	4.35
嘉靖二十三年	0	50	0	嘉靖二十六年	0	48	0
嘉靖二十九年	0	42	0	嘉靖三十二年	0	61	0
嘉靖三十五年	1	36	2.78	嘉靖三十八年	0	48	0
嘉靖四十一年	0	34	0	嘉靖四十四年	0	61	0
隆慶二年	0	61	0	隆慶五年	0	69	0
萬曆二年	0	53	0	萬曆五年	0	47	0
萬曆八年	0	44	0	萬曆十一年	1	46	2.17

〔註58〕指南直隸教官進士占該科南直隸進士中式身份可考人數的比重。

萬曆十四年	0	55	0	萬曆二十九年	2	47	4.26
萬曆三十二年	1	55	1.82	萬曆三十五年	1	47	2.13
萬曆三十八年	0	39	0	總計	11	2591	0.42

　　由上表可知，建文二年至萬曆三十八年 59 科南直隸進士中，共有 11 名教官進士，占南直隸進士中式身份可考人數的 0.42%。其中，建文二年，永樂九年、十年，宣德五年、八年，正統元年、四年、七年、十年、十三年，景泰二年、五年，天順元年、四年、八年，成化二年、五年、八年、十一年、十四年、十七年、二十三年，弘治三年、九年、十二年、十五年、十八年，正德六年、九年、十二年、十六年，嘉靖二年、八年、十一年、十四年、十七年、二十三年、二十六年、二十九年、三十二年、三十八年、四十一年、四十四年，隆慶二年、五年，萬曆二年、五年、八年、十四年、三十八年共 50 科，皆無南直隸教官進士；成化二十年有 1 名南直隸教官進士，占該科南直隸進士中式身份可考人數的 1.89%；弘治六年有 1 名南直隸進士中式身份可考人數的 2.08%；正德三年有 1 名南直隸教官進士，占該科南直隸進士中式身份可考人數的 1.61%；嘉靖二十年有 2 名南直隸教官進士，占該科南直隸進士中式身份可考人數的 4.35%；嘉靖三十五年有 1 名南直隸教官進士，占該科南直隸進士中式身份可考人數的 2.78%；萬曆十一年有 1 名南直隸教官進士，占該科南直隸進士中式身份可考人數的 2.17%；萬曆二十九年有 2 名南直隸教官進士，占該科南直隸進士中式身份可考人數的 4.26%；萬曆三十二年有 1 名南直隸教官進士，占該科南直隸進士中式身份可考人數的 1.72%；萬曆三十五年有 1 名南直隸教官進士，占該科南直隸進士中式身份可考人數的 2.04%。

　　為更直觀地顯示南直隸教官進士在不同時期的分布狀況，則形成下表：

明代不同時期南直隸教官進士科均人數統計表

時　　期	科　　數	南直隸教官進士人數	科均數
建文二年至正統十年	9	0	0
正統十三年至成化十一年	10	0	0
成化十四年至弘治十八年	10	2	0.2
正德三年至嘉靖十七年	10	1	0.1
嘉靖二十年至隆慶二年	10	3	0.3
隆慶五年至萬曆三十八年	10	5	0.5

由上表可知，建文二年至正統十年、正統十三年至成化十一年兩個時期南直隸皆無教官進士；成化十四年至弘治十八年南直隸教官進士共 2 人，科均人數為 0.2 人；正德三年至嘉靖十七年南直隸教官進士僅 1 人，科均人數為 0.1人；嘉靖二十年至隆慶二年南直隸教官進士共 3 人，科均人數為 0.3 人；隆慶五年至萬曆三十八年南直隸教官進士共 5 人，科均人數為 0.5 人。

三、其他非生員

明代南直隸進士除儒士、教官外，以其他非生員身份中式，還有典史、太醫院醫生、欽天監天文生三類。

（一）典史

洪武十七年明廷頒布《科舉成式》，其中規定「官之未入流而無錢糧等項黏帶者」具有參加科舉考試的資格。典史屬於「未入流」官職，故而在制度上可合法參加科舉考試。

茲謹據現存明代《登科錄》《會試錄》《同年錄》的相關記載，對建文二年至萬曆三十八年 59 科南直隸進士以典史中式情況進行逐科、逐人的確認和統計，統計科次占明代科舉總科次的 68.18%，統計南直隸進士中式身份可考人數 2951 人，占明代南直隸進士總數的 67.51%。庶可從整體上反映明代南直隸進士以典史中式者在各科次的具體分布狀況。考證確認和統計結果如下表所示：

明代南直隸進士以典史中式者分科統計表

科　次	南直隸進士以典史中式者	南直隸進士中式身份可考人數	占比〔註59〕（%）	科　次	南直隸進士以典史中式者	南直隸進士中式身份可考人數	占比（%）
建文二年	1	26	3.85	永樂九年	0	8	0
永樂十年	0	18	0	宣德五年	0	12	0
宣德八年	0	9	0	正統元年	0	15	0
正統四年	0	16	0	正統七年	0	13	0
正統十年	0	29	0	正統十三年	0	35	0
景泰二年	0	36	0	景泰五年	0	59	0

〔註59〕指南直隸進士以典史中式者占該科南直隸進士中式身份可考人數的比重。

天順元年	0	40	0	天順四年	0	27	0
天順八年	0	23	0	成化二年	0	56	0
成化五年	0	45	0	成化八年	0	41	0
成化十一年	0	50	0	成化十四年	0	53	0
成化十七年	0	46	0	成化二十年	0	53	0
成化二十三年	0	61	0	弘治三年	0	43	0
弘治六年	0	48	0	弘治九年	0	73	0
弘治十二年	0	48	0	弘治十五年	0	46	0
弘治十八年	0	53	0	正德三年	0	62	0
正德六年	0	58	0	正德九年	0	50	0
正德十二年	0	55	0	正德十六年	0	49	0
嘉靖二年	0	69	0	嘉靖八年	0	56	0
嘉靖十一年	0	44	0	嘉靖十四年	0	41	0
嘉靖十七年	0	36	0	嘉靖二十年	0	46	0
嘉靖二十三年	0	50	0	嘉靖二十六年	0	48	0
嘉靖二十九年	0	42	0	嘉靖三十二年	0	61	0
嘉靖三十五年	0	36	0	嘉靖三十八年	0	48	0
嘉靖四十一年	0	34	0	嘉靖四十四年	0	61	0
隆慶二年	0	61	0	隆慶五年	0	69	0
萬曆二年	0	53	0	萬曆五年	0	47	0
萬曆八年	0	44	0	萬曆十一年	0	46	0
萬曆十四年	0	55	0	萬曆二十九年	0	47	0
萬曆三十二年	0	55	0	萬曆三十五年	0	47	0
萬曆三十八年	0	39	0	總計	1	2591	0.04

　　由上表可知，明代南直隸進士以典史中式者僅 1 人，占南直隸進士中式身份可考人數的 0.04%。其中，建文二年南直隸進士以典史中式者 1 人，占該科南直隸進士中式身份可考人數的 3.85%；永樂九年、十年，宣德五年、八年，正統元年、四年、七年、十年、十三年，景泰二年、五年，天順元年、四年、八年，成化二年、五年、八年、十一年、十四年、十七年、二十年、二十三年，弘治三年、六年、九年、十二年、十五年、十八年，正德三年、六年、九年、十二年、十六年，嘉靖二年、八年、十一年、十四年、十七年、二十年、二十三年、二十六年、二十九年、三十二年、三十五年、三十八年、四十一年、四十四年，隆慶二年、五年，萬曆二年、五年、八年、十一年、

十四年、二十九年、三十二年、三十五年、三十八年等 58 科南直隸進士，皆
無以典史中式者。

（二）太醫院醫生

太醫院醫生是隸屬於太醫院專職為皇帝、宗室或奉敕為大臣診視疾病的
人員。在官本位的明朝，太醫院醫生社會地位並不高，故其普遍的追求仍是應
舉入仕為官。

茲謹據現存明代《登科錄》《會試錄》《同年錄》的相關記載，對建文二年
至萬曆三十八年 59 科南直隸進士以太醫院醫生中式情況進行逐科、逐人的確
認和統計，統計科次占明代科舉總科次的 68.18%，統計南直隸進士中式身份
可考人數 2591 人，占明代南直隸進士總數的 67.61%。庶可從整體上反映明代
南直隸進士以太醫院醫生中式者在各科次的具體分布狀況。考證確認和統計
結果如下表所示：

明代南直隸進士以太醫院醫生中式者分科統計表

科　　次	南直隸進士以太醫院中式者	南直隸進士中式身份可考人數	占比〔註60〕（%）	科　　次	南直隸進士以太醫院醫生中式者	南直隸進士中式身份可考人數	占比（%）
建文二年	0	26	0	永樂九年	0	8	0
永樂十年	0	18	0	宣德五年	0	12	0
宣德八年	0	9	0	正統元年	0	15	0
正統四年	0	16	0	正統七年	0	13	0
正統十年	0	29	0	正統十三年	1	35	2.86
景泰二年	0	36	0	景泰五年	3	59	5.08
天順元年	0	40	0	天順四年	0	27	0
天順八年	0	23	0	成化二年	0	56	0
成化五年	0	45	0	成化八年	0	41	0
成化十一年	0	50	0	成化十四年	0	53	0
成化十七年	0	46	0	成化二十年	0	53	0
成化二十三年	1	61	1.64	弘治三年	0	43	0

〔註60〕指南直隸進士以太醫院醫生中式者占該科南直隸進士中式身份可考人數的比
　　　重。

弘治六年	0	48	0	弘治九年	0	73	0
弘治十二年	1	48	2.08	弘治十五年	0	46	0
弘治十八年	0	53	0	正德三年	0	62	0
正德六年	0	58	0	正德九年	0	50	0
正德十二年	0	55	0	正德十六年	0	49	0
嘉靖二年	0	69	0	嘉靖八年	0	56	0
嘉靖十一年	0	44	0	嘉靖十四年	0	41	0
嘉靖十七年	0	36	0	嘉靖二十年	0	46	0
嘉靖二十三年	0	50	0	嘉靖二十六年	0	48	0
嘉靖二十九年	0	42	0	嘉靖三十二年	0	61	0
嘉靖三十五年	0	36	0	嘉靖三十八年	0	48	0
嘉靖四十一年	0	34	0	嘉靖四十四年	0	61	0
隆慶二年	0	61	0	隆慶五年	0	69	0
萬曆二年	0	53	0	萬曆五年	0	47	0
萬曆八年	0	44	0	萬曆十一年	0	46	0
萬曆十四年	0	55	0	萬曆二十九年	0	47	0
萬曆三十二年	0	58	0	萬曆三十五年	0	49	0
萬曆三十八年	0	45	0	總計	6	2591	0.23

　　由上表可知，明代南直隸進士以太醫院醫生中式者共 6 人，占明代南直隸進士數的 0.23%。其中，建文二年，永樂九年、十年，宣德五年、八年，正統元年、四年、七年、十年，景泰二年，天順元年、四年、八年，成化二年、五年、八年、十一年、十四年、十七年、二十年，弘治三年、六年、九年、十五年、十八年，正德三年、六年、九年、十二年、十六年，嘉靖二年、八年、十一年、十四年、十七年、二十年、二十三年、二十六年、二十九年、三十二年、三十五年、三十八年、四十一年、四十四年，隆慶二年、五年，萬曆二年、五年、八年、十一年、十四年、二十九年、三十二年、三十五年、三十八年等 55 科南直隸進士，皆無以太醫院醫生中式者；正統十三年南直隸進士以太醫院醫生中式者 1 人，占該科南直隸進士中式身份可考人數的 2.86%；景泰五年南直隸進士以太醫院醫生中式者共 3 人，占該科南直隸進士中式身份可考人數的 5.08%；成化二十三年南直隸進士以太醫院醫生中式者 1 人，占該科南直隸進士中式身份可考人數的 1.64%；弘治十二年南直隸進士以太醫院醫生中式者 1 人，占該科南直隸進士中式身份可考人數的 2.08%。

為更直觀地顯示南直隸進士以太醫院醫生中式者在不同時期的分布狀況，則形成下表：

明代不同時期南直隸進士以太醫院醫生中式者科均人數統計表

時　　期	科　數	南直隸進士以太醫院醫生中式者人數	科均數
建文二年至正統十年	9	0	0
正統十三年至成化十一年	10	4	0.4
成化十四年至弘治十八年	10	2	0.2
正德三年至嘉靖十七年	10	0	0
嘉靖二十年至隆慶二年	10	0	0
隆慶五年至萬曆三十八年	10	0	0

由上表可知，建文二年至正統十年、正德三年至嘉靖十七年、嘉靖二十年至隆慶二年、隆慶五年至萬曆三十八年四個時期南直隸進士皆無以太醫院醫生中式者；正統十三年至成化十一年南直隸進士以太醫院醫生中式者共 4 人，科均人數為 0.4 人；成化十四年至弘治十八年南直隸進士以太醫院醫生中式者共 2 人，科均人數為 0.2 人。

（三）欽天監天文生

欽天監天文生是在兩京欽天監專門學習天文、曆數等方面知識和技能的學生。明太祖曾規定，「欽天監人員別習他業，不學天文、曆數者，俱發海南充軍」〔註61〕，也即禁止欽天監人員改習他業，這也就意味著不許他們參加科舉考試。天順二年，掌欽天監事禮部右侍郎湯序奏述：「兩京天文生、陰陽人及官生戶下子弟能讀習三場文字者，遠離鄉土不能回還，宜令就兩京報名科舉，有中式者依資格出身。其天文生、陰陽人仍於本監錄用，戶下子弟果有能習天文曆數者聽從本監保奏錄用」〔註62〕，隨即得到明英宗的准許。

茲謹據現存明代《登科錄》《會試錄》《同年錄》的相關記載，對建文二年至萬曆三十八年 59 科南直隸進士以欽天監天文生中式情況進行逐科、逐人的確認和統計，統計科次占明代科舉總科次的 68.18%，統計南直隸進士中式身份可考人數 2591 人，占明代南直隸進士總數的 67.51%。庶可從整體上反映明

〔註61〕《明世宗實錄》卷一二「嘉靖元年三月乙卯」，第 425 頁。
〔註62〕《明英宗實錄》卷二八九「天順二年三月甲午」，第 6176～6177 頁；萬曆《明會典》卷七七《科舉·鄉試》，第 450 頁。

代南直隸進士以欽天監天文生中式者在各科次的具體分布狀況。考證確認和
統計結果如下表所示：

明代南直隸進士以欽天監天文生中式者分科統計表

科　次	南直隸進士以欽天監天文生中式者	南直隸進士中式身份可考人數	占比〔註63〕（%）	科　次	南直隸進士以欽天監天文生中式者	南直隸進士中式身份可考人數	占比（%）
建文二年	0	26	0	永樂九年	0	8	0
永樂十年	0	18	0	宣德五年	0	12	0
宣德八年	0	9	0	正統元年	0	15	0
正統四年	0	16	0	正統七年	0	13	0
正統十年	0	29	0	正統十三年	0	35	0
景泰二年	0	36	0	景泰五年	0	59	0
天順元年	0	40	0	天順四年	0	27	0
天順八年	1	23	4.35	成化二年	0	56	0
成化五年	0	45	0	成化八年	0	41	0
成化十一年	0	50	0	成化十四年	0	53	0
成化十七年	0	46	0	成化二十年	0	53	0
成化二十三年	0	61	0	弘治三年	0	43	0
弘治六年	0	48	0	弘治九年	0	73	0
弘治十二年	0	48	0	弘治十五年	0	46	0
弘治十八年	0	53	0	正德三年	0	62	0
正德六年	0	58	0	正德九年	0	50	0
正德十二年	0	55	0	正德十六年	0	49	0
嘉靖二年	0	69	0	嘉靖八年	0	56	0
嘉靖十一年	0	44	0	嘉靖十四年	0	41	0
嘉靖十七年	0	36	0	嘉靖二十年	0	46	0
嘉靖二十三年	0	50	0	嘉靖二十六年	0	48	0
嘉靖二十九年	0	42	0	嘉靖三十二年	0	61	0
嘉靖三十五年	0	36	0	嘉靖三十八年	0	48	0

〔註63〕指南直隸進士以欽天監天文生中式者占該科南直隸進士人數的比重。

嘉靖四十一年	0	34	0	嘉靖四十四年	0	61	0
隆慶二年	0	61	0	隆慶五年	0	69	0
萬曆二年	0	53	0	萬曆五年	0	47	0
萬曆八年	0	44	0	萬曆十一年	0	46	0
萬曆十四年	0	55	0	萬曆二十九年	0	47	0
萬曆三十二年	0	55	0	萬曆三十五年	0	47	0
萬曆三十八年	0	39	0	總計	1	2591	0.03

由上表可知，明代南直隸進士以欽天監天文生中式者僅1人，占明代南直隸進士數的0.03%。其中，天順八年南直隸進士以欽天監天文生中式者1人，占該科南直隸進士中式身份可考人數的4.35%；建文二年，永樂九年、十年，宣德五年、八年，正統元年、四年、七年、十年、十三年，景泰二年、五年，天順元年、四年，成化二年、五年、八年、十一年、十四年、十七年、二十年、二十三年，弘治三年、六年、九年、十二年、十五年、十八年，正德三年、六年、九年、十二年、十六年，嘉靖二年、八年、十一年、十四年、十七年、二十年、二十三年、二十六年、二十九年、三十二年、三十五年、三十八年、四十一年、四十四年，隆慶二年、五年，萬曆二年、五年、八年、十一年、十四年、二十九年、三十二年、三十五年、三十八年等58科南直隸進士，皆無以欽天監天文生中式者。

第三節　明代南直隸進士群體中式身份的變化

明代南直隸進士群體中式身份共九類，分別是府州縣儒學生員、都司衛所儒學生員、監生、京衛武學生、儒士、教官、典史、太醫院醫生、欽天監天文生。其中式身份在不同時期是不斷變化的。

為全面考察有系統記載的建文二年至萬曆三十八年南直隸進士中式身份的變化，茲謹據現存明代《登科錄》《會試錄》《同年錄》等科舉文獻的相關記載，對建文二年至萬曆三十八年59科南直隸進士中式身份進行逐科、逐人的考證和統計確認，結果如下表所示：

建文二年至萬曆三十八年 59 科明代南直隸進士中式身份分科統計表

科次	監生	府州縣儒學生員	儒士	都司衛所儒學生員	教官	太醫院醫生	京衛武學生	典史	欽天監天文生	不詳	合計
建文二年	6	18	1	0	0	0	0	1	0		26
永樂九年	6	2	0	0	0	0	0	0	0		8
永樂十年	10	8	0	0	0	0	0	0	0		18
宣德五年	2	9	1	0	0	0	0	0	0		12
宣德八年	5	4	0	0	0	0	0	0	0		9
正統元年	5	10	0	0	0	0	0	0	0		15
正統四年	0	15	1	0	0	0	0	0	0		16
正統七年	2	11	0	0	0	0	0	0	0		13
正統十年	9	18	1	1	0	0	0	0	0		29
正統十三年	17	16	0	1	0	1	0	0	0		35
景泰二年	12	23	1	0	0	0	0	0	0		36
景泰五年	23	30	2	1	0	3	0	0	0		59
天順元年	25	15	0	0	0	0	0	0	0		40
天順四年	13	13	0	1	0	0	0	0	0		27
天順八年	14	5	0	3	0	0	0	0	1		23
成化二年	34	20	2	0	0	0	0	0	0		56
成化五年	32	11	2	0	0	0	0	0	0		45
成化八年	30	9	1	1	0	0	0	0	0		41
成化十一年	36	14	0	0	0	0	0	0	0		50
成化十四年	50	3	0	0	0	0	0	0	0		53
成化十七年	35	9	2	0	0	0	0	0	0		46
成化二十年	38	12	2	0	1	0	0	0	0		53
成化二十三年	47	13	0	0	0	1	0	0	0		61
弘治三年	30	13	0	0	0	0	0	0	0		43
弘治六年	30	16	1	0	1	0	0	0	0		48
弘治九年	44	27	2	0	0	0	0	0	0		73
弘治十二年	40	5	2	0	0	1	0	0	0		48
弘治十五年	25	20	1	0	0	0	0	0	0		46
弘治十八年	35	16	2	0	0	0	0	0	0		53
正德三年	40	20	1	0	1	0	0	0	0		62
正德六年	33	24	1	0	0	0	0	0	0		58
正德九年	34	16	0	0	0	0	0	0	0		50

正德十二年	39	16	0	0	0	0	0	0	0		55
正德十六年	29	20	0	0	0	0	0	0	0		49
嘉靖二年	50	19	0	0	0	0	0	0	0		69
嘉靖八年	32	24	0	0	0	0	0	0	0		56
嘉靖十一年	29	15	0	0	0	0	0	0	0		44
嘉靖十四年	25	16	0	0	0	0	0	0	0		41
嘉靖十七年	30	6	0	0	0	0	0	0	0		36
嘉靖二十年	28	16	0	0	2	0	0	0	0		46
嘉靖二十三年	35	14	0	0	0	0	1	0	0		50
嘉靖二十六年	28	20	0	0	0	0	0	0	0		48
嘉靖二十九年	29	13	0	0	0	0	0	0	0		42
嘉靖三十二年	41	20	0	0	0	0	0	0	0		61
嘉靖三十五年	19	16	0	0	1	0	0	0	0		36
嘉靖三十八年	21	27	0	0	0	0	0	0	0		48
嘉靖四十一年	21	13	0	0	0	0	0	0	0		34
嘉靖四十四年	25	36	0	0	0	0	0	0	0		61
隆慶二年	17	43	1	0	0	0	0	0	0		61
隆慶五年	35	34	0	0	0	0	0	0	0		69
萬曆二年	19	34	0	0	0	0	0	0	0		53
萬曆五年	32	15	0	0	0	0	0	0	0		47
萬曆八年	24	20	0	0	0	0	0	0	0		44
萬曆十一年	30	15	0	0	1	0	0	0	0		46
萬曆十四年	28	27	0	0	0	0	0	0	0		55
萬曆二十九年	11	34	0	0	2	0	0	0	0		47
萬曆三十二年	20	31	0	3	1	0	0	0	0	3	58
萬曆三十五年	7	39	0	0	1	0	0	0	0	2	49
萬曆三十八年	8	31	0	0	0	0	0	0	0	6	45
總計	1474	1059	27	11	11	6	1	1	1	11	2602

由上表可知，考察建文二年至萬曆三十八年 59 科南直隸進士中式身份共 2602 人，其中 11 人中式身份不詳。南直隸進士中式身份來源十分廣泛，共九類，按其多少的排序分別是監生、府州縣儒學生員、儒士、都司衛所儒學生員、教官、太醫院醫生、京衛武學生、典史、欽天監天文生，其中式身份在各科次是不斷發生變化的。

以上是明代建文二年至萬曆三十八年 59 科南直隸進士中式身份在各科次的分布情況，而在不同時期，又呈下表所示狀況：

明代不同時期南直隸進士中式身份科均人數表

時期	科數	府州縣儒學生員中式數	科均數	都司衛所儒學生員中式數	科均數	監生中式數	科均數	京衛武學生中式數	科均數	儒士中式數	科均數	教官中式數	科均數	典史中式數	科均數	太醫院醫生中式數	科均數	欽天監天文生中式數	科均數
建文二年至正統十年	9	95	10.56	1	0.11	45	5	0	0	4	0.44	0	0	1	0.11	0	0	0	0
正統十三年至成化十一年	10	156	15.6	7	0.7	236	23.6	0	0	8	0.8	0	0	0	0	4	0.4	1	0.1
成化十四年至弘治十八年	10	134	13.4	0	0	374	37.4	0	0	12	1.2	2	0.2	0	0	2	0.2	0	0
正德三年至嘉靖十七年	10	176	17.6	0	0	341	34.1	0	0	2	0.2	1	0.1	0	0	0	0	0	0
嘉靖二十年至隆慶二年	10	218	21.8	0	0	264	26.4	1	0.1	1	0.1	3	0.3	0	0	0	0	0	0
隆慶五年至萬曆三十八年	10	280	28	3	0.3	214	21.4	0	0	0	0	5	0.5	0	0	0	0	0	0
總計	59	1059	17.95	11	0.19	1474	24.98	1	0.02	27	0.46	11	0.19	1	0.02	6	0.1	1	0.02

由上表可知，明代不同時期南直隸進士中式身份科均人數變化具有以下特點：

首先，南直隸進士以府州縣儒學生員中式者的科均人數，建文二年至正統十年為 10.56 人，正統十三年至成化十一年雖增至 15.6 人，但成化十四年至弘治十八年又降至 13.4 人，正德三年至嘉靖十七年為 17.6 人，嘉靖二十年至隆慶二年為 21.8 人，隆慶五年至萬曆三十八年為 28 人；即經歷了先高后低、再呈直線趨勢不斷增長的過程。這一變化曲線主要是在監生中式者的競爭之下形成的，如成化十四年至弘治十八年監生中式者科均人數達到最高點，恰是府州縣儒學生員中式者的科均人數處於最低谷的時期；正德三年至嘉靖十七年、嘉靖二十年至隆慶二年、隆慶五年至萬曆三十八年三個時期監生中式者持續下降，恰是府州縣儒學生員中式者的科均人數處於直線上升時期。

其次，南直隸進士以都司衛所儒學生員中式者的科均人數呈現出集中分佈在正統至成化初年與明末而明中葉為零分布的特點。具體而言，建文二年至正統十年為 0.11 人，正統十三年至成化十一年為 0.7 人，成化十四年至弘治十八年、正德三年至嘉靖十七年、嘉靖二十年至隆慶二年皆無以都司衛所儒學生員中式者，隆慶五年至萬曆三十八年為 0.3 人。這主要是因南直隸境內僅有鎮海太倉衛和金山衛二所都司衛所儒學，且鎮海太倉衛儒學又於弘治十年改為太倉州學而造成。正統元年，明廷應兵部右侍郎徐晞之請，設立鎮海太倉衛儒學〔註64〕，正統四年，明廷應江南巡撫兼工部右侍郎周忱之請，設立金山衛儒學〔註65〕，弘治十年，明廷析崑山、常熟、嘉定三縣之地，置太倉州於太倉衛城，改鎮海太倉衛學為太倉州學〔註66〕，也即自弘治十年後，南直隸境內僅有金山衛一所都司衛所儒學。在上述背景下，建文二年至正統十年，都司衛所儒學生員中式者的科均人數為 0.11 人，經過都司衛所儒學教育的發展，正統十三年至成化十一年猛增至 0.7 人，是明初的 6.36 倍；需指出的是，建文二年至正統十年、正統十三年至成化十一年兩個階段都司衛所儒學生員中式者皆為鎮海太倉衛儒學生員，金山衛儒學生員無一中式者，說明鎮海太倉衛儒學生員應試科舉的能力遠超金山衛儒學生員。弘治十年後，鎮海太倉衛儒學改為太倉

〔註64〕《明英宗實錄》卷一八「正統元年六月乙卯」，第 362 頁。

〔註65〕正德《松江府志》卷一三《學校下》，《中國方志叢書·華中地方·第 455 號》，第 569 頁。

〔註66〕《明一統志》卷八《蘇州府學》，《景印文淵閣四庫全書》第 472 冊，第 210、215 頁。

州學,成化十四年至弘治十八年、正德三年至嘉靖十七年、嘉靖二十年至隆慶二年三個時期無一都司衛所儒學生員中式者也就十分自然,隆慶五年至萬曆三十八年間都司衛所儒學生員中式者科均人數為 0.3 人,則中式者皆為金山衛儒學生員。

其三,南直隸進士以監生中式者的科均人數,建文二年至正統十年為 5 人,正統十三年至成化十一年猛增至 23.6 人,是明初的 4.72 倍;成化十四年至弘治十八年增長至 37.4 人,達到最高值,是明初的 7.48 倍;正德三年至嘉靖十七年雖有所下降,但仍為明初的 6.82 倍;嘉靖二十年至隆慶二年下降至 26.4 人;隆慶五年至萬曆三十八年下降至 21.4 人,呈直線下降趨勢;也即經歷了先低後高,成、弘之際達到最高值,正德後呈直線下降的過程。這一變化曲線的成因應主要為:明初,國子生具有當然的應試科舉資格,且自洪武十八年始,會試下第舉人入監卒業就成為常例〔註67〕。正統後隨著會試錄取率的不斷下降〔註68〕,會試下第舉人日益增多,故而以監生中式的南直隸進士也就不斷增多;弘治後以監生中式者的科均人數呈直線下降趨勢,應主要是由南直隸進士會試下第未依例入監卒業直接引起的。據筆者統計,正德三年至嘉靖十七年間會試下第未依例入監卒業的南直隸進士至少有 25 名;嘉靖二十年至隆慶二年間會試下第未依例入監卒業的南直隸進士至少有 101 名;隆慶五年至萬曆三十八年間會試下第未依例入監卒業的南直隸進士至少有 151 名;呈直線上升趨勢。也就是說上述 277 名進士的中式身份依例應是監生,但卻並未依例入監卒業,故而仍是生員,這也直接導致監生中式者科均人數在弘治後呈直線下降趨勢。

其四,南直隸儒士進士(儒士中式者)的科均人數,經歷了先低後高、成化十四年至弘治十八年達到最高值、此後又直線下降跌至 0 人的變化過程。其成因應主要為:明代科舉在明初尚處於各項規制亟需完善時期,宣德後,社會秩序日漸穩定,這就為科舉制的完備乃至鼎盛提供了一個必要的社會基礎;隨著科舉制本身的優勢及其在發展中的內在張力,科舉的各項規制日漸完備,科舉的開放性和包容性也日益擴大,天順後進入鼎盛期。在上述背景下,建文二

〔註67〕郭培貴:《中國科舉制度通史·明代卷》,第 412 頁。

〔註68〕正統元年至天順七年間 10 科會試平均錄取率為 9.64%,成化二年至正德十五年間 19 科會試平均錄取率下降為 8.52%,嘉靖二年至隆慶五年間 17 科會試平均錄取率下降為 8.06%,萬曆二年至萬曆三十二年間 8 科會試平均錄取率下降到 6.99%,詳見郭培貴:《明代學校科舉與任官制度研究》,第 357 頁。

年至正統十年，南直隸儒士進士的科均人數為 4 人，正統十三年至成化十一年增至 8 人，是明初的 2 倍；成化十四年至弘治十八年達到最高值，為 12 人，是明初的 3 倍；另據筆者統計，明代建文至正統間儒士進士有 64 人〔註69〕，科均人數為 4.27 人，景泰至弘治間儒士進士有 118 人〔註70〕，科均人數為 6.21人，達到最高值，是明初的 1.45 倍；這說明明代全國儒士進士與南直隸儒士進士大致同期進入了高峰期。成、弘後，由於官學教育固有的優勢及其不斷發展，吸引更多的舉子入學成為生員；再加上科舉考試中出現歧視甚至抑制儒士應試的現象，如成化十六年「浙江鄉試填榜，第一卷得餘姚王冢宰華，時憲長楊公子方以華儒士，抑置第二」〔註71〕，也即王華原本應為解元，僅僅因為其以儒士應試，就被降為鄉試第二名。弘治間曾任浙江右布政使的徐源監考浙江鄉試時，「拆卷多儒士，御史意欲有所前卻。公曰：『科場所取者文，即通榜儒士何傷。』」〔註72〕若非徐源持公正態度，則該榜又有許多儒士應試者被黜。嘉靖六年丁亥科考，南直隸規定「儒士入闈，自後遇試總不出三名」〔註73〕；萬曆四年丙子科考，陳懿典以儒士應試，「當是時，學使喬壽齋猶欲抑諸儒士，以弟受知吳老師，勉強收試」〔註74〕。在上述因素的影響下，南直隸儒士進士科均人數自正德三年至嘉靖十七年顯著下降至 2 人，跌破明初平均水平，嘉靖二十年至隆慶二年下降至 1 人，隆慶五年至萬曆三十八年跌至最低點為 0 人；另據筆者統計，明代正德至嘉靖間儒士進士有 47 人〔註75〕，科均人數為 2.77

〔註69〕該數據係據建文二年，永樂九年、十年，宣德五年、八年，正統元年、四年、七年、十年《登科錄》以及《永樂十二年福建鄉試錄》《國朝獻徵錄》《明狀元圖考》《浙江通志》《福建通志》等明代文獻中的相關記載經過考證確認統計而得。

〔註70〕該數據係據天順元年、四年、八年，成化二年、五年、八年、十一年、十四年、十七年、二十三年，弘治三年、六年、九年、十二年、十五年、十八年《登科錄》和《成化二十年會試錄》的相關記載經過考證確認統計而得。

〔註71〕《浙江通志》卷二八〇《雜記下·西園雜記》，《景印文淵閣四庫全書》第 526 冊，第 648 頁。

〔註72〕〔明〕王鏊：《震澤集》卷三〇《明故通議大夫都察院右副都御史徐公墓誌銘》，《景印文淵閣四庫全書》第 1256 冊，第 448 頁。

〔註73〕〔明〕莊起元：《鶴坡公年譜》，《北京圖書館藏珍本年譜叢刊》第 54 冊，第 322 頁。

〔註74〕〔明〕陳懿典：《陳學士先生初集》卷三四《史企愚直指》，《四庫禁燬書叢刊》集部第 79 冊，第 620 頁。

〔註75〕該數據係據正德三年、六年、十二年、十六年，嘉靖二年、八年、十一年、十四年、十七年、二十三年、二十六年、三十二年、三十五年、三十八年、四十

人；明代隆慶至萬曆間儒士進士共 8 人，科均人數為 1.6 人，天啟至崇禎間無儒士進士者。這說明南直隸儒士進士與全國儒士進士一樣，其科均人數在正德後急遽下降，以至明末最終無儒士進士。

其五，南直隸進士以教官中式者呈現出集中分佈在成化末至萬曆末而明初為零的特點。明初之所以為零，乃是制度使然；天順八年後，明廷有條件的允許舉人教官參加會試，此後就出現南直隸進士以教官中式者。具體而言，南直隸以教官中式者有 11 人，始於成化二十甲辰科，終於萬曆三十五年丁未科，占同期南直隸進士總數的 0.51%。南直隸進士以太醫院醫生中式者呈現出集中分佈在正統末至弘治末而明初與明末俱為零的特點。具體而言，南直隸進士以太醫院醫生中式者有 6 人，始於正統十三年戊辰科，終於弘治十二年己未科，占同期南直隸進士總數的 0.72%。以上從一個側面反映了南直隸進士以教官和太醫院醫生中式者科舉實力的消長。此外，還有南直隸進士以典史中式者 1 人，出自建文二年庚辰科；以欽天監天文生中式者 1 人，出自天順八年甲申科；以京衛武學生中式者 1 人，出自嘉靖二十三年甲辰科。

一年《登科錄》及《正德九年會試錄》《嘉靖四年順天府鄉試錄》《福建通志》等相關記載並經過考證確認統計而得。